本书是江西省高校人文社会科学重点研究基地数字化社会与地方文化发展研究中心2016年招标课题"江西禅宗历史文化研究及数据库建设"（编号JD16073）和江西科技师范大学青年拔尖人才2013年度人文社科类项目"青原行思公案考释"的研究成果。

禅宗七祖 青原行思研究

A Study on the Seventh Ancestor of Zen Qingyuan Xingsi

习罡华 著

中国社会科学出版社

图书在版编目(CIP)数据

禅宗七祖青原行思研究/习罡华著.—北京：中国社会科学出版社，2020.9（2021.11重印）

ISBN 978-7-5203-6801-8

Ⅰ.①禅… Ⅱ.①习… Ⅲ.①青原行思(671-740)—人物研究 Ⅳ.①B949.92

中国版本图书馆CIP数据核字(2020)第121105号

出 版 人	赵剑英
责任编辑	宋燕鹏
责任校对	杨　林
责任印制	李寡寡

出　　版	中国社会科学出版社
社　　址	北京鼓楼西大街甲158号
邮　　编	100720
网　　址	http://www.csspw.cn
发 行 部	010-84083685
门 市 部	010-84029450
经　　销	新华书店及其他书店

印　　刷	北京明恒达印务有限公司
装　　订	廊坊市广阳区广增装订厂
版　　次	2020年9月第1版
印　　次	2021年11月第2次印刷

开　　本	710×1000　1/16
印　　张	14.5
插　　页	2
字　　数	208千字
定　　价	78.00元

凡购买中国社会科学出版社图书，如有质量问题请与本社营销中心联系调换

电话：010-84083683

版权所有　侵权必究

目　　录

前　言 ………………………………………………………… (1)

绪　论 ………………………………………………………… (1)
　一　研究主题 …………………………………………… (1)
　二　研究述评 …………………………………………… (4)
　三　研究意义 …………………………………………… (8)
　四　研究方法 …………………………………………… (9)
　五　创新之处 …………………………………………… (12)
　六　资料来源 …………………………………………… (13)

第一章　青原行思身世的考证 ……………………………… (16)
　第一节　行思的远世祖 ………………………………… (17)
　　一　长沙定王刘发 …………………………………… (17)
　　二　楚元王刘交 ……………………………………… (20)
　第二节　行思的出生地 ………………………………… (21)
　　一　安福龙云村 ……………………………………… (21)
　　二　莲花石下村 ……………………………………… (23)
　第三节　行思的生卒年 ………………………………… (25)

第二章　青原行思道场的考辨 ……………………………… (30)
　第一节　"青原"山名蠡测 ……………………………… (30)
　　一　唐代颜真卿的题名 ……………………………… (31)

1

二　宋代黄庭坚的迷惘 …………………………………… (36)
　　三　明代王阳明的揭秘 …………………………………… (44)
　　四　初期禅和易的融冶 …………………………………… (49)
第二节　"靖居"寺名还原 …………………………………… (58)
　　一　行思道场的名称演变 ………………………………… (58)
　　二　行思道场的原本名称 ………………………………… (65)
　　三　靖居寺名的历史意义 ………………………………… (79)
第三节　"曹洞"宗名阐微 …………………………………… (82)
　　一　洞曹宗·洞云宗 ……………………………………… (83)
　　二　活人剑·杀人刀 ……………………………………… (87)
　　三　有理焉·有行焉 ……………………………………… (90)

第三章　青原行思禅法的考源 ………………………………… (98)
　第一节　《安般经》升华 …………………………………… (99)
　　一　"不落阶级"圆万行 ………………………………… (100)
　　二　"众生平等"齐物我 ………………………………… (104)
　　三　"顿悟色空"泯凡圣 ………………………………… (108)
　第二节　《坐禅铭》论衡 …………………………………… (120)
　　一　前人观点的得失分析 ………………………………… (121)
　　二　文本作者的宗派归属 ………………………………… (126)
　　三　诗偈内容的宗派性质 ………………………………… (131)
　　四　《坐禅铭》的重新标点 ……………………………… (135)
　第三节　《心药方》探源 …………………………………… (139)
　　一　广为流传的《心药方》 ……………………………… (140)
　　二　非唐代石头希迁所创作 ……………………………… (141)
　　三　乃明代无际了悟的作品 ……………………………… (149)

第四章　青原行思公案的考析 ………………………………… (155)
　第一节　"行思金针"判高下 ……………………………… (156)
　　一　文本叙述之优劣 ……………………………………… (156)

二　措辞意境之分析 …………………………………………（161）
　三　秕糠神会之启迪 …………………………………………（170）
第二节　"庐陵米价"映繁露 ……………………………………（173）
　一　前人解释 …………………………………………………（174）
　二　禅史意蕴 …………………………………………………（176）
　三　精神发挥 …………………………………………………（183）
第三节　"杼轴绝岳"冠群侪 ……………………………………（185）
　一　"杼载绝岳"旧释 …………………………………………（186）
　二　"杼轴绝岳"新解 …………………………………………（188）
　三　"韩颠交往"献疑 …………………………………………（191）

结论　唐代禅宗的双重革命 …………………………………（195）

参考文献 …………………………………………………………（206）

致　谢 ……………………………………………………………（223）

主题词索引 ………………………………………………………（225）

前　　言

我自学士至博士阶段都研究克什米尔问题，从地缘政治学的角度诠释它的产生、演变和持续。2008年博士毕业之后，我回到江西科技师范大学从事历史教研工作，研究方向准备从世界史转向地方史。恰在此时，刘贞同学找我做本科毕业论文指导老师。我对她说："你是安福人，为家乡做点贡献，就研究你的本家青原行思吧。"我给刘贞定的论文题目是《行思述评》。为了指导刘贞撰写学士论文，我深入查阅青原行思的史料，发现他居然是我国宗教和文化史上一泓深不可测的古井，大有文章可做。

通过考察青原行思的身世、公案和作品可知，他出身于"公侯将相府，忠臣学士家"的贵族豪门，其家族"自西晋肇基以来，仙佛将相，班班迭出吉州，共振家声远；由泉陵衍派而后，孝义节忠，承承降美安邑，咸雅世泽长"，他从小接受良好的儒家教育，蒙受浓郁的道教熏陶，使他具有深厚的文化涵养和敏锐的宗教悟性。

青原行思是初期禅宗文化整合模式的代表人物。从青原行思"不落阶级"和"庐陵米价"等公案可以推知，青原行思发扬了六祖慧能顿悟禅法的精髓；从"圣谛不为""不落阶级""一麟足矣""金针与人""床下大斧"等措辞，尤其是从其作品《坐禅铭》和《参同契》的内涵来分析，可知青原行思不仅对语言的锤炼达到出神入化的程度，对南禅的把握臻至炉火纯青的地步，而且对不同文化的熔铸也具有雄浑圆融的技巧；唐代颜真卿为青原行思道场题名"祖关"，五代人称赞他为"泽中孤烛，火里片冰"，宋代赞宁叙述青原行思门下"禅客繁拥"；五代人安排其唯一嗣法弟子石头希迁"鄙夷怀让"，宋代人评价他"杼轴绝岳",并将他比作"释迦文佛";以及现代人议论青原行思"粃糠神会""灭泯西东""千古绳规",可以证明青原行思学识渊博,是当时的禅宗巨匠。

禅宗在刚兴起时经历了双重革命。其一,是六祖慧能头陀禅的《金刚经》革命,发展高峰是洪州宗"马祖建丛林,百丈立清规",标志着佛教在组织上和制度上完成中国化。其二,是七祖行思文化禅的《易经》革命。青原禅系以《周易》为基础,出于佛教立场,从文化层面融会不同宗派、不同宗教和不同文明的优点,试图建立将文化和修行融为一体的"士民禅":从理论的角度讲是纵横千古,熔铸百家,会通华梵,淹贯三教,合而为一;从实践的角度讲是智慧双运,禅教并弘,僧国兼济,理事圆融,知行合一。这一运动的发展顶峰是青原禅系《参同契》和《五位诀》的创立,标志着佛教在文化上和理论上彻底中国化。这就是禅宗为什么只有六祖和七祖,而没有八祖和九祖的原因。

青原行思的禅学特征大致可以概括为"靖居·弘济""青原·参同""庐陵米价""不落阶级""圣谛不为"5个方面:"靖居·弘济"指的是忠贞爱国和救世济民,"青原·参同"指的是以《周易》为基础会通华梵,将中外文化融为一体而实现三教合一,"庐陵米价"指的是注重实业产殖和民生国本,"不落阶级"指的是追求社会公正和人民幸福,"圣谛不为"指的是脚踏实地和知行合一。心学集大成者王阳明赞颂青原行思所说"邈矣西方教,流传遍中垓。如何皇极化,反使吾人猜。剥阳幸未绝,生意存枯荄"即此意。

由行思开创的青原禅学是隋唐儒道佛三教融合的结晶,它上承三代易学、春战子学、两汉经学、魏晋玄学,下启宋元理学、朱明心学、清代朴学和红色文化,在我国文化发展史上起着承前启后的链接作用和下行上升的转化作用。行思禅师的道场和谥号"青原""靖居""弘济"3个名称,既是青原禅学会通华梵和民包物我特质的高度概括,也是青原禅学"地方·国家·世界"三环同心圆融通的集中体现。

本书即是笔者近年来研究青原行思部分成果的集结出版,希望对学界有所助益。

绪　　论

习近平主席说："我们要坚持道路自信、理论自信、制度自信，最根本的还有一个文化自信。"文化自信是中华民族生生不息的原动力，也是中华文化成为世界上唯一发展不曾中断文化的根本原因。习近平总书记在中国共产党十九大报告中说："文化是一个国家、一个民族的灵魂。文化兴国运兴，文化强民族强。没有高度的文化自信，没有文化的繁荣兴盛，就没有中华民族伟大复兴。要坚持中国特色社会主义文化发展道路，激发全民族文化创新创造活力，建设社会主义文化强国。中国特色社会主义文化，源自中华民族五千多年文明历史所孕育的中华优秀传统文化，熔铸于党领导人民在革命、建设、改革中创造的革命文化和社会主义先进文化，植根于中国特色社会主义伟大实践。"对传统文化进行研究和梳理，为我国社会主义现代化建设提供文化支撑，以建设社会主义文化强国，是当代人文学人的重要责任。

一　研究主题

陈寅恪说："自晋至今，言中国之思想，可以儒释道三教代表之。此虽通俗之谈，然稽之旧史之事实，验以今世之人情，则三教之说，要为不易之论。"[①] 清康熙江西通志《西江志》卷一百十一《寺观一》说："邃谷幽蹊，佛老攸宫。亘岭南北，跨湖西东。如玉斯局，如林

[①] 陈寅恪：《冯友兰〈中国哲学史下册审查报告〉》，载冯友兰《中国哲学史》（下册），华东师范大学出版社2000年版，第439—440页。

斯丛。世阅古今，名滋异同。迹有兴废，道靡污隆。圣化覃敷，黉序是崇。不废二氏，俾警愚蒙。乃唤上清，乃标秀峰。式彰外教，以翼儒风。尔缁尔黄，我鼓我钟。庶几祝国，永永无穷。"① 在道佛二教的辅翼下，以儒家思想为政治正统的中华文明成为世界诸文明之优秀者，不但能够维系千载而不辍②，并在新千禧年之初即再度勃发生机，

---

① （清）白潢等修，查慎行等纂：《西江志》，成文出版社有限公司1989年影印清康熙五十九年版，第1907页。

② 马克思主义认为，社会主义必将取代资本主义。近代新儒家代表梁漱溟说："自来公认中国、印度、西洋并列为世界三大文化系统，实以其差异特大而自成体系之故。历史上与中国文化若先若后之古代文化，如埃及、巴比伦、印度、波斯、希腊等，或已夭折，或已转移，或失其独立自主之民族生命。唯中国能以其自创之文化绵永其独立之民族生命，至于今日岿然独存。从中国以往历史征之，其文化上同化他人之力最为伟大。对于外来文化，亦能包容吸收，而初不为其动摇变更。由其伟大的同化力，故能吸收若干邻邦外族，而融成后来之广大中华民族。此谓中国文化非唯时间绵延最久，抑空间上之拓大亦不可及（由中国文化形成之一大单位社会，占世界人口之极大数字）。"（梁漱溟：《中国文化要义》，氏著《梁漱溟全集》第三卷，山东人民出版社2005年版，第10—11页）中国文化与向前看和向后看的西方和印度文化有别。中国文化以孔子为代表，以儒家学说为根本，以伦理为本位，它是人类文化的理想归宿，比西洋文化要来得高妙，"世界未来文化就是中国文化复兴"。（梁漱溟：《东西文化及其哲学》，氏著《梁漱溟全集》第一卷，山东人民出版社2005年版，第525页）文明形态论光大者德国著名历史学家斯宾格勒在《西方的没落》中，以生物生长过程的观念进行历史研究，把世界历史分成八个完全发展的文化，细致考察其各个时期的不同现象，揭示其共同具有的产生、发展、衰亡及其毁灭的过程。斯宾格勒说，大多数文化都经历了一个生命的周期，西方文化也不例外。西方已经走过文化的创造阶段，正通过反省物质享受而迈向无可挽回的没落。（参见［德］奥斯瓦尔德·斯宾格勒《西方的没落》，吴琼译，生活·读书·新知三联书店2006年版）文明形态论集大成者英国著名历史学家阿诺德·约瑟夫·汤因比在12卷本皇皇巨著《历史研究》中，分析6000年的人类历史上21种成熟文明的兴衰成败，中华文明是唯一传承至今的文明。（参见［英］汤因比《展望21世纪—汤因比与池田大作对话录》，荀未风等译，上海人民出版社2010年版）汤因比还说："东亚有很多历史遗产，这些都可以使其成为全世界统一的地理和文化上的主轴。依我看，这些遗产有以下几个方面：第一，中华民族的经验。在过去二十一个世纪中，中国始终保持了迈向全世界的帝国，成为名副其实的地区性国家的榜样。第二，在漫长的中国历史长河中，中华民族逐步培育起来的世界精神。第三，儒教世界观中存在的人道主义。第四，儒教和佛教所具有的合理主义。第五，东亚人对宇宙的神秘性怀有一种敏感，认为人要想支配宇宙就要遭到挫败。我认为这是道教带来的最宝贵的直感。第六，这种直感是佛教、道教与中国哲学的所有流派（除去今天已灭绝的法家）共同具有的。人的目的不是狂妄地支配自己以外的自然，而是有一种必须与自然保持协调而生存的信念。第七，以往在军事和非军事两方面，将科学应用于技术的近代竞争之中，西方人虽占优势，但东亚各国可以战胜他们。日本人已经证明了这一点。第八，由日本人和越南人表现出来的敢于向西方挑战的勇气。这种勇气今后还要保持下去，不过我希望在人类历（转下页）

绪　论

担当着为人类迷途重新校正航向的天定使命。[①]

佛教自西汉晚期渗入中原时，势单力微，至魏晋南北朝，在连续数百年的大混战、大动乱的社会条件下，佛教以关心人生、指点迷津的姿态获得信徒，到隋唐时期，已具备足够的力量与儒、道传统文化争胜。[②] 禅宗是最具中国特色的佛教宗派，晚唐以来一枝独秀乃至一支独大，成为我国佛教主流，与儒道鼎足而立，共同成为我国传统文化的三大支柱。理顺禅宗史对正确认识我国古代文化具有重要意义。

禅宗早期发展史甚不明了，多有疑点，这又与青原行思的身世业绩隐晦不彰有很大关系。青原行思被誉为"禅宗七祖"和"西江鼻祖"，是后来南禅曹洞宗、云门宗和法眼宗的源头，禅宗半边天下的祖师。自青原行思以来，青原山一直提倡"三教合一"，素有"儒佛

（接上页）史的下一阶段，能够把它贡献给解决人类问题这一建设性事业上来。在现代世界上，我亲身体验到中国人对任何职业都能胜任，并能维持高水平的家庭生活。中国人无论在国家衰落的时候，还是实际上处于混乱的时候，都能坚持继续发扬这种美德。"（[日]池田大作、[英]汤因比：《展望21世纪——汤因比与池田大作对话录》，荀春生、朱继征、陈国梁译，国际文化出版公司1997年版，第277页）无独有偶，世界体系论集大成者美国著名学者伊曼纽尔·沃勒斯坦也持相似观点，其代表作《现代世界体系》集中讨论三个主题，即世界体系的形成、运作及基本趋向，深刻地揭示了经济全球化时代资本主义的危机，是分析当代资本主义的理论新范式。他在该书中文版序言中说："资本主义作为一个世界体系为什么发端于西欧而不是中国……请允许我对于这一关键性的问题略述几点看法：第一，创立资本主义不是一种荣耀，而是一种文化上的耻辱。资本主义是一剂危险的麻醉药，在整个历史上，大多数的文明，尤其是中国文明，一直在阻止资本主义的发展。而西方的基督教文明，在最为虚弱的时刻对它屈服了。我们从此都在承受资本主义带来的后果。第二，我们并非处于资本主义胜利时期，而是处于资本主义混乱的告终时期。遍及全球的反国家心态就是这种危机的一个主要症状，也是资本主义灭亡的催命剂。只要有众多的国家存在，资本主义就需要强化国家结构，不是像虚夸不实之词所说的那样，要削弱它。第三，资本主义是一个不平等的体系。此前的大多数体系也是如此。当21世纪中叶资本主义世界体系让位于后继的体系（一个或多个）时，我们将看看这后继体系是否会更平等。我们不能预测它会是一个什么样的体系，但能通过我们目前政治的和道德的活动来影响其结果。占人类四分之一的中国人民，将会在决定人类共同命运中起重大作用。"（参见[美]伊曼纽尔·沃勒斯坦《现代世界体系》，罗荣渠等译，高等教育出版社1998年版，中文版序言）

① 重新校正航向，取义于贡德·弗兰克著作《白银资本》的英文名 ReOrient。（参见 Andre Gunder Frank, *ReORIENT: The Global Economy in the Asian Age*, The University of California Press, 1998；[德]贡德·弗兰克：《白银资本：重视经济全球化中的东方》，刘北成译，中央编译出版社2008年版）

② 隗芾：《韩愈攘斥佛教的动机和效果》，《汕头大学学报》1988年第1、2期。

禅宗七祖青原行思研究

辐辏，荆杏交参"之誉，不仅成为禅宗祖庭，也逐渐发展为文化名山。明正德年间（1506—1521），庐陵知县王阳明在青原山讲学传道，随后他的门徒在这里创建青原会馆，成为"江右王学"的汇聚地，使之成为心学重镇；1664—1671年，明末清初四大学者之一的方以智（即药地大智和尚）主持青原山净居寺，在这里再兴"三教归易"之说，重振曹洞宗风，会通中西之学，我国传统文化至此达到一个新的高度。1000多年来，青原禅法深深地影响着我国的宗教、文化、思想等各个方面。

著名学问僧印顺法师说："会昌法难以前，石头一系的兴盛，是比不上荷泽与洪州的。石头一系的思想，也没有被认为曹溪的正宗……到会昌法难止，荷泽与洪州，互相承认为曹溪门下的二大流。石头宗的早期意义，应好好的加以研究。"① 俗话说正本清源。青原行思虽然被尊为禅宗七祖，然而由于其禅法深奥宏阔，自己出道日早和法子单薄等原因，他的业绩在后世鲜为人知。由于青原行思的行状碑铭被毁，有关他的史料散乱零碎，使得其形象模糊，思想含混，成为我国宗教史和文化史研究中的一块短板，本书打算对禅宗石头宗或说禅宗青原系亦即青原禅系的源头青原行思进行深入研究。

二 研究述评

青原行思的碑铭在唐武宗灭佛时被毁，其本人的作品和公案流传下来的也零散晦涩，以至于著名学者吕澂说："古本《坛经》中也无他的名字，后来才加上去。说他在慧能处为时不久就回江西去传播禅法，影响似乎不大，传其法的是希迁。"② 古人对于青原行思的评价一般都用诗化的语言来表述。例如：

五代泉州招庆寺静、筠二禅师说："曹溪门人，出世庐陵。唯提一脉，迥出三乘。泽中孤烛，火里片冰。许君妙会，说底相应。"

---

① 印顺：《印顺法师佛学著作全集》第19卷，中华书局2009年版，第303—304页。
② 吕澂：《中国佛学源流略讲》，氏著《吕澂佛学论著选集》第5册，齐鲁书社1991年版，第2769页。

4

(《祖堂集》卷三《静居》)《归真之塔赞》说:"圣谛不为,落何阶级?火里莲花,雪中红日。显发大机,掀翻古辙。千里绳规,三宗祖鼻。"

宋代释赞宁:"濡润厥躬,贞谅其性。出尘之后,纳戒已还。破瓠求圆,斫雕为朴,厥志天然也。往韶阳见大鉴禅师,一言蔽断,犹击蒙焉。既了本心,地祇迭告,还复吉州阐化。四方禅客,繁拥其堂。"(《宋高僧传》卷第九《行思传》)

明代郭子章说:"七祖所悟之禅,所证之果,又岂末代初机所能思议其万一哉!诚如是,谓青原亦迦文之灵山亦可,初祖之少林亦可。不独吉州一郡之名山,实乃震旦共瞻之丛林;不独圆究一心,可绍隆祖印。"(《青原志略》卷七《青原万人般若缘引》)

静、筠二禅师、释赞宁和郭子章对青原行思给予了极高的评价,但语言过于诗化、概括过于抽象,对于现代人认识青原行思和青原禅法在历史上的作用帮助并不是很大。

笔者通过对国家图书馆、江西省图书馆、北京大学图书馆,以及知网等著名资料库的检索,发现现代学人还未有对青原行思和青原禅法进行专门系统的研究,但在探讨其他问题时会偶尔论及青原行思,大致可以分为以下几种情况。

(一) 生平业绩方面

对于青原行思的生卒年和籍贯,学界一般沿用《祖堂集》和《景德传灯录》的记载,说他是现安福县人,生年不明,卒于开元二十八年(740)。这方面考察得最详细的是韩溥,他有些不同于前人的观点。韩溥根据青原山明正德十年乙亥(1515)《青原净居寺钟铭》、清康熙乙酉年(1669)《青原志略》和民国三十六年(1947)纂修《(安福县)笪桥刘氏总谱》,考证出行思生于671年,卒于738年,是安福县严田乡龙云下刘村人(参见《江西佛教史》)。韩溥虽然在前人的基础上更进一步,但所用资料为明代之后的资料,是否确切可靠还有待进一步考证。关于青原行思的生平业绩,学界鲜有详细的论述,通常有以下几种做法:

禅宗七祖青原行思研究

1. 避而不谈

任继愈的《汉唐佛教思想论集》、吴立民的《禅宗宗派源流》和美国学者斯坦利·威斯坦因的《唐代佛教》。

2. 一笔带过

潘桂明："青原行思，古本《坛经》中尚无他的名字……有关他的禅法已无确切记载。"①

麻天祥："慧能门下还有青原行思，行思有弟子曰石头希迁。"②

汤用彤："慧能弟子有青原行思，亦为上座，其弟子有石头希迁。此派至唐宋之际，渐衍为曹洞、云门、法眼三宗。"③

杨曾文："行思在传法时，为了启发弟子自己觉悟，已经开始采取所问非所答的方式。"④

郭朋引用《传法正宗记》卷七说他"初于大鉴之众，最为首冠"；后"居青原山静居寺，最为学者所归"。从此便开青原一系，因此被称为"青原行思"。⑤

3. 语焉不详

日本忽滑谷快天："慧能深器之，门徒虽众，行思居首。得法既熟，住吉州青原山静居寺，鼓吹玄风，顾称青原，其门叶称青原下。玄宗开元二十八年顺世……希迁之见地可称能透达摩宗之真髓，得慧能大全之旨。"⑥

（二）行思公案方面

学界对青原行思的公案一般都论述得比较简略，甚或释读失准。杜继文等人认为："关于行思的思想，《祖堂集》只让他扮演一个秕糠神会的角色。"⑦ 他们的观点无疑正确，可惜没有进一步深入的研

---

① 潘桂明：《中国禅宗思想历程》，今日中国出版社1992年版，第339页。
② 麻天祥：《中国禅宗思想发展史》，武汉大学出版社2007年版，第38页。
③ 汤用彤：《隋唐佛教史稿》，武汉大学出版社2008年版，第178页。
④ 杨曾文：《唐五代禅史》，中国社会科学出版社1995年版，第228页。
⑤ 郭朋：《中国佛教思想史》中卷《隋唐佛教思想史》，福建人民出版社1994年版，第421页。
⑥ ［日］忽滑谷快天：《中国禅学思想史》，杨曾文、朱谦之译，上海古籍出版社2002年版，第146—147页。
⑦ 杜继文、魏道儒：《中国禅宗通史》，江苏古籍出版社1993年版，第275页。

6

究。礼山等人对这宗公案做了一番浅白而有违时代语境的释读,①恐尚有商榷余地。

(三) 禅法传承方面

禅宗"一花五叶"中的曹洞宗、云门宗和法眼宗源于青原行思,禅宗的半边天下属于青原系,一千多年来对我国的宗教、文化和社会发展有重大影响。但学界对天皇道悟和药山惟俨的法脉继承有不同看法,引发曹洞宗、云门宗和法眼宗是否属于青原系有争议。

万毅通过对云门宗形成史上的一位关键人物道悟其人其事考察,以及云门宗创始人文偃与南岳怀让、马祖道一一系禅师如睦州陈尊宿和灵树如敏渊源的辨析。指出:"云门宗虽属于青原行思、石头希迁一系的法脉,但其形成也与南岳、马祖系有着密切关系,对云门宗法脉归属问题的争论,乃是后世禅门自严门户、妄造争端的结果。"②

徐文明则说:"曹洞宗上承药山,本属南岳,后来却被划归青原。曹洞宗至曹山本寂、云居道膺止,对于上代只追述到药山惟俨,并未明言自己的归属,而到云居道膺下一代,皆称己宗为石头传人,可见宗门之改换始于此时。"③他还进一步论证说:"属于药山门下道悟系的禾山(无殷)一直到五代末年及宋初时仍然坚持南岳与荷泽两家并立之说,不承认青原系的地位,这表明药山一支未必出自青原……禾山的看法不只是个人的意见,而是药山一派的主流观点。"④徐文明的理由有三:第一,马祖之后,洪州宗势力北移,南方渐为石头宗天下,本来包含石头法乳的曹洞宗改宗就变成依时顺世的自然而然行为;第二,药山惟俨在马祖门下地位低微,划归石头门下身价倍增,称为嫡传大弟子;第三,以石头宗替代荷泽宗。他似乎对禾山无殷的话做了过度诠释,其观点值得商榷。

综上所述,青原行思和青原禅法的研究远谈不上深入、细致、系

---

① 礼山、江峰主编:《禅宗灯录译解》,山东人民出版社1994年版,第260页。
② 万毅:《云门宗法脉归属问题试探》,《中山大学学报》(社会科学版)2006年第5期。
③ 徐文明:《曹洞宗归宗青原一系的原因初析》,《普门学报》第2期,2001年3月。
④ 徐文明:《曹洞宗禾山一支归宗南岳之一证》,《宗教学研究》2001年第1期。

统，这是我国禅宗史、佛教史、宗教史和文化史研究中的一大缺憾，本书试图对青原行思做一深入研究。

三 研究意义

2011年10月18日，胡锦涛同志在中国共产党十七届六中全会第二次全体会议上说："坚持中国特色社会主义文化发展道路，必须继承和发扬中华优秀文化传统，大力弘扬中华文化，建设中华民族共有精神家园。中华文化源远流长、博大精深，积淀着中华民族的深厚精神追求，是中华民族生生不息、团结奋进的不竭动力，是发展中国特色社会主义文化的深厚基础。"① 青原禅学是我国传统文化的重要组成部分，值得学人细心梳理，深入研究和准确阐释。

禅宗是佛学理论与我国传统的儒家心性学说与道家自然思想融合而成的最彻底的中国化佛教派别，它的出现是我国佛教史上的一场革命，标志着我国佛教史进入了一个崭新的阶段②。江西在禅宗发展史上具有独特作用。日本学者小补横川叟说："（禅宗）五派之出江西也，自来久矣……就予求名其图，书'五派一滴'四字塞来命耳。吁！此一滴也，起自江西十八滩头。"③ 当代著名禅僧、中国佛教协会前副会长净慧法师（1933—2013）也说："江西是中国佛教的重镇。早在东晋就有慧远大师集一百二十三贤结社庐山，成为净土宗的滥觞。有唐一代，禅宗勃兴，许多禅德选中江西的绿水青山作为开法度生的道场：青原行思、马祖道一、黄檗希运、百丈怀海、洞山良价、曹山本寂、云居道膺等禅宗高僧，都在中国佛教史上占有举足轻重的位置。可见，中国佛教的两大宗派净土宗、禅宗都和江西有甚深的因缘。江西真可谓造化所钟的佛化圣地。"④

---

① 胡锦涛：《坚定不移走中国特色社会主义文化发展道路 努力建设社会主义文化强国》，中国共产党新闻网，http://cpc.people.com.cn/GB/64093/64094/16778578.html。
② 崔玉卿：《禅宗的发展及在中国佛教史上的作用》，《五台山研究》2007年第4期。
③ ［日］小补横川叟：《五派一滴图后序》，载（清）净符《法门锄宄》，《禅宗全书》第34册，第889—890页。
④ 净慧：《祝〈江西佛教〉创刊》，取自中国佛教网2011年8月5日。

绪 论

禅宗在唐宋时期即已传入朝鲜和日本,近代又传至美国和欧洲,在历史上和现实中对中国、东亚和世界的文明有巨大影响。青原禅法在唐代对中国禅宗的发展产生很大影响,如没有青原行思就没有中国禅宗后来的发展规模,也就无法形成中国禅宗"五家七宗"的局面。禅宗"一花五叶"中的曹洞宗、云门宗、法眼宗被归入青原系,青原行思也被尊为禅宗七祖。尽管如此,但青原行思和青原禅法至今依然模糊不清、充满争议,成为书写我国禅宗史、佛教史、宗教史和文化史的一块短板。本书试图通过对青原行思和青原禅法做一深入研究,力图在解决上述问题方面取得突破性进展,为增强国家文化软实力,弘扬中华文化,努力建设社会主义文化强国贡献力量。

本书打算在剖析前人研究成果得失的前提下,在掌握权威可靠材料的基础上,考察青原行思的身世生平,阐释与他相关的禅宗公案,述评他的禅法业绩,并在此基础上尝试着对禅宗史上与青原行思和青原禅法有关的一些重大疑案提出自己的看法。

四 研究方法

马克思主义历史唯物主义认为:物质生活的生产方式决定社会生活、政治生活和精神生活的一般过程。青原行思禅法的形成及其禅风的特点和禅系的发展,与唐初以来不同历史时期的社会、政治、经济、文化等状况紧密相关。笔者试图对青原行思和青原禅法做一深入细致研究,并通过这种方式来解答我国禅宗史和文化史上的一些重大问题,这是一项非常复杂的工程,应该从长时段、宽视野和深层次的角度来展开分析,应该用跨学科方法来进行研究。

冯友兰说:"历稽载籍,良史必有三长:才、学、识。学者,史料精熟也;识者,选材精当也;才者,文笔精妙也。"[1]鲁迅也赞美《史记》说:"史家之绝唱,无韵之《离骚》。"[2]对于历史研究而言,

---

[1] 冯友兰:《中国哲学简史》,北京大学出版社1996年版,自序第1页。
[2] 鲁迅:《汉文学史纲要》,《鲁迅全集》第9卷,人民文学出版社2005年版,第435页。

禅宗七祖青原行思研究

首要的是对史料有尽量完整的掌握,但浩繁的史料不可能穷究,研究者唯有从中择取精当之材,再用流畅的语言来阐明自己的观点,对历史事件和现象做出全面而准确的阐释。

本书打算在搜集和整理与青原行思及青原禅法相关的资料的前提下,在梳理前人相关研究成果的基础上,置于唐代的政治、经济、文化、社会等具体背景中,在禅宗不同时代语境下来诠释青原行思及其禅法。基于上述原则,在马克思主义的历史唯物主义指导下,本书拟采用以下方法来对青原行思及其禅法进行研究:

(一) 文献研读法

清代朴学名家阎若璩引友人东海公言说:"古人之事,应无不可考者,纵无正文,只隐在书缝中,要须细心人一一搜出耳。"① 其子阎咏《先府君行述》也说:

> 府君读书,每于无字句处精思独得,而辩才锋颖,证据出入无方,当之者辄失据。常曰:"读书不寻源头,虽得之殊可危。"手一书,至检数十书相证,侍侧者头目皆眩,而府君精神涌溢,眼烂如电。一义未析,反复穷思,饥不食,渴不饮,寒不衣,热不扇,必得其解而后止。②

阎若璩所说方法,的确是史学研究基本路径和自信所在,这种方法可以帮助人们还原和认识青原行思的真面目。

著名史学家翦伯赞认为:"就史料的价值而言,正史不如正史以外诸史,正史以外诸史,又不如史部以外之群书。"③ 诚哉斯言!越原始和未经改纂的史料越有价值,经过修纂的东西可能脱离其本色。因此,笔者力求在利用一手资料的基础上来研究青原行思及其禅法,到国家图书馆、江西省图书馆和敦煌研究院查阅、收集、整理有关青原

---

① (清)阎若璩:《潜邱札记》卷二,文渊阁《四库全书》本。
② 转引自钱穆《中国近三百年学术史》,商务印书馆1997年版,第244页。
③ 翦伯赞:《史料与史学》,北京大学出版社1985年版,第17页。

行思和青原禅法的文献，辨别真伪，在此基础上对青原行思及其禅法进行研究。

（二）田野调查法

田野调查可以弥补现有文献缺失给科研带来的缺憾。笔者到与青原行思有密切关系的一些地区，如他的故里安福县严田乡龙云下村、其道场青原山净居寺及周边地区，石头希迁道场衡山南台寺，南岳怀让道场衡山福严寺，敦煌研究院和莫高窟，及其江西其他著名禅宗道场曹山宝积寺、洞山普利寺、修水黄龙寺、靖安宝峰寺、杨岐普通寺等地，进行田野调查，获得许多珍贵资料。

（三）问题中心法

英国著名科学哲学家卡尔·波普尔认为，猜想是人类知识进步和科学革命的重要途径，科学开始于问题，即理论由证伪暴露出问题；从灵感出发，提出各种大胆的猜测，形成科学理论，然后对各种理论进行检验，从观察和实验中达到逼真度较高的新理论。新理论为科学技术的发展所证伪，又出现新问题，循环往复，周而复始。①

青原行思留下来的原始资料稀少而零散，禅宗公案孤立而深奥，前人对青原行思及其禅法的论述也是零碎而不系统，形成大量相关问题。本书以历史上形成的青原行思及其禅法相关主要问题为中心，力争在前人研究基础上再作探究，按照史学研究的一般逻辑连贯起来，逐个而相互关联地展开论述。

（四）比较研究法

禅宗是佛教中国化的主要体现，是儒道佛三教圆融的结果，与历史上大量事件具有可比性。本书试图在比较宏观的视野下来研究青原行思及其禅法，将青原行思与南岳怀让、菏泽神会，石头希迁与马祖道一，曹洞宗与临济宗进行比较研究，将佛教中国化和马克思主义中国化比较，以此来探究青原行思的特征，概括青原禅法的本质，以及

---

① 参见［英］卡尔·波普尔《猜想与反驳：科学知识的增长》，傅季重译，上海译文出版社2005年版。

禅宗七祖青原行思研究

他们的影响。

五 创新之处

在对前人相关研究成果梳理的基础上,本书对禅宗的发展和革命,青原行思的生平业绩、公案诠释和禅法特征进行详细考辨,提出一系列新看法,曾以论文的方式在刊物上发表或会议上宣读,在此不一一具列。在此基础上,本书提炼出唐代禅宗双重革命的总观点。

通过考察青原行思的身世、公案和作品可知,他出身于"公侯将相府,忠臣学士家"的贵族豪门,其家族"自西晋肇基以来,仙佛将相,班班迭出吉州,共振家声远;由泉陵衍派而后,孝义节忠,承承降美安邑,咸雅世泽长",他从小受过良好的儒家教育,蒙受浓郁的宗教熏陶,这使他具有深厚的文化涵养和敏锐的宗教悟性。

从青原行思"不落阶级"和"庐陵米价"等公案可以推知,青原行思发扬了六祖慧能顿悟禅法的精髓;从"圣谛不为""不落阶级""一麟足矣""金针与人""床下大斧"等措辞,尤其是从其作品《参同契》和《坐禅铭》的内涵来分析,可知青原行思不仅对语言的锤炼达到出神入化的程度,对南禅的把握臻至炉火纯青的地步,而且对不同文化的熔铸也具有雄浑圆融的技巧;唐代颜真卿为青原行思道场题名"祖关",五代人称赞他为"泽中孤烛,火里片冰",宋代赞宁叙述青原行思门下"禅客繁拥";五代人安排其唯一嗣法弟子石头希迁"鄙夷怀让",宋代人评价他"杼轴绝岳",并将他比作"释迦文佛";以及现代人议论青原行思"粃糠神会""灭泯西东""千古绳规",可以证明青原行思学识渊博,是当时的禅宗巨匠。青原行思是初期禅宗文化整合模式的代表人物。

禅宗在唐代刚兴起时经历了双重革命。其一,是六祖慧能头陀禅的《金刚经》革命。慧能以《金刚经》为依据,坚持菩提达摩以来,将佛教的阶级基础从以往依赖社会中上阶层转而依赖社会低下阶层,与他们融为一体,并成为他们的代言人——这应该是慧能与神秀的根本区别所在。在这一前提下,六祖慧能改变单一嗣法的模式,转向同

绪 论

时多人嗣法，从而使禅宗迅速遍地开花结果，很快适应我国社会重心下移和经济中心南移的历史发展机遇，使禅宗在佛教诸多派别中一枝独秀并最终一支独大。这一趋势的发展高峰是洪州宗"马祖建丛林，百丈立清规"，标志着佛教在组织上和制度上完成中国化。其二，是七祖行思文化禅的《易经》革命。六祖慧能的文化素养很低，诸位门徒在坚持六祖顿悟禅法的前提下，在植根下层百姓的基础上，各有所发扬。其中青原禅系以《周易》为基础，出于佛教立场，从文化层面融会不同宗派、不同宗教和不同文明的矛盾，试图建立将文化和修行融为一体的"士民合一"的真正禅宗：从理论的角度讲是纵横千古，熔铸百家，会通华梵，淹贯三教，合而为一；从实践的角度讲是智慧双运，禅教并弘，僧国兼济，理事圆融，知行合一。这一趋势的发展顶峰是青原禅系《参同契》和《五位诀》的创立，标志着佛教在文化上和理论上彻底中国化。这就是禅宗为什么只有六祖和七祖，而没有八祖和九祖的原因。

在封建社会，由于社会生产力低下致使群众相对贫困和普遍文盲，导致青原禅系势单力薄。当前我国社会主要矛盾已经转化为人民日益增长的美好生活需要和不平衡不充分的发展之间的矛盾，人民物质生活基本无虞，群众识字率大幅度提升，青原禅在当今社会更值得提倡和发扬，更能适合国家战略发展需要。

六 资料来源

青原行思是我国历史上重要的禅宗祖师、佛教人物和文化大家；青原禅法延绵一千多年，对我国宗教、文化、历史、社会的方方面面影响甚深至广，所涉及的史料非常多。本书研究的基础资料有以下9部著作，其中涉及青原行思和青原禅法的内容，在论证不同问题时会被重复引用。

唐道宣（596—667）撰《续高僧传》，宋赞宁所著《宋高僧传》，五代泉州招庆寺静、筠二禅师编撰《祖堂集》，北宋道原禅师编撰《景德传灯录》，南宋普济禅师编纂《五灯会元》，这是研究唐宋禅宗的基本材料，为世人熟知，在此不做介绍。

清康熙版《青原志略》共十三卷，旧题"释大然撰，施闰章补辑"，今人张永义考证说是方以智撰。纂修者方以智（1611—1671），安徽桐城人，字密之，法名药地大智。青原山历史悠久，宗教雄厚。《青原志略》虽然是一山之志，但其意义并不限于一山一水。该书内容目次为序三、发凡、山水道场、僧传、书院、碑铭、序说、游记、纪事、疏引、书、诗、杂记等十三卷，对青原山历史文化记载最为详备，是了解青原山最基本的史料。

青原行思唯一法嗣石头希迁长期禅居南岳衡山。南宋陈田夫，高宗赵构绍兴年间（1131—1162）来到南岳，居南岳衡山紫盖峰下九真洞老圃庵，往来南岳30余年，于南岳衡山史事极为熟悉，最早提出了南岳七十二峰的说法。他综合《南岳寻胜录》《南岳证胜录》《南岳胜概集》《南岳衡山记》4书，取其长处，删其重复，纠其偏失，补其缺略，以其半生心血纂录《南岳总胜集》，分上中下三卷，为类四十有余，共约5万字，上卷记五峰灵迹和洞天福地等，中卷叙寺观名胜和南岳珍奇，下卷述唐宋历代高僧和名人雅士以及佳作，内容丰富，史料翔实，居宋代以前南岳方志之首，是研究石头希迁的重要史料。

宋代僧惠洪觉范《石门文字禅》凡三十卷，系辑录江西筠溪石门寺慧洪觉范之诗、文、词、疏及记、铭等而成。慧洪被誉为"禅门迁固"，学识渊博，禅见精到，该书具有大量关于石头希迁和早期禅宗的历史资料，是研究唐宋禅宗的重要文献，被本书所征引。

传统观点认为，青原行思是安福龙云刘氏下村人。2013年11月10日，笔者在朋友赵赟和刁山景的帮助下，对江西省吉安市安福县严田乡龙云下村进行实地调研，查阅该村2003年修订的《安福龙云刘氏下村六修族谱》。安福龙云刘氏下村在晋、隋、唐、宋、元、明年间涌现许多著名人物，其中道教上清派祖师南岳夫人魏华存、晋代安成太守刘遐、唐代禅宗七祖刘行思、宋代著名文学家刘弇即为其中佼佼者。这些史料虽然较为粗糙，鱼目混珠，但仍然弥足珍贵，可补常见道教史料之不足,在与其他史料仔细对勘、深入剖析的前提下,能够帮助解决青原行思研究领域中的一些重大问题。

同一文献不同版本之记载,往往会略有差异。笔者在叙述不同问题时,对同一文献往往征引用不同版本,并非不欲统一征引文献格式,而是出于撰文之需要。此外,因本书稿以问题为中心展开论述,笔者力图尽量减少重复征引,在论述不同问题时,为了叙述的完整,对同一材料还是难免重复征引。

第一章　青原行思身世的考证

明代郭一鹗《大修七祖道场文》说:"粤自青原幽远之境,恰若鹫峰飞来之奇。一花五叶,而六祖盛其传;薪尽烟存,而七祖彰其美。盖法原无法,片辞解圣谛之靡维;灯续有灯,一悟领曹溪之嫡派。其为功行曷容议?思卓锡弘创于青原,持钵广润于西土。倾者刹归圮毁,谁是把茅盖顶之人;寺委荒榛,并动落叶归根之想。"① 这段话高度评价了行思在禅宗史上的地位,而且其中的落叶归根点明行思暗合六祖晚年的归乡之情。

青原行思遗留下来的史料非常少,且多语焉不详,以至于还有学者怀疑历史上是否真有其人。如现代禅宗研究的开拓者胡适,直到1961年临近生命的尽头,在致柳田圣山讨论禅宗历史的信中还坚持认为:"所谓'青原行思',可能也只是'攀龙附凤'的运动里的一种方便法门而已。"② 作为"但开风气不为师"现代学术开拓者,胡适此语既激进又谨慎,一方面怀疑"青原行思"的存在,另一方面只是推测石头宗的兴起是当时"攀龙附凤"运动的一部分,而没有完全否定它。

孟子说:"尚论古之人,颂其诗,读其书,不知其人,可乎?是以论其世也,是尚友也。"③ 著名的意大利儿童教育家玛利亚·蒙台梭

---

① (明)方以智:《青原志略》,张永义点校,华夏出版社2012年标点本,第166页。
② 胡适:《致柳田圣山》,载柳田圣山主编《胡适禅学案》,海风书店/海东书店1975年版,第638页。
③ (宋)朱熹:《孟子集注》万章章句下,氏著《四书章句集注》,中华书局1983年标点本,第324页。

利也说："儿童是成人之父。"① 成人表现的一切情绪、智能、习惯和道德，多由其童年时代的经历决定。要了解青原行思的论著和思想，就必须了解他的出身和生平，下文试就此问题做一探究。

第一节　行思的远世祖

在学术界，青原行思的远世祖有长沙定王刘发和楚元王刘交两种说法。青原行思到底是长沙定王刘发还是楚元王刘交的后裔，这关系到其思想的来源，对准确理解青原行思的禅法有重要意义，故下文试对此略做考析。

一　长沙定王刘发

《青原志略》卷六载清代萧发生《青原遗碑略记》："天宝六载（747）碑略曰：'七祖，长沙定王发后。'"② 查《汉书》卷十四《诸侯王表第二》可知，刘发为西汉景帝刘启之子，于汉景帝前元二年（前155）被立为长沙定王。③《汉书》卷十五《王子侯表第三上》记载，长沙定王刘发之子刘苍、刘成于汉武帝建元六年（前135）分别被封为豫章郡安城侯、宜春侯。④

行思家族谱记载，其家族迁居安福县城北笪桥，始于东晋安城太守刘遐："遐一作瑕，西洛人……仕晋为安成太守。任满，留居安成笪桥，遂家焉，子孙繁衍。"⑤ 同时又记载行思祖父刘延说：

> 延，字延年，安成公十世孙，仕隋为吏部尚书郎……子二，铨、锡。铨子二，行忠、行恕。行忠为唐秦州道行军副总管。行

---

① ［意］玛利亚·蒙台梭利：《童年的秘密》，马荣根译，单中惠校，人民教育出版社2005年版，第49页。
② （明）方以智：《青原志略》，张永义点校，华夏出版社2012年标点本，第159页。
③ （汉）班固：《汉书》，中华书局1964年标点本，第413页。
④ 同上书，第435、436页。
⑤ 2003年《安福龙云刘氏下村六修族谱》，第44页。

恕娶姚丞相崇女，生（刘）忱，登唐广德甲辰（764）进士第，官至监察御史。锡子二，行志、行思。行思出家，号弘济禅师。①

龙云下村刘氏是个"公侯将相府，忠臣学士家"的显赫家族，先后出了许多人才。宋代著名学者刘弇也出于这个村庄，其文集即以"龙云"命名。刘弇《冲厚居士刘君墓志铭》说：

刘氏之裔，其来远矣。至晋刘遐为安成太守，子孙世居焉。为甲族，有令望。圜冠而为儒者，十常八九。遭五代抢（案：四库本、乾隆本皆作"创"）攘之乱，变名拉族，毁迹避难，史失其传，而无所于考。吾先乃隐居于龙云下村之阳，至伯父斯数世矣。②

刘弇是著名学者，其说被人采用。周冶据此立论说："此篇铭文乃刘弇为其伯父刘贽所作，既出自刘氏后人之手，当不会错认祖宗。"③ 实际情况恐怕并不是这么简单。

南宋吉安另一位著名刘姓学者、文天祥的同学刘辰翁有别的说法，其《乐丘处士墓志铭》说：

安成，古长沙郡。吾庐陵之刘，未尝不本长沙也……按《唐思禅师塔碑》："思，刘氏，长沙定王后，是为七祖。"而龙须山、担岭二塔，化身相望，皆其家兄弟。他日见石勋、石材、石砻三庙，亦兄弟，思同祖云。而安成有兴泰刘氏神者，又长沙来也。荒山野水之间，时时出于残碑断系如此。吾故家在须山之阳，而祖墓在担岭之下。尝欲考而同之，嫌其特出于往往不可知。今安成西四十五里曰汤市，有何年处士墓，由湖南徙家焉。

---

① 2003年《安福龙云刘氏下村六修族谱》，第233页。
② （宋）刘弇：《龙云集》卷32，刘宗彬点校，江西教育出版社2004年标点本，第367页。
③ 周冶：《南岳夫人魏华存新考》，《世界宗教研究》2006年第2期。

第一章 青原行思身世的考证

自处士失其名,以下至可仕,字达仲,凡十世,皆可考。则庐陵自汉以来为一刘,益信。达仲有子翼甫,尝铭同姓之墓曰:"郡士族半刘,宜刘吾乡,而欧吾乡者,俗也。"其论可谓伟异,然不知长沙一本,其流溢于东南者,皆非某氏比也。虽后来阔远,有他赐姓,亦如士范蔡墨所言,然终不得与安成比。①

《青原志略》卷一《山水道场》"唐宋旧基"条说:"曹能始《名胜志》'青原有天宝六年(747)碑',未详撰人,则又在段成式前矣。"② 据此可知,刘辰翁所引《唐思禅师塔碑》是有依据的。

又《祖堂集》卷第八《云居和尚》记载:

洞山又问师:"我闻思大和尚向倭国作王,虚实?"师云:"若是思大,佛亦不作,岂况国王乎?"洞山默然许之。③

洞山良价及其弟子云居道膺分别是青原行思的四世法孙和五世法

---

① (宋)刘辰翁:《须溪集》卷7,文渊阁四库全书本。
② (明)方以智:《青原志略》,张永义点校,华夏出版社2012年标点本,第29页。
③ (南唐)静、筠二禅师编撰,孙昌武等点校:《祖堂集》,中华书局2007年标点本,第365页。案:日本真人元开《唐大和尚东征传》记载鉴真说:"昔闻南岳[惠]思禅师迁化之后,托生倭国王子,兴隆佛法,济度众生。"汪向荣注释说:"惠思大师寂化后托身日本,其后身为圣德太子的传说,据安藤更生的考证,认为是由思托开创的。据《续高僧传》,惠思是陈大建九年(577)六月二十二日示寂的,而圣德太子是敏达天皇三年(544)诞生的。但这种说法以后在日本流传颇广。"([日]真人元开:《唐大和上东征传》,汪向荣校注,中华书局1979年标点本,第40、41页)据此而言,"思大和尚作倭王"当为南岳慧思的故事。但据《祖堂集》专记禅宗僧人语录的特征,以及该公案上下文背景来分析,其所言"思大和尚"当为青原行思。世传鉴真和第五次东渡受阻,折返途中经过吉州,暂住青原山靖居寺,有诗句称靖居寺为"何堪云盖集,云外老僧家"。《唐大和上东征传》也记载,鉴真的高徒祥彦在吉州病逝:"次至吉州,僧祥彦于舟上端坐,问思托师云:'大和上睡觉否?'思托答曰:'睡未起。'彦云:'今欲死别。'思托谘大和上,大和上烧香,将曲几来,使祥彦凭几向西方念'阿弥陀佛',彦即一声唱佛,端坐寂然无言。大和上乃唤'彦!彦!'悲恸无数。时诸州道俗,闻大和上归岭北,四方奔集,日常三百以上。人物骈阗,供具炜烨。"(《唐大和上东征传》,第76—77页)如果《唐大和上东征传》文本在流传过程中未发生舛讹的话,则《祖堂集》当是对"南岳惠思禅师托生倭国王子"做了化用,改为"青原行思大和尚向倭国作王"。

19

禅宗七祖青原行思研究

孙，距离青原行思生活的年代不是很远，他俩关于青原行思的这段对话，应该是早期禅宗内部传说的遗留。所谓"思大和尚向倭国作王"不过是一种传说，意指行思是汉朝刘姓王的后代。则洞山良价与云居道膺的对话，与南宋刘辰翁《乐丘处士墓志铭》和清代萧发生《青原遗碑略记》相互吻合，也与安福龙云下刘氏族谱的记载相互印证。

二 楚元王刘交

刘辰翁明确主张青原行思是长沙定王刘发的后代，且言庐陵刘氏皆出于长沙定王，似乎与刘弇的观点矛盾，其实不然。前面引刘弇《冲厚居士刘君墓志铭》说，"吾先乃隐居于龙云下村之阳，至伯父斯数世矣"。古人三十年为一世，数世当在270年以内，而刘弇距离刘遐的年代远远不止300年。可见，刘弇并不认为自己是刘遐的后代。

刘弇《龙云集》末尾附录李彦弼端臣《刘伟明墓志铭》说："君名弇，字伟明，鼻祖西洛人，唐尾有宦游江西，遂为吉之安福人。"①李彦弼明确说，刘弇的祖先唐末从外地到吉安做官，遂定居安福。这与刘弇自己在《冲厚居士刘君墓志铭》所言相符。由此可以推知，刘弇所谓"刘氏之裔，其来远矣，至晋刘遐为安成太守，子孙世居焉"，不过是一种同姓的泛泛之说，而非确指实录。

宋代著名上古史学家《路史》作者罗泌在行思家族《宋孝宗乾道五年（1169）己丑遐祖二十七世希禹创修龙云族谱序》说：

> 夫刘氏之先，本祁氏也，在尧则为陶唐氏，在夏则为御龙氏，在商则为豕韦氏，在周则为唐杜氏，在晋为范，在秦为刘。凡六别其姓，而炎汉兴焉。其后有南华刘氏，则楚元王后也；南阳刘氏，则长沙定王后也；广平刘氏，则景帝子赵钦肃王之后；

---

① （宋）刘弇：《龙云集》，刘宗彬点校，江西教育出版社2004年标点本，第376页。

又广陵王之后,则为临淮刘氏;河涧王之后,则为尉氏刘氏;唐相文靖王之后,则为彭城刘氏。刘氏一姓而六望者又如此。①

刘遐的父亲刘乂(案:乂常误作文)为南阳刘氏。据上古史大家罗泌"南阳刘氏,则长沙定王后"的论断可知,青原行思当为长沙定王刘发的后人。

康熙年间安福县令顾鹏《康熙癸亥(1683)龙云修族谱序》说:"此吾邑刘氏,出汉宗室,楚元王交之后,晋代讳遐,任安成太守,遂官所家焉。蕃衍迄唐宋元明而大显,宋学士弇敕赐'龙云先生',始别为龙云刘氏。"② 据此可知,刘弇本人是楚元王刘交后裔,后来因为定居在龙云下村,常被误认为是刘遐后裔;又刘遐是长沙定王刘发后裔,刘弇又被误认为是长沙定王刘发后裔。青原行思是刘遐后裔,龙云下村宋代以刘弇为著名,后人因为刘弇是楚元刘交后裔,青原行思又被误认为是楚元王刘交后裔。

第二节　行思的出生地

传统内典外史多未细言行思家在何方,《景德传灯录》说他是"本州安城人"。安城即今江西省吉安市安福县。安福置县肇始于西汉,初名安平县。东汉时期,更名平都县。隋代废郡置安复县。唐高祖李渊武德年间(约621)改名安福县,遂相沿至今,县城为平都镇。

一　安福龙云村

康熙版《安福县志》卷五《仙释》说:"唐弘济禅师,名行思,姓刘氏。闻曹溪六祖法席甚盛,径往参礼……师既得法,遂回吉州青原山,弘法绍化,大阐禅宗,号七祖。"③ 康熙版《安福县志》录行

---

① 2003年《安福龙云刘氏下村六修族谱》,第44页。
② 同上书,第46页。
③ 康熙版《安福县志》,第471—472页。

思之名，而没有说他具体是哪个村庄人。

《安福龙云刘氏下村六修族谱》袭用旧谱记载，说七祖行思是他们村人。该族谱《列传第二》说："弘济禅师，名行思，出安城下村刘氏，隋尚书员外郎延之孙也。闻曹溪六祖法席盛化，径往参礼……师既得法，遂回吉州，住青原山净居寺。"①

关于青原行思出家的原因，2003年版《安福龙云刘氏下村六修族谱》说：

> 刘行思的出生地本县龙云下村塘基村，山明水秀，田沃土肥，二水合襟，四山环抱。他家为官宦人家。据说有一次造反的农民"洗劫"了他家，事后光丢弃的铜锣，就把屋后的池塘填塞了，至今还有"铜锣塘"遗迹。在离塘基不远处的龙云口，有唐代建立的"宝云寺"。行思具体出生年月已不可考，大约出生在唐高宗期间，目睹了唐王朝从盛到衰的剧变，幼年出家于村子附近的"宝云寺"②。

李豫川据此推论说：

> 有一村民取出其珍藏的清末民初的手抄本《安成龙云刘氏三村一源世系四字经》，那上面也有刘忱"官至御史，唐朝建勋；忱叔行思，青原为仙；名曰七祖，肉身昭然"之类的字句……其故里在今江西省吉安市安福县城西北三十公里之严田乡龙云下刘村……青原行思幼年出家后，并未改变俗名，而是沿用族谱上"行"字辈"行思"作法名。③

---

① 2003年《安福龙云刘氏下村六修族谱》，第231页。
② 同上书，第99页。
③ 李豫川：《青原行思生卒年、家世和籍贯小考》，中国佛教网—般若文海—宗教研究（383）。

安福县西北严田乡龙云下刘村的宗祠,是一座三进的砖木结构建筑物。后进专设一间房供奉七祖神位,人称"七仙间",房内存放着族谱。可惜的是,祠堂不幸于1988年被大火烧毁,仅余外砖墙。祠堂大门对联曰"公侯将相府,忠臣学士家",显示其祖先的皇皇业绩。村庄东部,为行思一族的聚居地,亦即其诞生地。苍苍古树掩映下的"笃公祠",即是行思一房的私祠。① 如此言之凿凿,似乎刘行思的确为安福县严田乡龙云下刘村人。

二 莲花石下村

乾隆版《安福县志》卷十四《人物·仙释》:"唐行思,住青原净居寺,为开山禅宗,其故村在武功山南石下。"② 这种说法当来自明代郭子章《豫章书》:"行思故村在武功山南石下。"且为《青原志略》采用③。

郭子章(1543—1618)是明代泰和人,平生著述甚丰。胡寿南申述郭子章《豫章志》的观点,认为郭子章仔细考证过行思故里,且与同时期吉安文化名人朝廷高官邹元标、状元刘同升、莲花刘元卿、高僧憨山德清等多交往,其记载可信。说石下村在今天的莲花县湖上乡,有悬崖大石陡然挺立,下有山洞,洞外有洞仙观是为唐代寺庙。从方位上讲,石下村是在武功山南,东依禾山重要景观石门山,山上在唐宋时就有古庙叫白云庵。山下石下村另有个大的地名叫南村,村前有条从石门山发源的小溪经莲江流入永新禾水。安福严田则在武功山东,离这里有几十里地。石下很容易有音讹之误,社下、奢下等地名在本地也存在,但此石下村自古以来就是这样叫的,关键是此石山,此石洞,此寺观是很有来头的文化遗址。

石下村在清乾隆八年(1743)前在安福西境,界永新良坊,今属莲花。在汉代是长沙国的安成县地,汉长沙王子刘苍分封于此地则有

---

① 韩溥:《江西佛教史》,光明日报出版社1995年版,第223—224页。
② 乾隆版《安福县志》,第499页。
③ (明)方以智:《青原志略》,张永义点校,华夏出版社2012年版,第43页。

安成侯国,汉室后裔家族墓葬在2007年在莲花城南被发现,改写古安成在安福的历史。东汉以后安成升格为郡,郡治逐步东迁,一直延续到南北朝、隋唐时期。武功山南莲花为广兴、安福、永新、泰和等几个县先后分治,在漫长的历史进程中,石下村面对的是一条很重要的县治分界线,但也是一个很重要的军事防控之所,不少世家大族迁徙与这里有着密切的关系。石下村洞仙观及附近的洞仙观、二妃庙等行思先人宗教文化遗存,是佐证此地为行思故里的有力材料。石下村早已非刘氏居民村落,此乃行思故里不为人知的原因之一。①

关于青原行思家乡安福县龙云村和莲花县石下村的两种说法。如果有史料确证青原行思故里莲花县石下村说不可靠,那问题就比较简单,青原行思家乡即为安福县龙云村。假如不是这样,那也并不意味着前述两种观点完全不能兼容。正如胡寿南所说"石下村早已非刘氏居民村落"——此一详细时间尚需具体考证,也就是说青原行思家族的精神遗存在该村早已荡然无存,而其文化传统已经由安福县龙云下村所继承并发扬光大。那么,在假定莲花县石下村确实是青原行思出生成长地的前提下,也可以说安福县龙云村是青原行思家族和他本人的精神文化继承者,而莲花县石下村只是一具空壳。

又行思家族谱记载青原行思的祖父刘延说:"延,字延年,安成公十世孙,仕隋为吏部尚书郎。及炀帝遇害,弃官归笪桥,徙龙云下村,不复出。"② 据此记载,则很可能是行思的先祖刘遐他们住在莲花石下村,而到刘延时已搬迁到龙云下村。

据前面"行思的远世祖"节考证青原行思和刘弇的关系,可知他们分别起源于长沙定王刘发和楚元王刘交,分属两个不同支派,各自的祖先分别在不同时期徙居安福。笔者2013年11月在龙云下村调查时,提出想去看看行思这一支的宗祠,龙云下村刘发培老人立刻带我到旁边的塘基村祠堂,并指着祠堂后面基本淤塞的池塘说这就是铜锣

---

① 参见胡寿南《禅宗七祖故里在莲花》,胡可南博客,http://blog.sina.com.cn/hushounan2017-02-19。

② 2003年版《安福龙云刘氏下村六修族谱》,第233页。

第一章 青原行思身世的考证

塘。由此推测,龙云村有广义和狭义之分,广义的龙云村包括龙云下村和塘基村,而狭义的龙云村只指龙云下村,却不包括塘基村。即便是在笔者考察时,人口已大量增加,建筑已极为扩大,龙云下村和塘基村之间还是有不那么明显的空间间隔,则在以前它们明显是具有一定距离的两个不同村庄。由此推测,青原行思确切地讲是龙云村的塘基村人,后来由于家道衰弱,而被隔壁兴旺发达的刘氏同姓龙云下村兼并,文化也由他们所继承。这也可以说明,青原行思和刘弇的确是分别起源于长沙定王刘发和楚元王刘交。

第三节 行思的生卒年

《祖堂集》卷第三《靖居和尚》说:"靖居和尚嗣六祖,在吉州,师讳行思……以开元二十八年十二月十三日迁化,敕谥弘济大师、归真之塔。"[1]《祖堂集》说青原行思卒于开元二十八年(740),但没有提及他的生年。后出的《宋高僧传》《景德传灯录》《五灯会元》等佛教内部著作的叙述与此相同,它们应该是资料来源一致或者后出者沿用前说。地方碑略和钟铭却是另有一番说法,试看下面两则材料。

青原山净居寺明武宗正德十年(1515)大铜钟上刻《青原净居禅寺钟铭》:

> 东土七祖慈应禅师,族出安城刘氏,唐开元二十六年(738)于山趺化。至今肉身住世八百余载,水旱疾疫,祈罔不应。弘治辛酉(1501),合寺毁烬。[2]

《青原志略》卷六载清代萧发生《青原遗碑略记》:

---

[1] (南唐)静、筠二禅师:《祖堂集》,孙昌武等点校,中华书局2007年标点本,第156—157页。

[2] 转引自李梦星、刘宗彬《青原山史话》,江西人民出版社2013年版,第101页。

禅宗七祖青原行思研究

天宝六载（747）碑略曰："七祖，长沙定王发后，得旨曹溪，遂住青原。开元二十六年（738）载化，寿六十八。时朝议郎江南西道采访判官朱元，朝议郎、庐陵县令吴自励，僧道莫、如昼等，印山龛于绝顶。"①

采访判官、朝议郎的确是唐朝官职名称，这似乎表明萧发生所言可信；但清顺治《吉安府志》卷三《秩官表》唐朝栏未见载朱元和吴自励二人名字，不知是府志失载，还是萧发生所记有误。所以，这条史料尚在疑信之间。

韩溥采信上引金石资料，推论行思生于671年而卒于738年。②还有人说："《青原遗碑略记》言其碑立于唐玄宗天宝六年（747），故其记载应是可信的。《青原遗碑略记》更是明言其'寿六十八'。如此，青原行思的生卒年便有了一个明确的答案，即公元670—738年。"③这个结论恐怕有些武断。古人计算年龄是从受孕开始，含"怀胎十月"，即我们现在一般说的算虚岁的，而不是当前流行的从出生开始计算。因此，以行思卒于738年来计算，"寿六十八"，生年则当为671年。所以，行思卒于"开元二十六年"和"开元二十八年"两种说法，到底孰是孰非，恐怕还得进行一番考证。

《祖堂集》卷第四《石头和尚》："思和尚迁化，师著麻一切了，于天宝初方届衡岳。遍探岑壑，遂顿息于南台。"④《宋高僧传》卷第九《唐南岳石头山希迁传》："天宝初，始造衡山南寺。寺之东有石，状如台，乃结庵其上。"⑤方届是才到的意思，始造是初次访问的意

---

① （清）笑峰大然：《青原志略》，段晓华、宋三平校注，江西人民出版社1998年标点本，第159页。
② 韩溥：《江西佛教史》，光明日报出版社1995年版，第223页。
③ 李豫川：《青原行思生卒年、家世和籍贯小考》，中国佛教网—般若文海—宗教研究（383）。
④ （南唐）静、筠二禅师：《祖堂集》，孙昌武等点校，中华书局2007年标点本，第198页。
⑤ （宋）赞宁：《宋高僧传》，《永乐北藏》第150册，第247页。

26

思。由此可以推断，石头希迁离开青原山前往衡山，是在行思去世后不久。如果石头希迁到衡山是在742年，则青原行思卒年当以"开元二十八年"为是。古文竖书，"十八"容易误作"十六"，则唐玄宗天宝六年《青原遗碑略》和明武宗正德十年大铜钟《青原净居禅寺钟铭》所言"开元二十六年"，当是"开元二十八年"之讹误。

若以《祖堂集》等史料记青原行思卒于740年，又以《青原遗碑略记》言其"寿六十八"，则青原行思生年当为唐高宗咸亨四年（673），卒年为唐玄宗开元二十八年（740），这是依当前所见史料所能推出的比较可靠的生卒年。

《青原志略》卷一《山水道场》"七祖塔"条说："塔在毗卢阁后，上五十磴而小平，石柱建阁，塔穿楼，唐开元二十九年（741）敕建。"① 若这段材料属实，则行思卒于740年当可确定。

又《祖堂集》卷第四《石头和尚》说：

> 时六祖正扬真教，师世业邻接新州，遂往礼觐。六祖一见忻然，再三抚顶而谓之曰："子当绍吾真法矣！"与之置馔，劝令出家。于是落发离俗。开元十六年（728）具戒于罗浮山……六祖迁化时，师问："百年后某甲依什摩人？"六祖曰："寻思去。"六祖迁化后，便去青原山靖居行思处。礼拜侍立，和尚便问："从什摩处来？"对曰："从曹溪来。"……师唐贞元六年（790）庚午岁十二月六日终，春秋九十一，僧夏六十三。②

《祖堂集》说希迁在六祖去世之后，立刻前往青原山礼拜行思，这种说法尚有疑问。六祖慧能"先天二年（713）八月三日灭度"，这是《坛经》以来一致的说法。石头希迁728年在罗浮山受戒，距离

---

① （明）方以智：《青原志略》，张永义点校，华夏出版社2012年标点本，第22页。
② （南唐）静、筠二禅师：《祖堂集》，孙昌武等点校，中华书局2007年标点本，第195—196、202页。

713年六祖去世已有15年时间之久，故他不可能在慧能去世之后，立刻前往青原山参学行思。

《宋高僧传》卷第九《希迁传》说：

> 闻大鉴禅师南来，学心相踵。迁乃直往，大鉴衍然持其手，且戏之曰："苟为我弟子，当肖。"迁逌尔而笑曰："诺。"既而灵机一发，廓若初霁。自是上下罗浮，往来三峡间。开元十六年，罗浮受具戒，是年归就山……后闻庐陵清凉山思禅师为曹溪补处，又摄衣从之。①

赞宁说，石头希迁在礼参六祖慧能之后，在粤赣一带长期活动，然后在罗浮山受戒，之后再次返回曹溪，闻听行思大名再辗转前往青原山参禅，所言较为可信。但是，僧腊从剃发开始计算，僧夏从受戒开始计算，故此处记载当以《祖堂集》为准确，《宋高僧传》"僧腊六十三"应是"僧夏六十三"之误。

《景德传灯录》卷第五《吉州青原山行思禅师》关于石头希迁参学青原行思有一段绘声绘色的描述，并为《五灯会元》卷第五《青原行思禅师》所袭用，二书说：

> 六祖将示灭，有沙弥希迁（即石头和尚）问曰："和尚百年后，希迁未审当依附何人？"祖曰："寻思去！"及祖顺世，迁每于静处端坐，寂若忘生。第一座问曰："汝师已逝，空坐奚为？"迁曰："我禀遗诫，故寻思尔。"座曰："汝有师兄思和尚，今住吉州，汝因缘在彼。师言甚直，汝自迷耳。"迁闻语，便礼辞祖龛，直诣静居参礼。②

---

① （宋）赞宁：《宋高僧传》，范祥雍点校，中华书局1987年标点本，第208—209页。
② （宋）道原：《景德传灯录》，《永乐北藏》第153册，第312—313页；（宋）普济：《五灯会元》，苏渊雷点校，中华书局1984年标点本，第253页。

依据前文对《祖堂集》《宋高僧传》相关内容的考证，可知这段文字不过是"小说家言"，乃后人发挥想象，添鄙杂糅，不足为信，《景德传灯录》和《五灯会元》取材不严谨。

第二章　青原行思道场的考辨

地名是信息的载体，具有承载、积淀和传播文化信息的功能，它往往反映具体的地形地貌、名胜的古迹痕迹、社会的发展变化和民众的社会生活。[①] 地名被认为是历史的活化石，其中隐藏着大量历史信息，成为解决相关问题的关键钥匙，下面试对青原禅系的几个重要名称稍做考论。

第一节　"青原"山名蠡测[②]

清康熙江西通志《西江志》卷第九《山川三》"青原山"条说：

> 在府城东南十五里，山势郁盘，外望如蔽，旁有径萦磡而入，度待月桥，石壁峭倚，其中旷衍，净居寺在焉。山半蹊稍平，有卓锡泉，在七祖行思塔左，虎跑泉在右，其后为雷震泉，三泉之外又有名龙泉碧井乳者，狮象二山，左右拱立。骆驼、鹧鸪岭巇岘络绎，盖天然胜区也。唐颜真卿曾题"祖关"二字，宋黄庭坚书碑凡八石，今嵌大雄殿壁，"青原山"三字文信国天祥书，明嘉靖间，邹守益、欧阳德、罗洪先辈宗阳明致良知之学，春秋于此会讲，乙卯岁，邹元标、郭子章移会馆于

[①] 徐健：《地名是历史的"活化石"》，《中国地名》2009 年第 12 期。
[②] 本节主要内容曾以"禅宗祖庭'青原'山名和初期禅易关系探究"为题首刊于《周易研究》2019 年第 5 期，现整合迻录于此，内容有增改。

翠屏山之阳，建五贤祠。国朝康熙甲辰，守道施闰章会讲山中，摩颜书"祖关"二字，建右坊，更书"圣域"二字，建左坊。祠前建传心堂，翼以二楼，左曰仁树，右曰见山，藏书以待四方来者。①

青原山因为是我国禅宗和心学的成熟之地，为中华文化的成长发展做出突出贡献，成为我国的文化名山。虽然如此，青原山的得名尚未见有探究，本节试对此略做蠡测。

一 唐代颜真卿的题名

颜代真卿《靖居寺题名》说：

唐永泰二年（766），真卿以罪佐吉州。闻青原靖居寺有幽绝之致，御史韩公涉、刺史梁公乘尝见招，欲同游而不果。大历二年（767）十月壬寅……明日，及僧明则、智清而登礼焉，因睹行思天师经始双泉之灵迹，道契律师纂成□路之秘藏。徘徊瞻仰，乃援翰而勒于碑阴。②

欧阳修《集古录跋尾》载：

《唐颜鲁公题名（永泰二年）》：右《靖居寺题名》，唐颜真卿题。按《唐书》纪传："真卿当代宗时，为检校刑部尚书，为宰相元载所恶，坐论祭器不修为诽谤，贬硖州员外别驾，抚州、湖州刺史。载诛，复为刑部尚书。"而此题名云"永泰二年，真卿以罪佐吉州"，与史不同。据真卿《湖州放生池碑阴》所序云："贬硖州旬余，再贬吉州。"盖真卿未尝至硖，遂贬吉。而史氏但

---

① （清）白潢等修，查慎行等纂：《西江志》，成文出版社有限公司1989年影印清康熙五十九年版，第156—157页。
② （唐）颜真卿：《颜鲁公文集》卷11，文渊阁四库全书本。

据初贬,书于纪传耳。真卿大历三年始移抚州,当游靖居时犹在吉也。①

根据欧阳修的考证,《旧唐书》关于颜真卿职务变动的记载过于简陋且有所缺漏,据其本人《湖州放生池碑阴》可以确定,颜真卿的确曾经为官吉州。欧阳修是著名的历史学家,博学多闻,持论严谨,且吉安为其家乡,所论当为可信。

《新唐书》卷一百五十三《颜真卿传》说:

> 颜真卿,字清臣,秘书监师古五世从孙。少孤,母殷躬加训导。既长,博学工辞章,事亲孝……真卿立朝正色,刚而有礼,非公言直道,不萌于心。天下不以姓名称,而独曰鲁公……当禄山反,哮噬无前,鲁公独以乌合婴其锋,功虽不成,其志有足称者。晚节偃蹇,为奸臣所挤,见殒贼手。毅然之气,折而不沮,可谓忠矣。详观二子行事,当时亦不能尽信于君,及临大节,蹈之无贰色,何耶?彼忠臣谊士,宁以未见信望于人,要返诸己得其正,而后慊于中而行之也。呜呼,虽千五百岁,其英烈言言,如严霜烈日,可畏而仰哉!②

颜真卿是历史上著名的博学多闻、坚毅忠贞之士,这从另一个角度可证明其所撰《靖居寺题名》当为实录。颜真卿任官吉州时距离青原行思寂灭仅仅26年,且青原山距离吉安城只有15里,他不可能会弄错青原行思的名号。

《宋高僧传》卷第十四《唐洪州大明寺严峻传》说:"大历元年,思往清凉山。未达庐陵,见颜鲁公,一言相契,胶漆如也。"③ 大历元

---

① (宋)欧阳修:《欧阳永叔全集》下册《集古录跋尾》,朱荄阳重编,大东书局1936年标点本,第97—98页。
② (宋)欧阳修、宋祁:《新唐书》,中华书局1975年标点本,第4854、4861页。
③ (宋)赞宁:《宋高僧传》,范祥雍点校,中华书局1987年标点本,第351页。

年亦即永泰二年，清凉山是青原山的别称，这从另一方面证明颜真卿在永泰二年为官吉州当是真实不虚，由此可以延伸证明《靖居寺题名》确为史实无疑，再据此可以推知其中所言"青原靖居寺"亦为确切可信。由此可以推定，吉州安隐山当在行思时期改名青原山，而非后人所改。

丁福保编纂《佛学大辞典》"青原"条标注为人名，解释说："青源行思禅师之别号，师住吉州青原山。原为青源，禅书多作青原。"① 丁福保乃饱学之士，是我国近代著名的藏书家和书目专家，却误以为"青原"为人名，而不知实乃山名。现据颜真卿《靖居寺题名》可以确定，行思道场在行思时代即已改为"青原山"。

行思道场在行思时代从"安隐山"改为"青原山"。这个名字或许是行思自己改定的，或许是行思去世后，由朝廷敕封的；或许是行思改定之后，再得到朝廷的确认——据《五灯会元》青原行思本录的内容来看，第三种情况极为可能。不管是哪种情况，都引出一个新问题，为什么要将行思道场山名由"安隐"改为"青原"呢？

东汉刘熙《释名·释采帛》说："青，生也，象物之生时色也。"② 青指植物生长时的颜色，即一般所说的绿色。

"原"是会意字，金文中的原字像泉水从石头下流出；篆文写作"原"，由厂和泉会意。原的本意是指水流的起始处，后用"源"表此意。由水源引申指开始的、最初的，又引申出原来、本来，推究、宽恕、赦免的意思。《尔雅·释地》说："邑外谓之郊，郊外谓之牧，牧外谓之野，野外谓之林，林外谓之坰。下湿曰隰，大野曰平，广平曰原……可食者曰原（可种谷给食）。"③

清康熙江西通志《西江志》卷第九"青原山"条说："在府城东南十五里，山势郁盘，外望如蔽，旁有径萦碥而入……狮象二山，左

---

① 丁福保：《佛学大辞典》，文物出版社1984年版，第622页四栏。
② （汉）刘熙：《释名》卷4，光绪广雅丛书本。
③ （晋）郭璞注、（宋）邢昺疏、李传书整理：《尔雅注疏》，北京大学出版社1999年标点本，第196—197页。

右拱立。骆驼、鹧鸪岭巉屼络绎,盖天然胜区也。"①青原山耸立在赣江之滨,"山势郁盘,外望如蔽""巉屼络绎",非"广平"或"种谷"之地,所以其名称当不是"青色平原"或"绿色粮仓"之意,而应另有所指。

据青原行思家乡族谱记载,其家族迁居江西安福县,始于东晋刘遐:"遐仕晋为安成太守。任满,留居安成笪桥,遂家焉,子孙蕃衍,是为笪桥刘氏始祖。"同时又说:"魏夫人,名华存,字贤安……我笪桥派祖安成太守遐之母。"还记载青原行思的祖父刘延说:"延,字延年,安成公十世孙,仕隋为吏部尚书郎……子二:铨、锡……锡子二:行志、行思,行思出家,号弘济禅师。"②据此可知,青原行思是道教上清派创始人魏夫人的十三世孙。周冶《南岳夫人魏华存新考》据南京象山王彬家族墓葬新出土材料与传统文献互考,证明魏夫人在历史上实有其人,其家族是道教世家,且与琅琊王氏有姻亲关系,她本人确实是道教上清派创始人。③可见青原行思出身于一个具有深厚易学背景的显赫家族。

宋代道原禅师《景德传灯录》石头希迁本录说:"师著《参同契》一篇,辞旨幽睿,颇有注解大行于世。"④传统观点多据此认为禅宗《参同契》是石头希迁所撰。五代静、筠二禅师撰《祖堂集》石头希迁本录则说:"师述《参同契》。"⑤《论语·述而》说:"述而不作,信而好古。"《论语集注》:"述,传旧而已。作,则创始也。"⑥据此可以推知,禅宗《参同契》实为石头希迁的老师青原行思的作品。

---

① (清)白潢等修,查慎行等纂:《西江志》,成文出版社有限公司1989年影印清康熙五十九年版,第156页。
② 2003年《安福龙云刘氏下村六修族谱》,第44、76、233页。
③ 参见周冶《南岳夫人魏华存新考》,《世界宗教研究》2006年第2期。
④ (宋)道原:《景德传灯录》,《永乐北藏》第153册,第602页。
⑤ (南唐)静、筠二禅师:《祖堂集》,孙昌武等点校,中华书局2007年标点本,第199—200页。
⑥ (宋)朱熹:《论语集注》述而第七,氏著《四书章句集注》,中华书局1983年标点本,第93页。

禅宗《参同契》之名，参同叁，亦即三，契乃文、歌之意，"参同契"意思是"三同歌"，其主旨即以《周易》为基础而宣扬儒道佛三教合一。禅宗《参同契》说："竺土大仙心，东西密相付……谨白参玄人，光阴莫虚度。"① 从大仙、参玄等词汇来看，行思的确具有浓厚的道教和易学色彩。

吕澂先生说："禅宗《参同契》是借用汉代道家魏伯阳著作的名字。"② 魏伯阳《参同契·自叙启后》（案：魏伯阳《参同契》在后世多称《周易参同契》）自道说："会稽鄙夫……希时安宁，晏然闲居，乃撰斯文。"③ 会稽即绍兴，魏夫人的长子刘璞曾经为官绍兴，所以魏夫人应该是从这里熟悉《周易参同契》，在此基础上创作了道教上清派经典《黄庭经》。

朱熹《周易参同契考异》说："《参同契》文章极好……须溪刘氏曰：'古书惟《参同契》似先秦文。'"④ 须溪刘氏即宋代庐陵人刘辰翁，须溪是他的别号。刘辰翁《乐丘处士墓志铭》说："安成，古长沙郡。吾庐陵之刘，未尝不本长沙也……按《唐思禅师塔碑》：'思，刘氏，长沙定王后，是为七祖。'"⑤ 可见刘辰翁是青原行思家族的后人。又《青原志略》说："天宝六载（747）碑略曰：'七祖，长沙定王发后。'"⑥ 长沙定王刘发是汉景帝刘启的第六子，于汉景帝前元二年（前155）被立为长沙王⑦，故青原行思是汉景帝的后裔，其家族背景的确非同寻常。

刘辰翁之子刘将孙《巽溪堂记》说："天地之道，莫妙于成巽。而观巽之理，莫如观水。盖阴阳之所以为神，而造化之所以为征，自

---

① （南唐）静、筠二禅师：《祖堂集》，孙昌武等点校，中华书局2007年标点本，第486—487页。
② 吕澂：《中国佛学源流略讲》，载《吕澂佛学论著选集》第5册，齐鲁书社1991年版，第2801页。
③ 任法融：《周易参同契释义》，东方出版社2012年版，第205—206页。
④ （宋）朱熹：《周易参同契考异》，商务印书馆1983年版，第2页。
⑤ （宋）刘辰翁：《须溪集》卷7，文渊阁四库全书本。
⑥ （明）方以智：《青原志略》，张永义点校，华夏出版社2012年标点本，第159页。
⑦ （汉）班固：《汉书》，中华书局1964年标点本，第413页。

在于成象之表、方位之外，推之而无不通，揆之而无不有。观于此，而后知周流六虚之所以为易，而后知八卦之相为用。由一卦为八，八而不可以数极者，每如此也。一阴一阳之合，一索而成巽，于位为东南。东南□者，生生之始也。"① 全文显示刘将孙有极高的易学造诣。刘辰翁非常推重《周易参同契》，而刘将孙又精通易学，可知其家族直至宋末元初还有重视《周易》的传统。

综上可知，行思与道教和易学有密切关系，青原山名当具有浓厚的易学意蕴。

二 宋代黄庭坚的迷惘

颜真卿"登礼瞻仰"青原行思之后，历史上很多名人都去青原山礼拜缅怀他。黄庭坚《次韵周法曹游青原山寺》：

> 市声故在耳，一原谢尘埃。乳窦响钟磬，翠峰丽昭回。俯看行磨蚁，车马度城隈。水犹曹溪味，山自思公开。浮图涌金碧，广厦构瑰材。蝉蜕三百年，至今猿鸟哀。祖印平如水，有句非险崖。心花照十方，初不落梯阶。我行暝讬宿，夜雨滴华榱。残僧四五辈，法筵叹尘埋。石头麟一角，道价直九垓。庐陵米贵贱，传与后人猜。晓跻上方上，秋朦乱其荄。寒藤上老木，龙蛇委筋骸。鲁公大字石，笔势欲崩摧。德人曩来游，颇有嘉客陪。忆当拥旌旗，千骑相排阫。且复歌舞随，丝竹写烦哇。事如飞鸿去，名与南斗偕。松竹吟高丘，何时更能来。回首翠微合，于役王事催。猿鹤一日雅，重来尚徘徊。②

《宋史·黄庭坚传》说："哲宗立，召为校书郎、《神宗实录》检讨官。逾年，迁著作佐郎，加集贤校理。《实录》成，擢起居舍人……

---

① （明）钟彦章、曾子鲁修：《东昌志》卷3，江西省博物馆藏明永乐抄本。
② （宋）黄庭坚：《山谷外集》卷3，文渊阁四库全书本。

为秘书丞，提点明道宫，兼国史编修官……庭坚学问文章，天成性得，陈师道谓其诗得法杜甫，学甫而不为者……庭坚于文章尤长于诗，蜀、江西君子以庭坚配轼，故称'苏黄'。轼为侍从时，举以自代，其词有'瑰伟之文，妙绝当世，孝友之行，追配古人'之语，其重之也如此。"①

黄庭坚是与苏轼齐名的大学者，博学多识，且是江西修水县人，曾在吉安为官，熟稔当地历史典故，虽然认识到青原行思"名与南斗偕""忆当拥旌旗，千骑相排呹"，认为青原禅法"道价直九垓"；但在行思"蝉蜕三百年"后，面对"祖印平如水"，似乎也只能"猿鸟哀鸣"，"重来尚徘徊"，踟蹰迷惘而不知所措，从而希望他"何时更能来"。这显示出他对于理解宗教和哲学之理念似乎存在某种天然的隔阂。

黄庭坚后辈同乡现代大儒陈寅恪说："寅恪平生颇读中华乙部之作，间亦披览天竺释典，然不敢治经。"②《通典》卷二六（又见《文献通考》卷五六）说："武帝分秘书图籍为甲乙丙丁四部，使秘书郎中四人各掌其一。"③晋武帝图书甲乙丙丁四部之分类，即后来经史子集四库之来源。"乙部之作"是史学；"天竺释典"是丙部之作，于古代中国而言属于子学，于古代欧洲而言属于哲学；经学乃甲部之作。④

陈寅恪虽然自认为"吾侪所学关天意，并世相知妒道真"⑤，但由于"不敢治经"，故而从中时段⑥来看，其平生所为可谓"道问学"，

---

① （元）脱脱等：《宋史》，中华书局1977年标点本，第13110页。
② 陈寅恪：《杨树达〈论语疏证〉序》，氏著《金明馆丛稿二编》，生活·读书·新知三联书店2001年版，第262页。
③ 我国图书四分法之起源，左玉河与张固也考证甚详。参见左玉河《从四部之学到七科之学》，上海书店2004年版；张固也：《四部分类法起源于荀勖说新证》，《图书情报知识》2008年第3期。
④ 关于史学、哲学、子学和经学之关系，参见习罡华《历史是什么：一项纯形而上学的思考》，《江西科技师范学学报》2010年第2期。
⑤ 陈寅恪：《挽王静安先生》，氏著《诗集（附唐篔诗存）》，生活·读书·新知三联书店2001年版，第11页。
⑥ 我国学者很早就注意到自然天象与人文历史之间的关系。《史记》卷二十七《天官书》说："夫天运，三十岁一小变，百年中变，五百载大变；三大变一纪，三纪而大备：此其大数也。为国者必贵三五。上下各千岁，然后天人之际续备……余观史记，考（转下页）

距离"尊德性"①恐尚有一定距离。若在太平时代,其人生境遇可能重蹈故乡前贤黄山谷之旧辙,虽然坎坷,犹可安然。但在板荡动乱之际,在旧经学传统解构和新经学道统建构的社会形态转移之世——关于科学革命的发生,美国学者托马斯·库恩有非常精辟的论述②,因其著作主要起着价值理性而非工具理性③的作用,故此虽然"平生固未尝

(接上页)行事,百年之中,五星无出而不反逆行,反逆行,尝盛大而变色;日月薄蚀,行南北有时:此其大度也。故紫宫、房心、权衡、咸池、虚危列宿部星,此天之五官坐位也,为经,不移徙,大小有差,阔狭有常。水、火、金、木、填星,此五星者,天之五佐,为纬,见伏有时,所过行赢缩有度。日变脩德,月变省刑,星变结和。凡天变,过度乃占。国君强大,有德之昌;弱小,饰诈者亡。太上脩德,其次脩政,其次脩救,其次脩禳,正下无之。夫常星之变希见,而三光之占亟用。日月晕适,云风,此天之客气,其发见亦有大运。然其与政事俯仰,最近天人之符。此五者,天之感动。为天数者,必通三五。终始古今,深观时变,察其精粗,则天官备矣。"[(汉)司马迁:《史记》,中华书局1963年标点本,第1344、1350—1351页。]太史公此论虽然很深刻,但毕竟是两千多年前的立论,还欠系统性。法国著名历史学家、年鉴学派集大成者费尔南·布罗代尔,在前辈的理论与方法的基础上,创造性地提出一种相对系统的新颖的分析历史的理论,即时段理论。布罗代尔之饮誉国际史坛,正是同他提出的历史时段理论密切联系在一起的。这种理论最早、也最充分地体现在《地中海与腓力浦二世时代的地中海世界》一书中。在这部书中,布罗代尔提出地理时间、社会时间、个体时间三个概念。后来他把这三种时间称为"长时段""中时段""短时段",而把它们各自对应的历史事物分别称为"结构"(structures)、"局势"(conjunctures)和"事件"(evenements)。三者相互交错,构成布罗代尔的"总体史"的研究对象。(廉敏:《费尔南·布罗代尔的时段理论》,载程光泉主编《全球化理论谱系》,湖南人民出版社2002年版,第379页)

① 《中庸》:"君子尊德性而道问学。"朱熹注解说:"尊德性,所以存心而极乎道体之大也;道问学,所以致知而尽乎道体之细也。"(朱熹:《中庸注》第二十七章,氏著《四书章句集注》,中华书局1983年标点本,第35页)

② 参见[美]托马斯·库恩《科学革命的结构》,金吾伦、胡新和译,北京大学出版社2012年版。

③ 最初运用工具理性和价值理性两个概念进行社会分析的是德国社会学家马克斯·韦伯。(参见[德]马克斯·韦伯《经济与社会》,林荣远译,商务印书馆1997年版。)"工具理性"与"价值理性",是德文(Zweckrationalitat)与(Wertratingalitat)的翻译。作为分析世界文明历史最重要的"理念类型"(idea types),它们源于韦伯最基本的概念"行为"。韦伯认为,社会学研究的对象是社会中人的行动。人某种行为的发生是因为它值得去做或有意义,因此,"行为"是指行动者赋予主观意义的行为,它必须服从于一定的目的,或者体现一定的意义。据此,他提出社会行为的四种类型:即以目的为趋向的工具理性和以价值为趋向的价值理性;另外还有自觉或不自觉遵从风俗、习惯的传统行为;以及行为人受感情和情绪影响的"情绪化"行为。价值理性和工具理性的内涵是什么?韦伯认为,工具理性,即"通过对外界事物的情况和其他人的举止的期待,并利用这种期待作(转下页)

38

侮食自矜,曲学阿世,似可告慰友朋",至于"涕泣对牛衣,卅载都成肠断史;废残难豹隐,九泉稍待眼枯人"①之际遇,以及"追踪昔贤,幽居疏属之南,汾水之曲,守先哲之遗范,托末契于后生者,则有如方丈蓬莱,渺不可即,徒寄之梦寐,存乎遐想"②之结局,不惟令人扼腕叹息,且亦让人掩卷深思。

董仲舒说:"道之大原出于天,天不变,道亦不变。"③资本主义革命数百年之后,其影响渐被华夏大地,神州赤县逐渐滑入真正的全球史之中。于此社会形态鼎革转型带来的阵痛,晚清重臣李鸿章具有切肤之感,并有精当形象的概述:

> 臣窃惟欧洲诸国百十年来,由印度而南洋,由南洋而东北,闯入中国边界腹地,凡前史所未载,亘古所未通,无不款关而求互市。我皇上如天之度,概与立约通商,以牢笼之,合地球东西南朔九万里之遥,胥聚于中国,此三千余年一大变局也。西人专恃其枪炮轮船之精利,故能横行于中土,中国向用之弓、矛、小枪、土炮,不敌彼后门进子来福枪炮;向用之帆篷舟楫,艇船炮

(接上页)为'条件'或者作为'手段',以期实现自己合乎理性所争取和考虑的作为成果的目的"。也就是说,人们为达到精心选择的目的,会考虑各种可能的手段及其附带的后果,以选择最有效的手段行动。因此,持工具理性的人,不是看重所选行为本身的价值,而是看重所选行为能否作为达到目的之有效手段。更切确地说,所选的手段是否是最有效率、成本最小而收益最大。工具理性行为者常常把外在的他人或事物当作实现自己的工具或障碍,其典型表现于人的市场行为中。相对照,价值理性即"通过有意识地对一个特定的行为——伦理的、美学的、宗教的或作任何其他阐释的——无条件的固有价值的纯粹信仰,不管是否取得成就"。也就是说,人们只赋予选定的行为以"绝对价值",而不管它们是为了伦理的、美学的、宗教的,或者出于责任感、荣誉和忠诚等方面之目的。具体地讲,价值理性仅看重行为本身的价值,甚至不计较手段和后果。(王锟:《工具理性和价值理性——理解韦伯的社会学思想》,《甘肃社会科学》2005年第1期)

① 陈寅恪:《挽晓莹》,氏著《诗集(附唐篔诗存)》,生活·读书·新知三联书店2001年版,第190页。
② 陈寅恪:《赠蒋秉南序》,氏著《寒柳堂集》,生活·读书·新知三联书店2001年版,第182页。
③ (汉)董仲舒:《举贤良对策》,载(汉)班固《汉书》卷56,中华书局1964年标点本,第2519页。

划,不敌彼轮机兵船,是以受制于西人……逼视我中国,中国可不自为计乎?士大夫囿于章句之学,而昧于数千年来一大变局;狃于目前苟安,而遂忘前二三十年之何以创巨而痛深,后千百年之何以安内而制外。

历代备边,多在西北。其强弱之势、主客之形,皆适相埒,且犹有中外界限。今则东南海疆万余里,各国通商传教,来往自如,麇集京师及各省腹地,阳托和好之名,阴怀吞噬之计,一国生事,诸国构煽,实为数千年未有之变局!轮船电报之速,瞬息千里;军器机事之精,工力百倍。炮弹所到,无坚不摧,水陆关隘,不足限制,又为数千年来未有之强敌。外患之乘,变幻如此,而我犹欲以成法制之,譬如医者疗疾,不问何症,概投之以古方,诚未见其效也。①

陈寅恪酷爱华夏文化,以王通和司马光自任,对中华文明面临的危机自然洞若观火:"夫纲纪本理想抽象之物,然不能不有所依托,以为具体表现之用;其所依托以表现者,实为有形之社会制度,而经济制度尤其重要者。故所依托者不变易,则依托者亦得因以保存……近数十年来,自道光之季,迄乎今日,社会经济之制度,以外族之侵迫,致剧疾之变迁;纲纪之说,无所凭依,不待外来学说之掊击,而已销沉沦丧于不知觉之间;虽有人焉,强聒而力持,亦终归于不可救疗之局。盖今日之赤县神州值数千年未有之巨劫奇变;劫尽变穷,则此文化精神所凝聚之人,安得不与之共命而同尽。"②陈寅恪学贯中西,赡博渊粹,见解如此深邃,犹有"寄之梦寐,存乎遐想"之慨叹,可见一个民族要从文化层面消弭外来文化冲击有多么的艰巨。革命尚未成功,同志仍须努力。

---

① (清)李鸿章:《筹议制造轮船未可裁撤折》《筹议海防折》,分载顾廷龙、戴逸主编《李鸿章全集·奏折(五)》,安徽教育出版社2007年版,第107、159—160页。
② 陈寅恪:《王观堂先生挽词并序》,氏著《诗集》,生活·读书·新知三联书店2001年版,第12—13页。

新病新医,世界局势之"天变",自然而然地引起学者"道换"。陈翰笙是我国杰出的马克思主义学问家和革命家。因为中华民族解放的需要,长期在国外开展革命工作。1950年年底在美国时,收到周恩来和廖承志的联合签名信,受召唤回国参加新中国建设。1951年1月31日,陈翰笙和妻子顾淑型回到北京,不久周恩来总理设宴为他们夫妇接风洗尘,乔冠华、章汉夫、李克农、陆定一等人陪同。陈翰笙后来回忆说:

> 周总理说,他是兼任外交部部长,工作很忙,想请我帮忙,担任外交部副部长。我无意做领导工作,就对周总理说:"总理啊,您今天请客是用中餐还是西餐?吃中餐要用筷子,吃西餐要用刀叉,我是个筷子料,请不要把我当刀叉使。还是让我去做点研究工作吧。"中宣部部长陆定一(笔者案:陈翰笙和陆定一是姨表兄弟)对我讲:"要么你到北大做副校长,帮马寅初的忙。"我也推掉了。后来去上海,我专门拜访马寅初,说明我不是不愿意帮他的忙。①

他还说:"我还是愿意做学者,1971年从五七干校归来后,组织上曾征询我对工作的意见,我也对他们说了,要从兴趣考察,我愿意或者搞历史,或者搞社会学,晚年对社会学的兴趣反而比年轻时更浓了。"② 现北京大学国际关系学院潘维教授是陈翰笙的高足,硕士研究生时追随他研究菲律宾政治,悼念翰老时说:"菲律宾是亚洲唯一的'拉美国家',与拉美情况非常相似。这项研究使我后来很容易理解拉美学者发明的'依附论',决定了我以'比较政治学'为生,也奠定了我在右派时代对左派的同情。有时我甚至自嘲:如果那时知道科学在于精致地证明出色的因果关系,'依附论'的发明权可能就归我们

---

① 全国政协文史和学习委员会:《四个时代的我——陈翰笙回忆录》,中国文史出版社2012年版,第83页。
② 田森:《三个世纪的陈翰笙》,浙江人民出版社2012年版,第175—176页。

爷俩了。"① 陈翰笙是我国杰出的马克思主义历史学家、社会学家、政治学家、经济学家、现代南亚史研究奠基人,其漫长的茶寿人生富有传奇色彩,不仅毕生将名利置之身外,在晚岁反思历史研方法,耄耋之年还积极提倡历史社会学,似乎是在弥缝"道问学"和"尊德性"之鸿沟。

陈寅恪和陈翰笙乃同时代人,除治学领域和精神信仰相异之外,二人可比之处甚多,皆属世所罕有之博闻强识人才,并为士林擎天巨柱,都是华夏硕学耆德,对列世界杰出学者,双双当选1955年中国科学院学部委员,晚年步左丘明之后尘却仍孜孜不倦于杏坛课徒,但二人分别代表着我国现代史学的两个不同极向。

心学奠基人宋陆九渊《鹅湖和教授兄韵》诗说:"涓流积至沧溟水,拳石崇成泰华岑。易简工夫终久大,支离事业竟浮沉。欲知自下升高处,真伪先须辨只今。"② 陆九渊所言具有明显的宋代禅宗色彩,洋溢着强烈的现实功利主义气息,却不无可取之处。英国著名历史哲学家彼得·伯克说:"弗兰西斯·培根在一篇著名文章中,同时辛辣地讽刺了只会搜集数据的蚂蚁型经验主义者,和作茧自缚的蜘蛛型纯理论家。相反,他推崇既采集原料又进行加工的蜜蜂。这个寓言不仅适用于自然科学史,也适用于历史研究及社会研究的历史。没有历史学与理论的结合,我们既不能理解过去,也不能理解现在。"③

《祖堂集》卷第六《洞山和尚》说:"设斋次,问:'和尚设先师斋,还肯先师也无?'师曰:'半肯半不肯。'僧曰:'为什摩不全肯?'师曰:'若全肯,则辜负先师。'"④ 陈寅恪说:"窃疑中国自今日以后,即使能忠实输入北美或东欧之思想,其结局当亦等于玄奘唯识之学,在吾国思想史上,既不能居最高之地位,且亦终归于歇

---

① 潘维:《忆先师陈翰笙》,载于沛主编《革命前辈·学术宗师——陈翰笙纪念文集》,中国社会科学出版社2008年版,第146页。
② (宋)陆九渊:《陆九渊集》卷25,钟哲点校,中华书局1980年标点本,第301页。
③ [英]彼得·伯克:《历史学与社会理论》,姚朋等译,上海人民出版社2001年版,第22页。
④ (南唐)静、筠二禅师:《祖堂集》,孙昌武等点校,中华书局2007年标点本,第298页。

第二章　青原行思道场的考辨

绝者。"① 陈寅恪因为不治经学，故有此论。征诸历史，结合陈翰笙的研究成果②，根据地缘文明学原理来分析，陈寅恪此言恐亦在"半肯半不肯"之间。

陈寅恪本人说："一方面吸收输入外来之学说，一方面不忘本来民族之地位。此二种相反而适相成之态度，乃道教之真精神，新儒家之旧途径，而二千年吾民族与他民族思想接触史之所昭示者也。"③ 融合陈寅恪与陈翰笙的不同研究理路④，当是我国史学的未来发展趋势——纵横千古，熔铸百家，会通三教，合而为一恰恰是行思禅法一以贯之的"旧途径"，而现今需要的"真精神"。汪荣祖在《史学九章》中为另一位著名无锡学者钱槐聚立章专论其史学思想⑤，虽有所据，却失所谓，在取材框架方面似乎反不及许冠三早出的《新史学九十年》来得合理⑥。

絮絮叨叨，并非意在臧否前贤，不过企图"希腊柏拉图之所谓

---

① 陈寅恪：《冯友兰〈中国哲学史〉下册审查报告》，氏著《金明馆丛稿二编》，生活·读书·新知三联书店2009年版，第284页。

② 陈翰笙（1897—2004），江苏无锡人，我国杰出的马克思主义学者，其八十年学术生涯的主要研究结论是，中国必须走社会主义道路，唯有社会主义才能救中国和世界。陈翰笙精通多门语言，著作等身，其研究成果主要有以下著作：《五口通商与茶叶贸易》，芝加哥，芝加哥大学经济学硕士论文，1921年；《瓜分阿尔巴尼亚的1911年伦敦使节会议》，柏林：柏林大学世界史博士论文，1924年；《封建社会的农村生产关系》，国立中央研究院1930年版；《现代中国的土地问题》，国立中央研究院1933年版；《中国的地主和农民》（英文版），美国纽约1936年版；《工业资本与中国农民》（英文版），美国纽约1940年版；《中国资本与内战》，美国纽约1946年版；《中国农民》（英文版），印度孟买1946年版；《中国工业合作运动》（英文版），美国纽约1947年版；《美国垄断资本》，世界知识出版社1955年版；《印度和巴基斯坦经济区域》，商务印书馆1959年版；《陈翰笙文选》，复旦大学出版社1985年版；《四个时代的我》，中国文史出版社1988年版；《陈翰笙文集》，商务印书馆1999年版。

③ 陈寅恪：《冯友兰〈中国哲学史〉下册审查报告》，氏著《金明馆丛稿二编》，生活·读书·新知三联书店2009年版，第284—285页。

④ 关于陈寅恪的史学思想，参见胡守为《陈寅恪的史学成就与治史方法》，《学术研究》1987年第6期；李玉梅：《陈寅恪之史学》，生活·读书·新知三联书店1997年版。关于陈翰笙的史学思想，参见陈洪进《陈翰笙的史学思想》，《世界历史》1985年第8期；何宛昱：《陈翰笙的马克思主义史学观》，《史学理论研究》2016年第2期。

⑤ 参见汪荣祖《史学九章》，生活·读书·新知三联书店2006年版。

⑥ 参见许冠三《新史学九十年》，岳麓书社2003年版。

Eidos（Idea）者，以君臣之纲言之，君为李煜亦期之以刘秀；以朋友之纪言之，友为郦寄亦待之以鲍叔"①，若能步武青原禅系诸宗师促成宋明"新儒学"建立之遗轨，助推我国早日消除学科知识之壁垒、理顺孔耶宗教之路径、弥合中西文化之鸿沟、打破古今道统之藩篱、贯通新旧经学之脉络，进而建立当今新时代马克思主义"新儒学"，从而实现毕生所梦，则善莫大焉。

三 明代王阳明的揭秘

宋朝黄庭坚在青原山的慨叹，引起心学集大成者明人王阳明的共鸣。王阳明《青原山次黄山谷韵》说：

> 咨观历州郡，驱驰倦风埃。名山特乘暇，林壑盘萦回。云石缘欹径，夏木深层隈。仰穷岚霏际，始睹台殿开。衣传西竺旧，构遗唐宋材。风松溪溜急，湍响空山哀。妙香隐玄洞，僧屋悬穹崖。扳依俨龙象，陟降临纬阶。飞泉泻灵窦，曲槛连云榱。我来慨遗迹，胜事多湮埋。邈矣西方教，流传遍中垓。如何皇极化，反使吾人猜。剥阳幸未绝，生意存枯荄。伤心眼底事，莫负生前杯。烟霞有本性，山水乞归骸。崎岖羊肠坂，车轮几倾摧。萧散麋鹿伴，涧谷终追陪。恬愉返真澹，间寂辞喧咙。至乐发天籁，丝竹谢淫哇。千古自同调，岂必时代偕。珍重二三子，兹游非偶来。且从山叟宿，勿受役夫催。东峰上烟月，夜景方徘徊。②

时间已经过去400余年，"珍重二三子，兹游非偶来"，王阳明此行显然是有备而来。虽然依旧"夜景方徘徊"，但从"邈矣西方教，流传遍中垓。如何皇极化，反使吾人猜。剥阳幸未绝，生意存枯荄"

---

① 陈寅恪：《王观堂先生挽词并序》，氏著《诗集》，生活·读书·新知三联书店2001年版，第12页。
② （明）王守仁：《王阳明全集》，吴光等编校，上海古籍出版社2011年标点本，第780页。

数语来看，作为哲学家的王阳明，显然比作为史学家的黄庭坚大进一步，更加理解宗教家刘行思，因为他已经触及青原禅法"西方教皇极化"和青原禅法"剥阳""生意"这两个核心问题。

《尚书·洪范》："皇极，皇建其有极。"孔颖达疏："皇，大也；极，中也。施政教，治下民，当使大得其中，无有邪僻。"① 皇极乃帝王统治天下之准则，即所谓大中至正之道。西方教皇极化的问题，即外来文化中国化的问题。对于这一问题，陈寅恪有非常精妙的论述：

> 释迦之教义，无父无君，与吾国传统之学说，存在之制度无一不相冲突。输入之后，若久不变易，则决难保持。是以佛教学说能于吾国思想史上，发生重大久长之影响者，皆经国人吸收改造之过程。其忠实输入不改本来面目者，若玄奘唯识之学，虽震动一时之人心，而卒归于消沉歇绝。②

佛教产生于古代印度，但传入中国后，经过长期演化，佛教同中国儒家文化和道家文化融合发展，最终形成了具有中国特色的佛教文化。陈寅恪上述言论是对王阳明"邈矣西方教，流传遍中垓；如何皇极化，反使吾人猜"之谜的精当诠释。青原行思、石头希迁、药山惟俨、洞山良价和曹山本寂等早期青原禅系宗师，文化造诣高超，对禅宗发展的贡献侧重在文化融合和理论建构方面，《参同契》《草庵歌》《宝镜三昧》《五位旨诀》等著作即其贡献，标志着佛教中国化达到一个新的高度。

王阳明《咏良知四首示诸生》说：

> 个个人心有仲尼，自将闻见苦遮迷。而今指与真头面，只是

---

① （汉）孔安国传，（唐）孔颖达疏：《尚书正义》，北京大学出版社1999年标点本，第307页。
② 陈寅恪：《冯友兰〈中国哲学史〉下册审查报告》，氏著《金明馆丛稿二编》，生活·读书·新知三联书店2001年版，第283—285页。

良知更莫疑。

问君何事日憧憧，烦恼场中错用功。莫道圣门无口诀，良知两字是参同。

人人自有定盘针，万化根缘总在心。却笑从前颠倒见，枝枝叶叶外头寻。

无声无臭独知时，此是乾坤万有基。抛却自家无尽藏，沿门持钵效贫儿。①

这四首诗带有浓厚的禅宗色彩，其中第二首所说"莫道圣门无口诀，良知两字是参同"尤当引人注意。此处"圣门"或兼指孔子和行思之门而言，"参同"当指禅宗《参同契》，意在调和儒佛二教的冲突。又江右王门弟子郭子章《荆杏双修引》说：

荆杏双修者何？杏，杏坛也。孔子设教，植于鲁国，故世之诵法孔子者，必曰杏坛。荆，荆树也。思祖说法，植于青原，故世之传宗青原者，必曰荆亭。孔自孔，思自思，鲁自鲁，青原自青原。而曰双修者何？孔子洙泗之教，至陆子静而西江始盛，至王阳明倡良知之传，而吾吉始盛。欧邹二文庄、聂贞襄、罗文恭诸公，率入青原而聚讲焉。达祖西来之派，至六祖始南，至七祖思祖而吾吉始盛。上承漕溪，下开石头，实卜青原而居焉。则青原者，在唐则思祖开基植黄荆，至今千年不槁；在明则阳明倡道继杏坛，至今百年如存。寺曰净居，堂曰五贤，虽然其门户微异，趋操少殊，而无欲无念之旨，与人为善之心，杏与荆一也，七祖与五贤一也。②

---

① （明）王守仁：《王阳明全集》卷7，吴光等编校，上海古籍出版社1992年标点本，第790页。

② （明）方以智：《青原志略》，张永义点校，华夏出版社2012年标点本，第163页。案：吉安有"青原行思倒插荆树"的传说，故传统以"荆亭"表征行思禅学，以与"杏坛"孔子儒学相对应。

由此可知，王阳明和王门弟子试图基于儒家立场去竭力调和儒佛二教之间的矛盾。这表明他们曾经认真研究过青原禅法，故王阳明对行思禅法特质的揭示当为可信。

《周易·剥卦》六三"剥之，无咎"，唐代李鼎祚引荀爽注曰："众皆剥阳，三独应上，无剥害意，是以无咎。"① 朱熹认为："众阴方剥阳而己独应之，去其党而从正，无咎之道也。"又《兑卦》九五"孚于剥，有厉"，朱熹解释说："剥，谓阴能剥阳者也。九五阳刚中正，然当说之时，而居尊位，密近上六。上六阴柔，为说之主，处说之极，能妄说以剥阳者也。"② 剥阳是个易学术语，这表明王阳明认为青原行思禅法与《周易》有密切关系——而实际上也确实如此，虽然长期被隐而不彰。

明人宋仪望说："盖尝读《易》，至剥、复之际，而有感于吾人此心与气机相为出入。夫以五阴剥阳，天地生生之机几于息矣，一阳来复，天根始见，为临、为泰，孰或引之？孰或遏之？大哉复也，其见天地之心复乎？"③ 宋仪望，字望之，号华阳山人，江西吉安府永丰县人，嘉靖二十六年（1547）进士，官至大理寺卿。宋仪望师从江右王门中坚同郡大儒聂豹，乃王明阳再传弟子，对《周易》有较为深入的了解，故而在其著述中屡屡引《周易》的义理来阐发自己对阳明致良知学的理解。④ 宋仪望是王阳明的再传弟子，又是吉安人，他关于《周易》剥、复二卦的感想，可以证明王阳明的确认为行思禅法具有浓厚的易学底蕴；其中"天地生生之机几于息矣"，意同王阳明所言"生意存枯荄"。

如果明了行思禅法的上述特点，再反观行思改安隐山名为青原，相对来说就要简单得多。比较难理解的是青的意思。董仲舒《春秋繁

---

① （唐）李鼎祚：《周易集解》卷五，文渊阁四库全书本。
② （宋）朱熹：《周易本义》，苏勇校注，北京大学出版社1992年标点本，第34、80页。
③ （明）宋仪望：《广德重修复初书院记》，万历本《华阳馆文集》，第670页。
④ 钟治国：《易学与良知学的融通——以江右王门后学宋仪望为例》，《周易研究》2018年第5期。

露·五行之义》说：

> 木，五行之始也，水，五行之终也，土，五行之中也，此其天次之序也。木生火，火生土，土生金，金生水，水生木，此其父子也。木居左，金居右，火居前，水居后，土居中央……是故木居东方而主春气，火居南方而主夏气，金居西方而主秋气，水居北方而主冬气；是故木主生而金主杀，火主暑而水主寒，使人必以其序，官人必以其能，天之数也。①

《史记》卷二十七《天官书》说"东宫苍龙，房心，心为明堂"，又说"东方木，主春，日甲乙"。②东汉许慎《说文解字》说："青，从生从丹，东方色也。"清段玉裁《说文解字注》五篇下《青部》："青，东方色也。《考工记》曰：'东方谓之青。'木生火。从生丹。丹，赤石也。赤，南方之色也，仓经切。十一部。丹青之信言必然。俗言'信若丹青'，谓其相生之理有必然也。援此以说从生丹之意。"③许慎已经套用五行观念来解释青字。《释名》说："青，生也，象物之生时色也。"青因为是草木之色，而东方属木，故青代表东方，转而具有东方的意思。

据上述研究可以推知，所谓青原，乃东方之根本，或推究东方本质的意思。青原二字，究其本质而言，实际上等同于王阳明所说"邈矣西方教……如何皇极化"；或等同于陈寅恪所言"对输入之思想，如佛教、摩尼教等，无不尽量吸收，然仍不忘其本来民族之地位。既融成一家之说以后，则坚持夷夏之论，以排斥外来之教义"④。

"剥阳幸未绝，生意存枯荄"，王明阳认为行思法裔犹如"枯

---

① （汉）董仲舒：《春秋繁露》第42，文渊阁四库全书本。
② （汉）司马迁：《史记》，中华书局1963年标点本，第1295、1312页。
③ （汉）许慎撰，（清）段玉裁注：《说文解字注》，上海古籍出版社1988年版，第215页下栏。
④ 陈寅恪：《冯友兰〈中国哲学史〉下册审查报告》，载《金明馆丛稿二编》，第284页。

荬",禅门内部也形容青原法脉为"洞上古辙",都是讲曹洞门势单力薄,不如临济宗开枝散叶,遍布天下。"剥阳幸未绝,生意存枯荬"一语,可以帮助人们理解禅宗"临天下,曹一角"的现象,简单地说,二者类似于下里巴人和阳春白雪的关系。

四　初期禅和易的融冶

谢维扬在《至高的哲理:千古奇书〈周易〉》中说:

> 《太极图》的细节在文献的流传过程中因某种尚未考出的原因而有不同的画法……第Ⅱ部分实际上是两个经卦,白的部分指阳爻,黑的部分指阴爻,这样,这个离奇的圆的右半部就是,☵即坎;左半部就是☲,即离。这是试图显示八卦的一种"先天"的方位象征意义(详下),即乾南、坤北、离东、坎西。这个构思在《周易参同契》中已经有了,被称为《坎离匡郭图》或《水火匡郭图》。
>
> 它的基本构思其实已包括在《太极图》第Ⅱ部分中,也就是它是用来表示八卦与方位的联系的。为什么称之为"先天"呢?原来,根据《易传·说卦传》的一段非常明确的说明,原文为:"万物出乎震,震东方也。齐乎巽,巽东南也……离也者……南方之卦也……战乎乾,乾西北之卦也……坎者,水也,正北方之卦也……艮,东北之卦也。"人们已经可以将八卦与方位的联系排列成下面的这样一种图。(见附图三)它的要点是南离、北坎,乾、坤并不在正方向上,坎、离的方向亦与《太极图》所示不同。①

根据上述引文"乾南、坤北、离东、坎西"以及"离也者……南

---

① 谢维扬:《至高的哲理:千古奇书〈周易〉》,生活·读书·新知三联书店1997年版,第209、211页。

方之卦也"的说法，人们或许可以推论，这是青原行思及其法裔在婉转地宣示他们的华夏本位和南禅本宗立场。这是一种合理的假说，还是一种过度的诠释，尚需进行仔细严密的考证；但即便是一种大胆的猜想，它也绝不是毫无意义的臆测。

青原行思留下来的公案虽然不多，但仍可见其易学色彩的蛛丝马迹。此外，还有诸多资料表明，"青原"二字的确具有《易经》色彩。

(一)《黄庭经》名的远证

詹石窗认为，魏夫人《黄庭经》书名来自《周易》，因为在易学中"黄"有中央的意思。到魏晋时期，五斗米道才开始重视思神术，《黄庭经》的问世即是一个重要标志。在道门中，《黄庭经》是一部几乎可与《周易参同契》比肩的重要经书。[①] 上清派《黄庭经》之要旨，是将人体分为上中下三部，认为人身中有如此多的真神，修道者能恒念经书，守一存真，默念神名，便能六腑安和，五脏生华，长生延年。[②]

《黄庭经》与《周易参同契》在思想宗旨上具有密切关系，在内容结构上取法易学也就具备理论气候。首先，书名本身即已打上易学的烙印。《黄庭经》书名之"黄"所代表的内丹理念是以"尚黄"为根基的，而"尚黄"思想在《周易》中即有突出的表现；"庭"字与《周易·艮卦》密切相关。其次，在表达手法与具体内容上，《黄庭经》与易学的密切关系主要体现在通过"存想"将符号象征加以活用，创造出一个多彩多姿的"黄庭"大世界。[③] 青原行思禅宗《参同契》，当经《黄庭经》之桥梁作用，而来源于魏伯阳《周易参同契》。行思改驻锡山名安隐为青原，或许受其远世祖母魏夫人命名《黄庭

---

① 詹石窗：《〈黄庭经〉的由来及其与易学的关系》，《古籍整理研究学刊》2000年第4期。
② 牟钟鉴等：《道教通论——兼论道家学说》，齐鲁书社1991年版，第341—347、362页。
③ 詹石窗：《〈黄庭经〉的由来及其与易学的关系》，《古籍整理研究学刊》2000年第4期。

经》启发，故而"青原"二字当有深厚的易学意蕴。

（二）摩诃"震旦"的旁证

震旦是梵文 Ci^na-stha^na 或巴利文 Ci^na 的中文翻译，又译作真丹、旃丹、至那、支那等名，通常指中国本部及与中国相邻接之部分地方。震旦一词的翻译来源甚古。《旧唐书》卷一百九十八《西戎传》"天竺"条即说："贞观十五年，尸罗逸多自称摩伽陀王，遣使朝贡。太宗降玺书慰问，尸罗逸多大惊，问诸国人曰：'自古曾有摩诃震旦使人至吾国乎？'皆曰：'未之有也。'"① 因为对于印度等国而言，中国在东方。如唐玄奘《大唐西域记》卷五说："戒日王劳苦已曰：'自何国来，将何所欲？'对曰：'从大唐国来，请求佛法。'王曰：'大唐国在何方？经途所亘，去斯远近？'对曰：'当此东北数万余里，印度所谓摩诃至那国是也。'"②

宋普润法云编《翻译名义集》卷三"震旦"条解释说："或曰真丹、旃丹。琳法师云：'东方属震，是日出之方，故云震旦。'《华严音义》翻为汉地，此不善华言。《楼炭经》云：'葱河以东，名为震旦。以日初出，耀于东隅，故得名也。'"③ "东方属震"即根据《易经》而来。震旦国名可以证明，唐代有根据《易经》方位概念给地方命名的传统，青原山名不是孤案。

（三）周益国公的书证

南宋名臣周必大，字子充，一字洪道，自号平园老叟，青原山赣江对岸永和镇人，南宋著名政治家、文学家，封益国公，谥文忠。周必大《闲居录》说：

去（永和）镇七八里，过白沙渡。又五六里至朱陵观，知观朱守常及识王父云。按南唐徐锴开宝四年所作《观记》载："旧止名洞岩，隶吉水县……洞有青帝、西灵之精。又有对歊峰、徊

---

① （后晋）刘昫等：《旧唐书》，中华书局1975年标点本，第5307页。
② （唐）玄奘：《大唐西域记》卷5，《大正藏》第51册，第894页下。
③ （宋）法云：《翻译名义集》卷3，《大正藏》第54册，第1098页中。

岚亭。"又云："故老传,先天(712—713)中谢行仙于此学道,贞元(785—805)中刺史阎寀请立观。"其大略具此。饭罢,登自雨岩,即东洞也,徐锴所谓青帝洞者……顷之,过西洞,锴所谓西灵之精者。①

周必大知致仕之后,回庐陵定居,多在青原山及其周边地区考查游玩,于当地历史掌故极为熟悉,所言当为可信。黎元宽《青原志略序》说:"青原以净居主之是也,而净居之视朱陵如腹与背。朱陵为刺史阎寀弃官学道处,仙佛同源,盖可想见。"青原山为吉州的庐陵县和吉水县共享,靖居寺和朱陵观都濒临赣江,地近两县交界处,距离不过数里之遥,可谓近在咫尺,但靖居寺属于庐陵县,朱陵观属于吉水县。先天是唐玄宗李隆基即位后的第一个年号,始于712年八月,终于713年十一月;贞元是唐德宗李适的年号,从785年正月到805年八月。青原行思生于673年,卒于740年。据徐锴《朱陵观记》可知,青原山在行思时期已经有"青帝""西灵"之说,可证"青原"含有东方之意。又《史记·乐书》说:"春歌《青阳》,夏歌《朱明》,秋歌《西皞》,冬歌《玄冥》。"② 可见四季配四方,东青相搭,青西相对,由来已久。

青原山附近,还有黄原、西原两个地名。耕岩纲《黄原岭》:"岚气苍茫曙色分,芒鞋度岭更穿云。山中一夜摧花雨,树杪泉声处处闻。"③ 黄原即朱陵观一带,可见其得名与道教有关系。赣江由南而北从中纵穿吉安而过,青原山在河东,西原山在河西。西原山右枕天华山,南临后河,东面隔赣江遥峙青原山,这也意味着"青原"具有东方之意。

另外,两宋时期,青原山地区是个易学发达之地。欧阳修的《易童子问》、杨万里的《诚斋易传》,都是我国历史上的易学名著。文

---

① (宋)周必大:《文忠集》卷166,文渊阁四库全书本。
② (汉)司马迁:《史记》,中华书局1963年标点本,第1178页。
③ (明)方以智:《青原志略》,张永义点校,华夏出版社2012年版,第320页。

天祥的父亲文仪，字士表，号革斋；他的老师欧阳守道号巽斋，文集以号命名，著有《易故》①。革、巽皆为《周易》卦名，又前引文证明他的同学刘辰翁青睐《周易参同契》。这些都说明两宋时期青原山地区流行易学，当为唐代青原易学之遗风流韵。

（四）惟俨、义中的反证

《宋高僧传》卷十七《惟俨传》说："翱邂逅于俨，顿了本心……著《复性书》上下二篇……其书露而且隐，盖而又彰，其文则《象》《系》《中庸》，隐而不援释教。"②《象》《系》乃《周易》中的《系辞》和《象传》的并称。赞宁认为李翱著《复性书》受药山惟俨启发，且具有深厚的《易经》色彩，却讳言曾经受禅宗影响。

唐代唐伸《澧州药山惟俨禅师塔铭并序》说："师遂陟罗浮，涉清凉；历三峡，游九江。贞元初（785）居澧阳芍药山。"③ 五代《祖堂集·石头和尚》说："六祖迁化后，便去清凉山靖居行思和尚处。"④ 所谓"三峡"当为赣江赣吉段的小三峡，非指长江渝鄂段的大三峡，而"清凉"即是青原山，可见药山惟俨长期在青原山及其周边活动，曾经去拜谒青原祖庭，深受行思及其禅法影响。《宝镜三昧》说："重离六爻，偏正回互。叠而为三，变尽成五。"⑤ 宋代著名学问僧惠洪觉范说："《宝镜三昧》，其词要妙，云岩以受洞山，疑药山所作也。"⑥ 惠洪怀疑《宝镜三昧》的真正作者是药山惟俨，而非传统所认为的云岩昙晟，据上述考证可知，这种推测的确有道理，而其法裔建立曹洞宗确实由来有自。

《全唐文》卷七九一载王讽《漳州三平大师碑铭并序》说：

---

① （元）脱脱等：《宋史》，中华书局1977年标点本，第12364、12366页。
② （宋）赞宁：《宋高僧传》，范祥雍点校，中华书局1987年标点本，第424页。
③ （唐）唐伸：《澧州药山惟俨禅师塔铭并序》，载《全唐文》第536卷，上海古籍出版社1990年版，第2411页上栏。
④ （南唐）静、筠二禅师：《祖堂集》，载《禅宗全书》第一册，第503页。
⑤ ［日］辻显高：《宝镜三昧纂解》，鸿萌社，明治十八年（1886）印，第12页。
⑥ （宋）慧洪：《禅林僧宝传》，吕有祥点校，中州古籍出版社2014年版，第3页。

> 得菩提一乘，嗣达摩正统……先依百岩怀晖大师，历奉西堂百丈石契，后依大颠大师。宝历初到漳州，州有三平山，因芟住持，敞为招提。学人不远荒服请法者，常有三百余人……讽自吏部侍郎以旁累谪守漳浦，至止二日访之，但和容瞪目，久而无言。微其意，备得行止事实，相见无间然也。问曰："《周易》经历三圣，皆合天旨神道。注之者以至虚而善应，则以道为称；以不思而元览，则以神为名。达理者也？"经云："隐而显，不言而喻，不疾而速，不行而至。后之通儒，有何疑也？"①

漳州三平大师即三平义中禅师。据引文可知，王讽曾与三平义中讨论《易经》。三平义中是大颠宝通禅师的法嗣；大颠宝通和药山惟俨是师兄弟，二人曾在潮州西山惠照参学，后一同转投石头希迁的门下，二人关系密切②，都是青原行思的法孙。王讽与三平义中禅师谈禅论易，可见早期青原禅系的确盛行禅易结合之风。

通过药山惟俨和三平义中禅法的《易经》特色，以及他们与青原行思的关系，《宝镜三昧》的易学观念应该是发端于行思"青原"之思想，而青原法系曹洞宗之所以极端重视《易经》尤其是"离卦"的作用，也是滥觞于行思"青原"之思想，这又可以反推青原二字具有深厚的易学色彩。

（五）耽源、普愿的侧证

《五灯会元》卷第九《仰山慧寂禅师》说：

> 初谒耽源，已悟玄旨。后参沩山，遂升堂奥。耽源谓师曰："国师当时传得六代祖师圆相，共九十七个，授与老僧，乃曰：'吾灭后三十年，南方有一沙弥到来，大兴此教，次第传受，无令断绝。'我今付汝，汝当奉持。"遂将其本过与师。③

---

① （唐）王讽：《漳州三平大师碑铭并序》，周绍良《全唐文新编》第4部第2册，吉林人民出版社2000年标点本，第9479—9480页。
② 参见罗香林《唐释大颠考》，氏著《唐代文化史研究》，上海文艺出版社1992年版，第47—70页。
③ （宋）普寂：《五灯会元》，苏渊雷点校，中华书局1984年标点本，第527页。

第二章 青原行思道场的考辨

耽源即耽源应真禅师，是南阳慧忠国师的法嗣。敦煌遗书《泉州千佛新著诸祖师颂》"国师惠忠和尚"条标注为"法嗣司和尚"，据该文前一条"吉州行司和尚"及其内容可知①，司和尚即青原行思和尚。仰山慧寂是沩山灵祐的法嗣。惠洪《石门文字禅》卷第九《谢大沩空印禅师惠茶》说："不知大沩水，何尔小南台？让子鉏斧信，闲禅春露杯。"②大沩水即指沩山灵祐，南台即石头希迁，小南台意指沩山灵祐深受石头希迁影响。

宋高僧法眼文益在概括南禅各派特色时说"沩仰则方圆默契"③，广为人们接收。如佛学大师吕澂即说："沩仰以方圆代表理事，圆即理，方即事。仰山未入沩山之门前曾在耽源（慧忠门下）处传得九十七种圆相，就是在讲话时用手画一个圆圈，然后在圈中写一个字或画一个图案（如牛或佛），这就是圆中有方。仰山继用圆相来表示理事，所以说，以方圆默契，作为他们的门风。"④

又《祖堂集》卷十六《南泉和尚》、卷十八《赵州和尚》说：

> 问："祖祖相传，合传何法？"师云："一二三四五。"……赵州在楼上打水，师从下过，赵州以手攀栏悬脚，云："乞师相救。"师踏道上云："一二三四五。"赵州云："谢师指示。"
>
> 师为沙弥，扶南泉上胡梯，问："古人以三道宝阶接人，未审和尚如何接？"南泉乃登梯云："一二三四五。"⑤

南泉普愿所谓"一二三四五"，与洞山良价和曹山本寂的"五位

---

① （五代）招庆省登：《泉州千佛新著诸祖师颂》，载中国社会科学院历史所等合编《英藏敦煌文献》第3卷第1册，四川人民出版社1990年版，第114页。
② （宋）释惠洪：《注石门文字禅》，[日]释廓门贯彻注，张伯伟等点校，中华书局2012年标点本，第640页。
③ （五代）法眼文益：《宗门十规论》，《禅宗全书》第32册，第5页上栏。
④ 吕澂：《中国佛学源流略讲》，氏著《吕澂佛学论著选集》第5册，齐鲁书社1991年版，第2812页。
⑤ （南唐）静、筠二禅师：《祖堂集》，孙昌武等点校，中华书局2007年标点本，第708—710、793页。

诀"应该具有相同性，前者是后者的通俗简化版。《易经·系辞》说："《易》之为书也，广大悉备。有天道焉，有人道焉，有地道焉。兼三才而两之，故六。六者非他也，三才之道也。"①《易经》每卦六爻五变，南泉普愿、洞山良价和曹山本寂的五，即来自《易经》一卦六爻五变。

又唐权德舆《唐故章敬寺百岩大师碑铭并序》说："禅宗长老百岩大师之师，曰大寂禅师……荐绅先生知道入理者多游焉。尝试言之，以《中庸》之自诚而明，以尽万物之性，以《大易》之寂然不动，感而遂通，则方袍褎衣，其极致一也。"②百岩大师即章敬怀晖，大寂禅师即马祖道一，《大易》即《易经》。由权德舆的铭文序言可知，马祖道一门下也有重视《易经》的传统。

惠洪觉范在《吉州禾山寺记》中说："曹溪之门得道者不可以数计，然独大长老行思、怀让克肖前懿，号二甘露门。思眷庐陵山水而老于青原，让亦庵于衡、霍之下。石头希迁者，思高弟也，从让游，思实使之；马祖道一者，受让记莂，卜邻青原久之，遂终于石门，让实使之。"③惠洪觉范学识渊博，见地独到，他对青原行思、南岳怀让、石头希迁和马祖道一之间关系的论述，当为可信。又清初名僧笑峰大然说："卜邻青原何地乎？俗传马祖从张渡过兴国、宝华、宝峰，往来孰多由此。迁从让游，思实使之；卜邻青原，让实使之。寂音表出，古风俨然哉！"④笑峰大然，俗名倪嘉庆，江苏江宁人，嘉庆进士，后投于曹洞宗高僧觉浪道盛门下，晚年主持本宗开山祖师七祖行思道场青原山净居寺，对青原山及周边掌故熟悉，他对马祖道一在青原山周边活动历史的叙述应该可靠。

《景德传灯录》说"《参同契》一篇，辞旨幽浚，颇有注解大行

---

① 萧汉明：《〈周易本义〉导读》，齐鲁书社2003年版，第256页。
② （唐）权德舆：《唐故章敬寺百岩大师碑铭并序》，周绍良《全唐文新编》第3部第1册，吉林人民出版社2000年标点本，第5899—5900页。
③ （宋）释惠洪著：《注石门文字禅》，［日］释廓门贯彻注，张伯伟等点校，第1354—1355页。
④ （明）方以智：《青原志略》，张永义点校，华夏出版社2012年版，第330页。

于世"①。综上述考证,据南阳慧忠和青原行思、沩山灵祐和石头希迁、仰山慧寂和耽源应真之间的三对关系,以及南泉普愿的"一二三四五",则沩仰宗的"方圆"和南泉普愿的"数码",或即青原行思《易经》象数学之遗风流韵。虽然同为禅宗象数学,沩山灵祐、仰山慧寂和南泉普愿等南岳系诸禅师,未得青原行思禅法真传,故而与洞山良价和曹山本寂精细绵密的曹洞宗象数学比较起来,洪州宗的象数学则显得粗糙简陋。

(六) 药地大智的再证

《易经》象数学非常深奥复杂,非一般人所能掌握。将《易经》象数学与禅学结合起来,更是难上加难。所以,在洞山良价和曹山本寂之后,青原禅系的禅易学中断很长时间,直到明末清初药地大智才接续起来。

刘浩洋对即药地大智和青原禅法之间的关系进行详细考察后说:"青原之学向来有禅学和心学两大传统,不过真正使其结出无愧乎当代的学术果实者,一在于觉浪道盛的庄学论述,一在于桐城方氏的象数易学;而青原学风便是这一颗《易》变而《庄》的学术果实中,播扬其'三教归易'的心志种子。"②周锋利有类似的观点③,可见这是一种普遍看法。

桐城方氏是一大族,分桂林方,会宫方,鲁谼方三支,方以智属于桂林方一系。他出身于一个士大夫又是四世传《易》的家庭。当时人说:"先生家屡世传《易》。《易蠡》《易意》《周易时论》《易余》诸书盈尺,类皆发前人所未发。"④他晚年概括自己说:"角丱鼓箧,即好旷览而湛思之。长博学治文辞,已好考究,已好物理。已乃读

---

① (宋) 道原:《景德传灯录》,《永乐北藏》第153册,第602页。
② 参见刘浩洋《从明清之际的青原学风论方以智晚年思想中的遗民心志》,博士学位论文,台湾政治大学,2004年。
③ 参见周锋利《青原学风与方以智晚年思想》,《安徽师范大学学报》(人文社会科学版) 2007年第5期。
④ 侯外庐:《方以智的生平与学术贡献》,载(明) 方以智《通雅》,上海古籍出版社1988年版,《〈方以智全书〉前言》第5页。

《易》,九闳八埏,无不极也。"[1] 正因为方以智博学多识且具有深厚的家族易学传统,他才能在青原山重发行思禅学之潜德幽光,提出"三教归易"的口号,其《象环寤记》说:"佛生西,孔生东,老生东而游西,而三姓为一人……溯其源同,则归于《易》耳。"[2] 药地大智在多方面与青原行思具有相似性,所以在洞山良价和曹山本寂之后数百年里,他的禅学思想最与青原行思相接近。

药地大智在青原山提出"三教归易"的口号,他必对青原行思有所悟解,只是受于时代所限,苦于史料阙如而不能系统证明之。时近1000年之后,药地大智在青原山提出"三教归易"的口号,这可证明行思的确曾经阐扬《周易》之学,也佐证青原二字具有的易学色彩。以上考辨可以说明,早期禅宗曾经有一股以《周易》为基础会通儒道佛三教的运动,或许可以称之为禅宗的《易经》革命。

第二节 "靖居"寺名还原

青原山行思道场现叫作"净居寺",其历史已经很久。作为我国历史上一座著名的禅宗祖庭、佛教丛林和文化重镇,净居寺现名由我国当代著名佛教领袖原中国佛教协会主席赵朴初居士题写。这一名称虽然蜚声世界,但净居寺并非行思道场本名,也不合青原禅法宗旨,下面试对此略做论辩。

一 行思道场的名称演变

《青原志略》卷一《山水道场》"安隐净居寺"条说:

> 唐神龙初(705),寺名安隐。开元间,七祖行思禅师得法六

---

[1] 侯外庐:《方以智的生平与学术贡献》,载(明)方以智《通雅》,上海古籍出版社1988年版,《〈方以智全书〉前言》第9页。
[2] 转引自彭战果《无执与圆融——方以智三教会通观研究》,民族出版社2012年版,第154页。

祖，扬化青原，后十三世齐禅师住此。《唐纪事》有刺史段成式碑，《北宋纪事》有蒋之奇碑。碑虽亡，旧序犹载其概。崇宁间，有惟信禅师、如禅师、立禅师。今存旧额，敕赐净居禅寺，乃崇宁三年（1104）腊月惟信立，朝散郎、通判吉州军事管勾学士、兼管内劝农事骁骑尉赐绯鱼袋章清男励书，则宋名净居也。①

这里的部分叙述应该来源于明代郭子章，他在《青原万人般若缘引》中说："吾吉青原，烟峦环抱，苍壁棱森，溪声潺溪，山光欲滴，真古道场福地。自唐神龙初，有寺名安隐。开元间，七祖行思禅师卓锡兹山，乃更寺名为净居，大倡曹溪之道。"②据郭子章的说法，青原山行思道场在唐初神龙元年（705）时叫安隐寺，开元年间（713—741）更寺名为净居，但《青原志略》说是在北宋末期崇宁三年（1104），才由徽宗赵佶敕赐改名"净居寺"。这种说法未必很准确。

南宋名臣周必大《闲居录》说："十月朔戊午，丙寅，游青原山靖居寺，七祖大师行思道场也……按唐大中五年（851）四月，前刺史段成式《寺记》云：'景龙三年（710）为兰若，天宝十年（751）为寺。'所载亭台颇多，今皆不可考。甚重颜碑，亦叙三泉，所可见者此耳。成式文务奇涩，或不能句。"③周必大是庐陵人，致仕后回家乡定居，熟稔当地历史掌故，所言当更具有权威性。周必大关于净居寺名的演变，说法与《青原志略》稍有差异。

《宋高僧传》卷第九《行思传》说："释行思……开元二十八年十二月十三日，入灭于本生地。敕谥大师，号曰洪济，塔曰归真。其塔会昌中例从堙毁，后法嗣者重崇树之。"④赞宁说行思的碑铭在唐武宗会昌灭佛时被毁掉。唐武宗灭佛从会昌二年（842）渐渐开始，在会昌五年（845）达到高潮，于会昌六年（846年）武宗死后终止。

---

① （明）方以智：《青原志略》，张永义点校，华夏出版社2012年版，第20—21页。
② 同上书，第164页。
③ （宋）周必大：《文忠集》卷166，文渊阁四库全书本。
④ （宋）赞宁：《宋高僧传》，范祥雍点校，中华书局1987年标点本，第198页。

段成式大中五年（851）所撰寺记，距离行思碑铭被废还不到10年，当时他在吉安为官，应该得到很多口耳相传的资料，由此可推知周必大所言不虚。

又宋王象之《舆地碑记目》卷二《吉州碑记》说："靖居寺碑，在庐陵之青原山，有大中五年（851）段成式记，及天宝六年（747）大和尚碑。"① 清倪涛《六艺之一录》也说："颜稷，宣宗时（846—859）人。《段柯古靖居寺碑》，颜稷书。"② 这从另一个方面可以证明周必大所言不假。

段成式为文距离行思碑铭被毁不到10年，所记当为可信，他说行思道场在景龙三年（710）为兰若，在天宝十年（751）才改为佛寺。《柳宗元全集》卷第七《衡山中院大律师塔铭》说："官赐额者为寺，私造者为招提、兰若。"③

《青原志略》卷一《山水道场》"七祖塔"条说："唐开元二十九年（741）敕建，额曰'唐七祖弘济禅师归真之塔'，以得法漕溪六祖也。《钟铭记》曰：'祖肉身住世八百余年，里之人水旱疾疫，祈之辄应。'"④ 其所言七祖塔在"唐开元二十九年（741）敕建"，但没有说明资料来源。按理说，如果朝廷要敕令行思墓冢建塔，应同时敕令行思道场升格为佛寺，这似与前论行思道场在天宝十年（751）才改为佛寺相矛盾。因此，笔者颇疑这段史料的真实性，它或许来自青原山明代的《钟铭记》文字，应该不可靠。

由上述考证可以推知，《青原志略》说行思道场在神龙初年（705）便成为佛寺，其实并不可信。

《苏东坡集》卷十一《游净居寺并序》说：

> 寺在光山县南四十里大苏山之南、小苏山之北。寺僧居仁

---

① （宋）王象之：《舆地碑记目》卷2，文渊阁四库全书本。
② （清）倪涛：《六艺之一录》卷334下，文渊阁四库全书本。
③ （唐）柳宗元：《柳宗元全集》，中央书店1936年版，第74页。
④ （明）方以智：《青原志略》，张永义点校，华夏出版社2012年标点本，第22页。

为余言:"齐天保中,僧思惠过此,见父老问其姓,曰苏氏,又得二山名。乃叹曰:'吾师告我,遇三苏则住。'遂留结庵。而父老竟无有,盖山神也。"其后僧智顗见思于此山,而得法焉。则世所谓思大和尚、智者大师是也。唐神龙中,道岸禅师始建寺于其地,广明庚子之乱,寺废于兵火,至乾兴中乃复,而赐名曰梵天云。①

据苏轼叙述可知,河南光山县净居寺,由道岸禅师建于神龙年间(705—706)。《青原志略》说青原山行思道场在神龙初年(705)建成"安隐寺",可能是混淆光山净居寺建成年代与青原山旧名安隐山而来。

据段成式《寺记》可知,行思刚回青原山时的道场只是一处小小的兰若——他很有可能是借住在律宗僧人的小庵,天宝十年(751)才改为官方承认的靖居寺。这个私造兰若后来是怎样变名为净居寺呢?笔者试图对此问题做一探究。下文试按检索文献编撰的先后顺序,对有关记载做一梳理,以期获得真相。

唐代颜真卿的《靖居寺题名》说:

> 唐永泰二年(766),真卿以罪佐吉州,闻青原靖居寺有幽绝之致。②

五代《祖堂集》卷第三《靖居和尚》:

> 靖居和尚嗣六祖,在吉州。师讳行思,俗姓刘,庐陵人也。自传曹溪密旨,便复庐陵,化度群生。③

---

① (宋)苏轼:《苏东坡集》上卷《诗》,商务印书馆1934年版,第109页。
② (唐)颜真卿:《颜鲁公文集》卷11,文渊阁四库全书本。
③ (南唐)静、筠二禅师:《祖堂集》,孙昌武等点校,中华书局2007年标点本,第156页。

北宋《景德传灯录》卷第五《吉州青原山行思禅师》：

> 行思禅师，本州安城人也……师既得法。住吉州青原山静居寺。六祖将示灭，有沙弥希迁……直诣静居。①

南宋《五灯会元》卷第五《青原行思禅师》：

> 吉州青原山静居寺行思禅师，本州安城刘氏子，幼岁出家……迁闻语，便礼辞祖龛，直诣静居参礼。②

光绪版《江西通志》卷一七九《仙释·吉安府》说：

> 宏济，名行思，幼出家，参曹溪六祖，归住青原山静居寺，塔曰归真。③

据周必大转引段成式《靖居寺记》可知，行思从六祖慧能曹溪得法回安隐山时，只是住在一处简陋的兰若，时间大约在景龙三年（710）。兰若是阿兰若的省称，梵名 Aranya，原意是森林，引申为"寂静处""空闲处""远离处"，躲避人间热闹处之地，有些房子可供修道者居住静修之用，或一人或数人。

因为行思禅法高明，来学者甚众，《宋高僧传》卷第九《行思传》形容说"还复吉州阐化，四方禅客，繁拥其堂"。《祖堂集》卷第四《石头和尚》说："第二日，粥鼓鸣了，在西侠里坐，伸手取粥。厨下僧见其钵盂，寻来。元来其师取和尚粥，众人知是其人安排。凡夫不识圣人，谤和尚，又毁师。阖院一齐上来，于和尚前收过。"④ 这段文字

---

① （宋）道原：《景德传灯录》，《永乐北藏》第153册，第312—313页。
② （宋）普寂：《五灯会元》，苏渊雷点校，中华书局1984年标点本，第253页。
③ 光绪版《江西通志》第5册，第717页。
④ （南唐）静、筠二禅师：《祖堂集》，孙昌武等点校，中华书局2007年标点本，第197页。

第二章 青原行思道场的考辨

可以证明，石头希迁投奔青原山时，行思门下已经僧徒甚多，不然就不会出现"众人知是其人安排，凡夫不识圣人"的场景。

不仅普通僧人麇集行思门下，甚至一时佛门俊杰也到青原山参学问道。菏泽神会参禅青原行思是历史上著名的禅宗公案，因后面"'行思金针'判高下"节将详细论述，兹不具论。又《宋高僧传》卷第十四《明律篇第四之一·唐洪州大明寺严峻传》：

> 释严峻，姓樊氏，潍州人也，父任硖州长史、昭王府司马。峻性地夷然，学习明利，年及十九应进士举。倏罹荼蓼，思报劬劳，投南阳佛寺……大历元年，思往清凉山。未达庐陵，见颜鲁公。一言相契，胶漆如也。二年春，宜春太守俾僧正驰疏请召。①

由赞宁的介绍可知，严峻和尚也是一位很有造诣的律宗高僧。严峻和尚在大历元年（766）想去青原山参学问道，可见那时候靖居寺至少在江南地区名气还是很大，这也可以反推此前一段时期靖居寺应该非常兴盛。然而，严峻和尚在未到吉安之前，与颜真卿面谈之后，并没有投奔青原山，此时青原行思已经去世26年，石头希迁也驻锡衡山二十余年，靖居寺这个时候可能已经在走下坡路，颜真卿认为他不适合去那里学习，建议他改去别的地方。所以，他第二年到宜春去了。

《祖堂集》卷第四《石头和尚》记载：

> 师受戒后，思和尚问："你已是受戒了也，还听律也无？"对曰："不用听律。"思曰："还念戒也无？"对曰："亦不用念戒。"②

---

① （宋）赞宁：《宋高僧传》，范祥雍点校，中华书局1987年标点本，第351页。
② （南唐）静、筠二禅师：《祖堂集》，孙昌武等点校，中华书局2007年标点本，第197页。

《景德传灯录》卷第六《百丈怀海禅门规式》说：

> 百丈大智禅师，以禅宗肇自少室，至曹溪以来，多居律寺。虽别院，然于说法住持，未合规度，故常尔介怀……于是创意别立禅居。①

从律宗高僧严峻欲投奔青原山，青原行思欲考验石头希迁戒律，百丈怀海《禅门规式》说"禅宗肇自少室，至曹溪以来，多居律寺"，以及前引颜真卿《靖居寺题名》"因睹行思大师经始双泉之灵迹，道契律师纂成□路之秘藏"，再结合前文段成式说行思刚回青原山时所居地为兰若，可以推知，青原行思所借住的兰若很有可能是一所律宗僧人的小庵。

清康熙《西江志》卷一百三《仙释一》言："西江之俗，教外相沿。法为符箓，律变而禅。箓以世授，禅以灯传。"② 这不仅说明佛教与道教之间关联很大，"律变而禅"似乎也说明江西早期禅宗与律宗之间关系密切。

从上述考察可知，行思道场的名称从唐五代时的"靖居寺"变为北宋前期的"静居寺"，最后在北宋末期改为"净居寺"。虽说古书靖、静通假，二字经常换用，但行思道场名称为什么会有这种变动，原因可能很复杂。《景德传灯录》是北宋青原系法眼宗道原禅师编撰，成书于北宋真宗景德元年（1004），是青原禅风日趋临济化的标志，可能是百年后青原系曹洞宗默照禅的先声。

《青原志略》卷六载清萧发生《青原遗碑略记》："七祖，长沙定王发后，得旨曹溪，遂住青原……大顺元年（890），谥曰弘济大师。雍熙四年（987），避庙讳，改弘为恒。景德二年（1005），太守孙航奏请更之，改赐真寂。治平三年（1066），赐额安隐寺。崇宁三年

---

① （宋）道原撰：《景德传灯录》，《永乐北藏》第153册，第361页。
② （清）白潢等修，查慎行等纂：《西江志》，成文出版社有限公司1989年影印清康熙五十九年版，第1762页。

(1104），名净居寺。"① 由此看来，青原行思道场的名称，似乎在安隐庵、靖居寺、安隐寺、净居寺之间常有变换。

二 行思道场的原本名称

由于青原行思的碑铭在唐武宗会昌灭佛时已经被毁掉，留下来的原始资料很少。不知其父，视其子；不知其人，视其友。禅宗讲究"教外别传""以心印心"，早期禅宗师徒两代之间的禅法特质不会相差很大。下文试以青原行思及其唯一嗣法弟子石头希迁的几则公案，来分析靖居、静居、净居三个名称之间的优劣。

《五灯会元》卷第五《青原行思禅师》：

> 一日，祖谓师曰："从上衣法双行，师资递授，衣以表信，法乃印心。吾今得人，何患不信？吾受衣以来，遭此多难。况乎后代，争竞必多。衣即留镇山门，汝当分化一方，无令断绝。"师既得法，归住青原。②

《祖堂集》卷第四《石头和尚》：

> 六祖迁化后，便去青原山靖居行思处。礼拜侍立，和尚便问："从什摩处来？"对曰："从曹溪来。"……对曰："和尚也须道取一半，为什摩独考专甲？"和尚曰："不辞向你道，恐已后无人承当。"
>
> 师便去到南岳让和尚处。书犹未达，先礼拜问："不慕诸圣不重己灵时如何？"让和尚曰："子问太高生，向后人成阐提去。"师对曰："宁可永劫沉沦，终不求诸圣出离。"师机既不投，书亦不达，便归师处。

---

① （清）笑峰大然：《青原志略》，段晓华、宋三平校注，江西人民出版社1998年标点本，第159页。

② （宋）普济：《五灯会元》，苏渊雷点校，中华书局1984年标点本，第253页。

师与邓隐峰铲草次,见蛇。师过锹子与隐峰。隐峰接锹子了,怕,不敢下手。师却拈锹子截作两段,谓隐峰曰:"生死尚未过得,学什摩佛法。"①

《景德传灯录》卷第十四《招提慧朗》记载:

问:"如何是佛?"石头曰:"汝无佛性。"曰:"蠢动含灵又作么生?"石头曰:"蠢动含灵却有佛性。"曰:"慧朗为什么却无?"石头曰:"为汝不肯承当。"师于言下信入。②

以上几个公案,无论是六祖慧能叮嘱青原行思"汝当分化一方,无令断绝",还是青原行思关切石头希迁"不辞向你道,恐已后无人承当",抑或石头希迁讥讽邓隐峰"生死尚未过得,学什摩佛法",甚至他激烈批评招提慧朗"为汝不肯承当",在在都是语重心长地强调责任,要求门人担当起"靖国安民"的"宏济"天下重任,根本就不是什么"静坐""默照"的小乘佛教修行风格;至于"往生净土",则更是与青原禅系"宁可永劫沉沦,终不求诸圣出离"的艰苦卓绝宗旨相背离。后来禅宗提出"劈柴担水,无非妙道;行住坐卧,皆在道场"的口号,当与此有莫大的关系。

《康熙字典》戌集中《青字部》:

靖:《唐韵》《集韵》《韵会》《正韵》疾郢切,音穽。《说文》立竫也。又一曰细貌。又《玉篇》谋也……又《广韵》思也。扬子《方言》靖,思也。东齐海岱之间曰靖。又《广韵》理也。……又《广韵》和也。《韵会》安也……又《谥法》柔德安众曰靖,恭己鲜言曰靖,宽乐令终曰靖。

---

① (南唐)静、筠二禅师:《祖堂集》,孙昌武等点校,中华书局 2007 年标点本,第 196、197—198、202 页。

② (宋)道原撰:《景德传灯录》,《永乐北藏》第 153 册,第 608 页。

静：《唐韵》《集韵》《韵会》《正韵》疾郢切，音穽。《说文》审也。从青，争声。《注》徐锴曰：丹青明审也。又《增韵》动之对也……又《诗·邶风》静言思之。《传》静，安也。……又《诗·邶风》静女其姝。《传》静，贞静也。又《广韵》息也……又《韵会》澄也。又《广韵》和也。又《韵会》通作靖。亦通作靓。亦通作竫。又《韵会》《正韵》疾正切，音净。义同。①

又《康熙字典》子集下《冫字部》说："净，《唐韵》楚耕切，《集韵》初耕切。并音琤。冷貌。"② 由此可知，靖、静、净三字，虽然音近形似，可以互通换用③，其实意蕴有别：靖偏治国理政之义，静含明审安默之意，净尚洁身自爱之端。唐五代文献称行思道场为"靖居寺"，到北宋《景德传灯录》时已经变作"静居寺"，再到崇宁三年（1104），宋徽宗赵佶敕赐行思道场改名"净居寺"。丁福保《佛学大辞典》"净居"条说："（界名）净居天也。[又]（杂名）伽蓝之地也。《旧唐书·高祖纪》：'伽蓝之地，本曰净居。栖心之所，理尚幽寂。'"④ 靖居为大乘禅宗的作风，净居乃小乘佛教做派。如果说靖、静通假尚可换用的话，而净居意境则与行思原先定名完全背道而驰，如果这不是宋代人对青原禅宗的有意误读，那就是行思禅法的精髓在宋代完全失真。宋代保宁仁勇禅师《持书南岳颂》说："从来祖上作君王，子子孙孙代代昌。文武百僚都不识，只应金殿有尊堂。"⑤ 这是一则颂扬青原行思的诗歌，亦可证明青原禅法具有靖国安民之特征。

惠洪觉范是宋代著名学问僧，宝峰克文禅师法嗣，临济宗黄龙派

---

① （清）张玉书等编撰，（清）王引之等校订：《康熙字典》，上海古籍出版社1996年版，第1458—1459、1459页。
② 同上书，第67页。
③ 参见高亨纂，董治安整理《古字通假会典》，齐鲁书社1989年版，第66—69页。
④ 丁福保编纂：《佛学大辞典》，文物出版社1984年版，第993页一栏。
⑤ （宋）法应集，（元）普会续集：《禅宗颂古联珠通集》，《禅宗全书》第85册，第99页。

传人。惠洪觉范在《石门文字禅》卷十七《老黄龙生辰三首》之一中颂扬其宗派开基祖黄龙慧南说:"纲宗壁立大崔嵬,魔外闻风胆自摧。万古知音今日是,三关锁钥一时开。从教意气纵横去,终解形容寂寞回。寄语儿孙着精彩,黄龙手段似南台。"[①] 南台寺是石头希迁的道场,"黄龙手段似南台"意即黄龙慧南酷似石头希迁的禅法。黄龙慧南虽然是南岳怀让的法裔,其禅法作风却私淑青原行思。记录其嘉言懿行的《黄龙慧南禅师语录》开篇即说:

> 师初住同安崇胜禅院。开堂日,宣疏罢,师拈香云:"此一炷香,为今上皇帝圣寿无穷。"
> 又拈香云:"此为知军郎中、文武采僚,资延福寿;次为国界安宁,法轮常转。"
> 又拈香云:"大众且道,此一炷香,当为何人?多少人卜度,未知落处。今日为湖南慈明禅师,一炷爇却。令教充遍天下丛林与一切衲僧,为灾为祸去。"[②]

黄龙慧南初学南禅云门宗,后承法于临济宗传人石霜楚圆,成为临济宗黄龙派的创始人。黄龙慧南身在曹营心在汉,既然要对石头希迁邯郸学步,其法嗣五世而斩也就不足为奇;青原系的云门宗和法眼宗反其道而行之,结果也是逃不出达磨(案:此达磨非菩提达磨,乃梵文"规律"的意思)之利剑的斩截,其法嗣同样五世而斩——也就是说,这些宗派在文化整合方面不如曹洞宗做得好,在实修苦干方面不如杨岐宗做得好,在学习对方优点时没学到位,反把自家特长丢失,所以最终被历史淘汰。黄龙慧南私淑石头希迁,其以上言辞首先祝祷国君皇帝、文武百僚、国土百姓,然后才是祖师衲僧,确实精准

[①] (宋)释惠洪:《注石门文字禅》,[日]释廓门贯彻注,张伯伟等点校,中华书局2012年标点本,第1102页。

[②] (宋)黄龙慧南撰,(宋)九顶慧泉编:《黄龙慧南禅师语录》,《禅宗全书》第41册,第723页。

地诠释了青原山靖居寺名称的内涵。

曹洞宗向来被认为得青原禅法之真诠。曹洞宗《五位君臣偈》将僧人的悟见和境界分为正中偏、偏中正、正中来、偏中至、兼中到5个阶段，兼中到是至境，其解说词是："不落有无谁敢和。人人尽欲出常流，折合终归炭里坐。"①炭就是炭火的意思，生灵涂炭就是说人民生活在水深火热之中。"折合终归炭里坐"说明，曹洞宗并不主张僧人脱离社会而独立存在，而主张拯民于水火，大致是出家不离世意思，太虚大师的"人生佛教"主张即这种宗旨的现代表达。

《祖堂集》卷三录净修禅师《靖居和尚赞》说："泽中孤烛，火里片冰。"②《泉州千佛新著诸祖师颂》"吉州行司和尚"条说："泽中月烛，火里片冰。"③《佛祖道影》"归真之塔赞"说："火里莲花，雪中红日。"④"折合终归炭里坐"与历代高僧对青原行思的颂扬相吻合。

南宋名臣周必大《闲居录》说青原行思的兄弟法登禅师，代宗年间在距离靖居寺不远的龙须山建禅刹"长兴寺"，宋真宗大中祥符二年（1009）改为"资国禅院"，即现在的"资国禅寺"。吉安的靖居寺和资国寺向来被看作一对兄弟寺庙。又宋代王象之《舆地碑记目》卷二《吉州碑记》说："国庆寺经藏记：在庐陵，有唐太和四年（830）经藏及开成四年（839）郭京记。"⑤"长兴""资国""国庆"之名，也佐证行思道场本名为"靖居"。

从《五位君臣偈》的宗旨，以及《靖居和尚赞》《吉州行思和尚颂》《归真之塔赞》对青原行思的赞颂可知，青原行思的道场名以"靖居"最契合其本意。

《旧唐书》卷四十《地理三·江南西道》：

---

① （宋）普寂：《五灯会元》，苏渊雷点校，中华书局1984年标点本，第784页。
② （南唐）静、筠二禅师：《祖堂集》，孙昌武等点校，中华书局2007年标点本，第157页。
③ （五代）招庆省登：《泉州千佛新著诸祖师颂》，中国社会科学院历史所等合编《英藏敦煌文献》第3卷第1册，四川人民出版社1990年版，第114页。
④ 虚云大师重辑：《佛祖道影》，中华书局2016年版，第171页。
⑤ （宋）王象之：《舆地碑记目》卷2，文渊阁四库全书本。

吉州上　隋庐陵郡。武德五年（622），讨平林士弘，置吉州，领庐陵、新淦二县。七年，废颖州，以安福县来属。八年，废南平州，以太和县来属。天宝元年（742），改为庐陵郡。乾元元年（758），复为吉州。旧领县四，户一万五千四十，口五万三千二百八十五。天宝领县五，户三万七千七百五十二，口二十三万七千三十二。

庐陵　汉县，属豫章郡。后汉改为西昌。隋复为庐陵，州所治也。旧治吉阳城，永淳元年（682），移于今所。①

《新唐书》卷四十五《地理五》：

吉州庐陵郡，上。土贡：丝葛、纻布、陟厘、斑竹。户三万七千七百五十二，口三十三万七千三十二。县五：庐陵，紧。太和，上。武德五年（622）置南平州，并置永新、广兴、东昌三县。八年州废，省永新、广兴、东昌入太和，来属。有王山。安福，上。武德五年以县置颖州，七年州废，来属。新淦，上。永新，上，显庆二年（657）析太和置。②

据新旧《唐书·地理志》记载，隋唐前期吉安的建制变动很频繁，又据吉州、南平、太和、安福、永新等地名含义来分析，当时该地区应该不是很安定。

《宋书》卷三十六《州郡》载："安成太守，孙皓宝鼎二年，分豫章、庐陵、长沙立。《晋太康地志》属荆州。领县七，户六千一百一十六，口五万三百二十三。去州水三千三百，陆三千六百；去京都水三千七百，无陆。"此时安成治所设在平都镇，下辖安福、永新、安城、新余、宜春、萍乡等七县。同时期"庐陵太守领县九，户四千

---

① （后晋）刘昫等：《旧唐书》，中华书局1975年标点本，第1607—1608页。
② （宋）欧阳修、宋祁：《新唐书》，中华书局1975年标点本，第1070页。

四百五十五，口三万一千二百七十一"①，可见南朝宋代，安成虽然辖县比庐陵要少，但户口人数比它多很多，因此要更发达。又上引《旧唐书》说州治"旧治吉阳城，永淳元年（682），移于今所"，结合二书的记载可以知，吉安的开发是由北向南、由西往东的发展过程。也就是说，在行思时代，吉安还属于新开发地区，吉州府城地区并不安定。

《景德传灯录》卷第三《第三十祖僧璨大师》："初以白衣谒二祖……后于吉州受戒，侍奉尤谨。"又该书同卷《第三十一祖道信大师》说：

> 隋大业十三载（617），领徒抵吉州。值群盗围城，七旬不解。万众惶怖，师愍之，教令念《摩诃般若》。时贼众望雉堞间，若有神兵。乃相谓曰："城内必有异人，不可攻矣。"稍稍引去。唐武德甲申岁（624），师却返蕲春，住破头山。②

《青原志略》说："隋大业间，四祖信公游锡及吉州，以神力靖郊垒，肇建雪山兰若，迨青原遐唱，赤羽龙象剡剡屡起矣。六祖则曾留止西华，故青原岭背称'六祖庵'。江西为宗门上流，到此瞻仰毋负草鞋。"③据《景德传灯录》和《青原志略》的记载分析，在青原行思之前，一些重要禅宗祖师已在吉安一带活动过，且青原山附近地区的确不大太平。

唐代禅宗兴起，并最终压倒其他宗派成为我国佛教主流，与南禅僧人不辞辛苦，"多到群众最需要的地方去解决问题，多到发展最困难的地方去打开局面"④ 有很大关系。这从唐代佛教不同时期不同宗

---

① （梁）沈约：《宋书》，中华书局1974年标点本，第1090、1089页。
② （宋）道原：《景德传灯录》，《永乐北藏》第153册，第241、243页。
③ （清）笑峰大然：《青原志略》，段晓华、宋三平校注，江西人民出版社1998年标点本，第353页。
④ 习近平：《要多到群众最需要的地方去解决问题》，人民网，http：//cpc.people.com.cn/n/2013/0205/c64094-20441274.html。

派的地理分布图即可看出端倪，严耕望对此有非常好的考证①，在此不重复叙述。所以，行思道场定名为"靖居"，应该还有明显的地理和时代背景。

《祖堂集》卷四《药山和尚》和卷八《云居和尚》说：

> 药山和尚嗣石头，在朗州。师讳惟俨，姓韩，绛州人也，后徙南康。年十七，事潮州西山慧照禅师。大历八年，受戒于衡岳寺希操律师。师一朝言曰："大丈夫当离法自净，焉能屑屑事细行于布巾耶？"即谒石头大师，密领玄旨。
>
> 师讳道膺，姓王，幽州蓟门玉田人也。师居龆龀，岐嶷生知，匪狎竹马之朋，卓有乘羊之誉。年二十五于幽州延寿寺受戒。初习毗尼，喟然叹曰："大丈夫焉局小道而晦大方？"……师乃摄衣而造洞山。②

细行，与景行相对，细乃小之意，景乃大之意。《诗经·小雅·车辖》："高山仰止，景行行之。"诗文"止"字皆通"之"，诗义为"高山仰慕之，大道躬行之"。"高山"喻崇高的圣贤德行；"大道"指明哲的儒学风范，即儒家"修身、齐家、治国、平天下"与"达则兼济天下，穷则独善其身"的人生理念，及"居庙堂之高则忧其民，处江湖之远则忧其君"，又"先天下之忧而忧，后天下之乐而乐"的人文品格。③是故司马迁引用该诗来形容孔子，并赞叹说："虽不能至，然心乡往之。余读孔氏书，想见其为人。适鲁，观仲尼庙堂车服礼器，诸生以时习礼其家，余只回留之不能去云。天下君王至于贤人众矣，当时则荣，没则已焉。孔子布衣，传十余世，学者宗

---

① 参见严耕望《唐代佛教之地理分布》，张曼涛主编《中国佛教史专集之二·隋唐五代篇》，北京图书馆出版社2006年版，第83—90页。
② （南唐）静、筠二禅师：《祖堂集》，孙昌武等点校，中华书局2007年标点本，第223、364页。
③ 陈明甫：《中国儒学人文精神的艺术具象》，载傅伯言《傅伯言书法作品集》，岭南美术出版社1999年版，第4页。

之。自天子王侯，中国言《六艺》者折中于夫子，可谓至圣矣！"① 据此可知，药山惟俨所言细行，乃小道之意。

《史记》卷二十四《乐书》说："所谓大路者，天子之舆也；龙旗九旒，天子之旌也。"《正义》："舆，车。大路，天子之车也。诸侯朝天子，修其职贡，若有勋劳者，天子赐之大路也。"②《周礼·春官·巾车》："王之五路，一曰玉路，锡樊缨，十有再就，建大常，十有二斿，以祀；金路，钩，樊缨九就，建大旂以宾，同姓以封；象路，朱，樊缨七就，建大赤以朝，异姓以封；革路，龙勒条缨五就，建大白以即戎，以封四卫；木路，前樊鹄缨，建大麾，以田，以封蕃国。"《周礼》之所谓"五路"，即《史记》之"大路"，其原义指天子祭天时的礼车，再引申为天子所乘之车，又称为天子所赐车之总名。③ 这些诠释，为人们理解药山惟俨和云居道膺的公案提供一个新的视角。

又《太平御览·辂》："大辂者，天子之车也。龙旗九旒，天子之旌也。"可见，路通"辂"。禅宗属大乘佛教。大乘：大：含有广大、崇高、无量之含义；乘：四马之车为乘。大乘，则是能够装载、度脱一切众生的、无限大的运载工具车。大乘佛教名称是否具有"天子之车"这层意义，尚待进一步考证。

子贡说："譬之宫墙，赐之墙也及肩，窥见室家之好。夫子之墙数仞，不得其门而入，不见宗庙之美，百官之富。得其门者或寡矣。"④ 药山惟俨及其法曾孙云居道膺一再地不屑于毗尼"小道"，舍弃及肩墙之律宗室家，转而投身于数仞墙之南禅宗庙，其间必有深意焉。说起小道，自然而然地让人联想起与之对应的大道。

《礼记》卷二十一《礼运》说："大道之行也，天下为公，选贤

---

① （汉）司马迁：《史记》，中华书局1963年标点本，第1947页。
② 同上书，第1201页。
③ 参见陈静《〈史记〉中华书局点校本〈集解〉订误》，《古籍研究》2001年第2期。
④ 朱熹：《论语注》第二十七章，氏著《四书章句集注》，中华书局1983年标点本，第192页。

与能，讲信修睦。故人不独亲其亲，不独子其子，使老有所终，壮有所用，幼有所长，鳏、寡、孤、独、废、疾者皆有所养，男有分，女有归。货恶其弃于地也，不必藏于己；力恶其不出于身也，不必为己。是故谋闭而不兴，盗窃乱贼而不作，故外户而不闭。是谓大同。"① 药山惟俨和云居道膺乃青原行思之冢宗嫡嗣，其仰慕躬行之"大道"，是不是出自于《礼运》篇，因资料缺乏难以推断。但是，根据《礼记》"大同"愿景的描述，去理解青原行思"不落阶级"公案，难道不是别有一番情趣吗？

另外，我国古代，在人去世之后，后人给他的生平做一个简短的评价，这就是谥号。谥号文字长短不定，短或一两字，长或二十余字。青原行思谥号"弘济"，有的书写作"宏济"，弘、宏古文相通。青原行思的谥号，与"靖居"寺名相对称。明代心学巨匠邹守益在青原会馆讲授《孟子》"居天下之广居"条，与"靖居"义旨吻合，难道邹守益对其乡先贤青原行思禅法宗旨有所窥见？

药山惟俨作为青原行思的法孙，云居道膺作为青原行思的五世法孙，他们二人不屑于律宗局促小道，而转投于青原弘济宏门，可反推行思禅法"靖国安民"之精神，故其道场原名当为"靖居寺"。

《心经》，亦即《般若波罗蜜多心经》，被认为是大乘佛教第一经典和核心，是世界上最被人广知最流行的佛教经典。该经说："故知般若波罗蜜多是大神咒，是大明咒，是无上咒，是无等等咒，能除一切苦，真实不虚。故说般若波罗蜜多咒，即说咒曰：揭谛揭谛，波罗揭谛，波罗僧揭谛，菩提娑婆诃。"② "般若"，为梵语 Prajna 音译，本义为"智慧"。般若如灯，能照亮一切，能达一切，度化佛所指斥的那种有漏的"分别慧"。"波罗蜜多"，梵文为 Paramita，意为"度"，"到彼岸"，亦即意在说明"度生死苦海，到涅盘彼岸"。"揭谛"者，此处为"度"之意，这也就是深般若的本有功能，度众生

---

① （清）孙希旦：《礼记集解》，沈啸寰、王星贤点校，中华书局1989年标点本，第581—582页。

② （唐）玄奘译：《般若波罗蜜多心经》，《大正藏》第8册，第848页。

于彼岸；重复"揭谛"二字，无非是自度度他的意思；"波罗"意为"彼岸"；"波罗揭谛"者，"度到所欲之彼岸"的意思；至于"僧揭谛"的"僧"，意为"总"或"普"，因而"波罗僧揭谛"的意思便是"普度自我及他人都到彼岸"；"菩提"为"觉"；"娑婆诃"即"速疾"也，意谓依此心咒，速疾得成大觉。[①] 所谓"度众生于彼岸""自度度他""速疾得成大觉"，唐三藏法师玄奘之所以将佛教起源国名 Hindu 汉译由身毒、天竺等异名改为"印度"，意义正在于此，其不辞万里跋涉，历经九死一生，也正是躬行此道；而青原行思"靖居"之名，可谓《心经》"揭谛揭谛，波罗揭谛，波罗僧揭谛，菩提娑婆诃"的精准汉文义译，不过《心经》所意者在彼岸，而行思所重者在此岸，这是青原行思将印度佛教中国化推进的又一表现。印度佛教可以概括为出家又离世，中国禅宗可以概括为出家不离世，这大概就是两国文化和中印佛教的根本区别。

明末四大高僧之一云栖袾宏《竹窗二笔·临济》说："先德（笔者案：即大慧宗杲）有言'临济若不出家，必作渠魁，如孙权、曹操之属'。曷为乎以临济拟孙、曹也？盖拟智，非拟德也。袁绍谓'生子当如孙仲谋'，而孔明亦言'曹操用兵，仿佛孙、吴'，智可知矣。使其不以此智外役，而以此智内旋，举平生神机妙算，尽抵在般若上，则于道何有？又古云：'悉达若不出家，必作转轮圣王。'此兼智兼德之论也！大小殊而其意一也！"[②] 大慧宗杲所言极是，中华民族历史上动乱时期不少，假如没有佛教尤其是禅宗，则我国历史上的板荡

[①] 《〈摩诃般若波罗蜜多心经〉注解》，豆瓣网，https://www.douban.com/note/180259335/。案：陈寅恪说："我偶取《金刚经》对勘一过，其注解自晋唐起至俞曲园止，其间数十百家，误解不知其数。我以为除印度西域外国人外，中国人则晋朝唐朝和尚能通梵文，当能得正确之解，其余多是望文生义，不足道也。"（陈寅恪：《与妹书》，氏著《书信集》，生活·读书·新知三联书店 2001 年版，第 1—2 页）笔者曾经略微学习印地语，印地语是梵语派生出来的一种语言，词根语法近似。关于《心经》的注解，笔者曾经查阅《般若心经译注集成》（方广锠编纂，上海古籍出版社 1994 年版）以及《大正藏》和《卍续藏经》中的几个文本。据印地语反推，甚觉这些文本的诠释，正如陈寅恪所言，多"望文生义，不足道也"；反而是此引豆瓣网之未署作者名之版本之诠释，甚接近原意。

[②] （明）袾宏：《竹窗随笔》，心举点校，华东师范大学出版社 2013 年版，第 78 页。

局面必将增加。佛教因其摄心收身的特异功能,在社会安定方面作用甚大。云栖袾宏所言,正是青原行思"靖居"思想的体现。

僧人与政治保持一定距离,却又自觉地担当起靖国安民的职责,这符合佛教作为出世宗教的宗旨,也是释迦牟尼、菩提达摩、六祖慧能和青原行思等祖师的做法。僧人如果反其道而行之,执意做"紫衣僧",就会带来难言的创伤,这其中最著名的例子恐怕当属明僧道衍。

明成祖朱棣因道衍在夺位过程中起了独特作用,对他恩宠有加,大加赞赏:"广孝于时,识进退存亡之理,明安危祸福之机,先几效谋,言无不合。出入左右帷幄之间,启沃良多……呜呼!广孝德全始终,行通神明,功存社稷,泽被后世。若斯人者,使其栖栖于朝野,不遇其时以辅佐兴王之运,则亦安得播声光于宇宙,垂功名于竹帛哉!"①

虽然如此,但时间是把杀猪刀,清人对姚广孝的评价大为改变。《明史》卷一百四十五《姚广孝传》说:

> 姚广孝,长洲人,本医家子。年十四,度为僧,名道衍,字斯道。事道士席应真,得其阴阳术数之学。尝游嵩山寺,相者袁珙见之曰:"是何异僧!目三角,形如病虎,性必嗜杀,刘秉忠流也。"道衍大喜。洪武中,诏通儒书僧试礼部。不受官,赐僧服还。经北固山,赋诗怀古。其侪宗泐曰:"此岂释子语耶?"道衍笑不答。高皇后崩,太祖选高僧侍诸王,为诵经荐福。宗泐时为左善世,举道衍。燕王与语甚合,请以从。至北平,住持庆寿寺。出入府中,迹甚密,时时屏人语。及太祖崩,惠帝立,以次削夺诸王。周、湘、代、齐、岷相继得罪。道衍遂密劝成祖举兵。成祖曰:"民心向彼,奈何?"道衍曰:"臣知天道,何论民心。"乃进袁珙及卜者金忠。于是成祖意益决……成祖即帝位,

---

① (明)朱棣:《御制推忠报国协谋宣力文臣特进荣禄大夫上柱国荣国公姚广孝神道碑》,载(明)李贽《李贽文集》卷4,社会科学文献出版社2000年版,第170—171页。

授道衍僧录司左善世。帝在藩邸，所接皆武人，独道衍定策起兵。及帝转战山东、河北，在军三年，或旋或否，战守机事皆决于道衍。道衍未尝临战阵，然帝用兵有天下，道衍力为多，论功以为第一。永乐二年四月，拜资善大夫、太子少师。复其姓，赐名广孝，赠祖、父如其官……广孝少好学，工诗。与王宾、高启、杨孟载友善。宋濂、苏伯衡亦推奖之。晚著《道余录》，颇毁先儒，识者鄙焉。其至长洲，候同产姊，姊不纳。访其友王宾，宾亦不见，但遥语曰："和尚误矣！和尚误矣！"复往见姊，姊詈之。广孝惘然。①

好友王宾两句遥语"和尚误矣"，道尽释道衍复杂尊荣的一生。姚广孝的"丰功伟绩"，最终的收获是众叛亲离；不独使自己迷惑怅惘，也使朱元璋的后裔愤恨哀怨。明末清初著名画家八大山人，是朱元璋十六子宁王朱权的九世孙，其《陶颂》诗说："小陶语大陶，各自一宗祖。烂醉及中原，中原在何许？"②传綮朱耷③该诗即埋怨朱棣夺位之变，江右史学巨擘吴之邨于此诗意蕴考证甚详④，使得朱明宗室最后竟至于"没毛驴，初生兔。㔍破面门，手足无措。莫是悲他世上人，到头不识来时路"⑤。所以，唐代郑谷《寄献狄右丞》会说"爱僧不爱紫衣僧"⑥。

青原行思三十六世法孙、明末曹洞宗高僧觉浪道盛《乙亥龙湖问

---

① （清）张廷玉等：《明史》，中华书局1974年标点本，第4079—4081页。
② （明）八大山人：《戊午中秋自题〈个山小像〉》，载汪子豆辑《八大山人诗钞》，江西人民出版社2011年版，第10页。
③ 传綮是八大山人的号。世传八大山人原名朱耷，吴之邨考辨其误，证明"㗫"为原生本字，"耷"为次生误译。参见吴之邨《朱耷名义考——朱耷史事丛考之二》，《江西科技师范学院学报》2010年第1期。
④ 参见吴之邨《〈瓮颂〉解题——朱耷史事丛考之三》，《江西科技师范学院学报》2010年第2期。
⑤ （明）八大山人：《戊午中秋自题〈个山小像〉》，载汪子豆辑《八大山人诗钞》，江西人民出版社2011年版，第10页。
⑥ （唐）郑谷：《云台编》卷3，文渊阁四库全书本。

答》:"若僧者以生在这人世,便逃不得遮人世;如同舟遇风,亦因其患难而行乎患难耳。"虽然为宗门中人,但是他的禅法却极为入世,甚至强调身居乱世,便应该"与民共患";他这种"现儒者身而说佛法"的淑世精神,在明末的动乱中曾经获得许多儒家士大夫的深切认同。①

二十世纪我国涌现诸多高僧,其中思想和业绩与青原行思相接近的是太虚大师。太虚大师主张圆融各宗教各宗派的文化,一生提倡人生佛教,主张僧伽应"问政而不干治"②,说人生佛教的三大要义是:"为现实人生的,而非为逃避、人死的;为致力社会改造、服务大众的,而非独善其身的;为科学开化的,而非愚昧迷信的";人生佛教的四大目的是:"第一是人间改善。也就是从家庭伦常、社会经济、教育、法律、政治乃至国际之正义公法,各本佛法之精神以从事,减少人生之缺憾与痛苦。现实人生因此可依佛法而改善。第二,后世胜进,也就是求得来生的幸福。第三,生死解脱。后世虽好,但诸行无常,有漏皆苦,生而不能不死,住而不能不灭,终究不够彻底。因此,要求得生死的最终解脱,第四,法界圆明。这是大乘佛法的终极,也是佛法的根本目的。"③ 人生佛教有时也称作人间佛教,"是表明并未教人离开人类去做神做鬼,或皆出家到寺院山林里去做和尚的佛教,乃是以佛教的道理来改良社会,使人类进步,把世界改善的佛教。"④ 太虚大师的人生佛教主张,是唐代佛教"靖居"理念的现代诠释,太虚大师可谓二十世纪的青原行思;而同时代高僧虚云和尚相对比较接近于南岳怀让,但实际上更类似于马祖道一。

靖居寺名音韵虽然仍在,行思禅法精髓其实俱失,而青原意旨也

---

① 刘浩洋:《从明清之际的青原学风论方以智晚年思想中的遗民心志》,博士学位论文,台湾政治大学,2004年。
② 太虚:《僧伽与政治》,氏著《太虚大师全书》第19册,宗教文化出版社2015年版,第333页。
③ 觉醒主编:《佛教与现代化》(下),宗教文化出版社2008年版,第384页。
④ 太虚:《怎样来建设人间佛教》,引自李明友《太虚及其人间佛教》,浙江人民出版社2000年版,第46页。

是每况愈下。以一寺之名而鲜明地反映唐宋禅宗的变迁，青原山靖/静/净居寺在全国寺庙中大概也是独一无二了。

三 靖居寺名的历史意义

由于靖字的多种含义，行思命名其道场为"靖居"可能有多种意蕴。但通过上文的考证可知，青原山靖居寺名要表达的主要意思是，僧人要自觉地服从政治统治，起到靖国安民的作用。历史上与之相对的，便是僧人拒斥国家统治。东晋庐山慧远的《沙门不敬王者论》便是这方面的代表作，说：

> 出家则是方外之宾，迹绝于物。其为教也，达患累缘于有身，有存身以息患；知生生由于禀化，不顺化以求宗。求宗不由于顺化，则不重运通之资；息患不由于存身，则不贵厚生之益。此理之与形乖，道之与俗反者也。若斯人者，自誓始于落簪，立志形乎变服，是故凡在出家，皆遁世以求其志，变俗以达其道。变俗则服章不得与世典同礼，遁世则宜高尚其迹。夫然者，故能拯溺俗于沈流，拔幽根于重劫。远通三乘之津，广开人天之路。如令一夫全德，则道洽六亲，泽流天下，虽不处王侯之位，亦已协契皇极，在宥生民矣。是故内乖天属之重，而不违其孝；外阙奉主之恭，而不失其敬。从此而观，故知超化表以寻宗，则理深而义笃；照泰息以语仁，则功末而惠浅。若然者，虽将面冥山而旋步，犹或耻闻其风，岂况与夫顺化之民，尸禄之资，同其孝敬者哉？①

庐山慧远《沙门不敬王者论》的思想，并不能说违背的佛教意旨。佛教产生于列国时代的印度，是当时诸多反婆罗门运动沙门思潮中影响最大的一种，而印度的社会文化、政治经济与中国大相径庭。

---

① （梁）僧祐：《弘明集》，《大正藏》第52册，第30页中栏。

直到19世纪中叶,印度还维持着它那历史悠久的邦国林立、积贫积弱的传统,马克思对此有精辟的论述:

> (印度)在政治结构方面是同样地四分五裂,常常被征服者的刀剑压缩为各种大大小小的国家……在它不处于伊斯兰教徒、莫卧儿人或不列颠人的压迫之下时,它就分解成像它的城镇甚至村庄那样多的各自独立和互相敌对的邦。
>
> 这是一个不仅存在着伊斯兰教徒和印度教徒的对立,而且存在着部落与部落、种姓与种姓的对立的国家,这是一个建立在所有成员之间普遍的互相排斥和与生俱来的排他思想所造成的均势上面的社会。①

百年以前,陈寅恪即说:"中国古人,素擅长政治及实践伦理学,与罗马人最相似。其言道德,惟重实用,不究虚理,其长处短处均在此。长处,即修齐治平之旨。短处,即实事之利害得失,观察过明,而乏精深远大之思。"② 中华民族的家庭伦理道德与国家典章制度,实比其他民族要早慧和发达。《诗经·小雅·北山》说:"溥天之下,莫非王土;率土之滨,莫非王臣。"③ 我国自秦始皇统一全国以来,一直以大一统垂直型中央集权统治为政治特色——从世界演进史角度分析,这是全球各民族国家(Nation-state)现代政治的发展趋势。美国著名政治学家弗朗西斯·福山认为,近代西方政治体制中国在秦代即已出现,故而中国是最早的近代国家。④ 列国时代的印度处于从氏族部落向王权国家过度的阶段,佛教具有鲜明的沙门思潮特征,带有显

---

① [德] 马克思:《不列颠在印度的统治》《不列颠在印度统治的未来结果》,载中共中央马克思恩格斯列宁斯大林著作编译局《马克思恩格斯选集》第1册,人民出版社2012年版,第760、767页。
② 吴宓:《吴宓日记》第2册,生活·读书·新知三联书店1998年版,第100—101页。
③ 王宗石:《诗经分类诠释》,湖南教育出版社2001年版,第862页。
④ 参见 [美] 弗朗西斯·福山《政治秩序的起源》,毛俊杰译,广西师范大学出版社2012年版。

著的氏族部落痕迹，其教义理念与秦汉以后中国社会文化方枘圆凿之处甚多，若不修改则绝难在我国长期生存发展。

国家是一个含义丰富的概念。奥地利著名国际法学家凯尔森在对前人观点进行分析之后，从法学的角度对国家本质提出独到见解："国家是由国内的（不同于国际的）法律秩序创造的共同体。国家作为法人是这一共同体的国内法律秩序的人格化。从法学观点来看，国家问题因而就是国内法律秩序的问题"；"国家领土的统一体，以及因而国家的领土统一体，是法学上的统一体，而不是地理、自然的统一体。因为国家的领土事实上不过是名为国家的那个法律秩序的属地效力范围而已。"①

印度传统文化主流是婆罗门教，婆罗门教的基础是种姓制度。根据种姓制度，整个社会被先天地世袭地分为婆罗门、刹帝利、吠舍和首陀罗4个等级，各个等级在地位、权利、职业、义务等方面有严格的规定。婆罗门是僧侣贵族，拥有超越作为军事行政贵族刹帝利之上的地位。沙门不敬王者，这是印度佛教的传统。沙门不敬王者，就是国内法律的执行无效，与我国传统大一统政治观念不合，也与现代民族国家的有效管理原则相违背。所以，青原行思的靖居主张，从理论上标志着我国佛教徒从拒斥国家统治，向自觉服从并辅翼国家统治；同时也从行动上标志着印度佛教的进一步中国化，这与我国传统大一统政治观念和现代民族国家有效管理原则相符合。

佛教中国化的完成之所以发生在唐代，与这一时期中国和印度国势的转变有很大关系。印度对周遭亚洲国家所产生的优越感与压迫感，似乎也不是完全缘于其作为佛法发源地的殊胜地位。政治、文化、经济，乃至军事的优越，也是重要原因。正如萨缪尔·艾兹赫德（Samuel Adshead）所指出："到了六世纪，印度保有世界上最大的经济体。而且具有最高的人均所得。她具有最好的谷物食品——稻米；

---

① ［奥］凯尔森：《法与国家的一般理论》，沈宗灵译，中国大百科全书出版社1996年版，第203、233—234页。

她有最极致的奢侈食品——白糖；她有最好的日用纤维制品——棉织物；她具有最强壮的驯养动物——大象；她具有最尖端的数学表示法——所谓的'阿拉伯数字'；处于中恒河峡谷的摩伽陀国，作为笈多王朝的心脏，乃是地球上最都市化，最富裕，最繁华，最德芬馥郁的所在，活脱脱就是佛法真谛的见证。"但是，到了七八世纪，这种中印力量对比发生了根本性的变化。唐王朝在经济总量与人均所得上均开始凌驾于印度，成为世界第一强国。唐王朝的成就，主要归功于其典章制度的高效能化，精神文化的多元化，以及商贸的国际化。而在后二者，佛教都产生了非常关键的作用。唐朝的兴盛，召唤着一个新的世界秩序。佛教积极响应了这种召唤。成群结队的僧人从印度半岛与中亚奔赴唐中国，络绎不绝于途。中国期待着被塑造成新的世界中心，而印度佛教徒也乐于将佛教中心从印度转移到中国，这是一个愉快的合作。[①] 随着中国军事、政治和外交权力的增强，以及中国人在文化和宗教上取得足够的竞争力，中国僧人逐渐树立起自信，力求挣脱困扰着他们达数世纪之久的边地情结。其结果就是一个雄心勃勃的思想体系计划，即将中国塑造为佛教的中心，进而整个宇宙的中心。[②] 青原行思以《周易》为基础开展的佛教中国化运动，强调僧侣要自觉地靖国安民，是自觉地适应了世界形势的转变。

第三节 "曹洞"宗名阐微[③]

徐文明说："曹洞宗的正式名称，应该从清凉文益《宗门十规论》开始。洞山一派，最初名为洞上宗，因为洞山门下人才很多，难分高下，洞上宗是当时共许的名称，而且一直沿用到后世。曹山本寂对曹

[①] 陈金华：《东亚佛教中的"边地情节"：论圣地及祖谱的建构》，《佛学研究》2012年00期。

[②] 同上书，第30页。

[③] 本节内容曾以"青原禅系'曹洞'宗名发微"首刊于《地方文化研究》2018年第4期，此处为转载，内容略有改动。

洞宗的理论构建贡献很大，其门人在唐末五代时影响也最大，但其法系传承不久，宋中期以后都是云居道膺的法系，因此曹洞宗的名称虽然也得到认同，但更愿意将'曹'理解为'曹溪'（这一理解倒符合曹山立名的本意）。文益之所以如此立名，一则是曹山确实光大了洞山宗，二则是当时曹山系在洞山一派影响最大，三则是他本人长期住持曹山崇寿院，与曹山有关联。无论如何，曹洞宗的名称得到了后世的公认，成为洞山系的正式名称。"[1] 徐文明关于曹洞宗名的论述有道理。长期以来，曹洞宗是我国禅宗的两大派别之一，它具有浓厚的理论开创色彩，为中华文化做出突出贡献。近来有人主张将曹洞宗更名为洞云宗，下文试对此问题略做分析。

一　洞曹宗·洞云宗

明洁禅师说："道膺是洞山良价禅师的嗣法弟子，曹洞一宗的法脉实际上是由道膺祖师这一支发扬光大的，云居山因而成为曹洞宗的重要祖庭。鉴于道膺祖师在弘扬洞上宗旨方面功劳卓著，所以，有人提议将'曹洞宗'改为'洞云宗'。这里的'云'，既指云居道膺禅师，也指云居山真如寺。"[2] 明洁禅师对主张曹洞宗更名的人说得含糊笼统，纪华传则明确指出，是近代高僧虚云老和尚主张曹洞宗更名为洞云宗：

曹洞宗开创于青原下五世洞山良价和他的弟子曹山本寂，二人先后在江西高安县的洞山和吉水县的曹山传授禅法，后世称为曹洞宗。此宗虽云"曹洞"，而曹山以来的法脉四传以后即中断，唯洞山法嗣云居道膺一脉，得以传承。所以近代禅门泰斗虚云老和尚主张将此宗名字改为"洞云宗"。[3]

---

[1] 徐文明：《唐五代曹洞宗研究》，中国社会科学出版社2012年版，前言第2页。
[2] 参见明洁《祖庭烟雨：江西禅宗祖庭走访记之一·天上云居》，《禅》2013年第1期。
[3] 纪华传：《中国近现代的曹洞宗法脉传承》，《佛学研究》2008年第3期。

纪华传所言不虚。戒毓法师2008年在中国佛学院求学，对虚云老和尚主张将曹洞宗更名为洞云宗有较详细的考证：

> 曹洞一名出现的比较早，也显现出曹山及其弟子对他们一派禅法在当时影响。但是曹山本寂一脉法系传到第三代后就没有传人，而曹洞宗真正流传到今天的，是洞山良价的另一个大弟子云居道膺法嗣。因此就曹洞的宗名上，当代禅门泰斗虚云老和尚晚年在江西云居山曾提起此事，认为曹洞宗的宗名，今天当叫洞云宗比较贴切。这也许是虚云老和尚中兴云居山时，一时之感慨吧！这是根据本院副院长传印长老之口述，传印长老早年亲侍虚公。笔者曾就曹洞宗宗名和传老提起，传老说出这一段公案。道膺禅师是洞山门下第一长老，在洞山语录中出现的频率非常高。因此我们今天来看曹洞僧团，不能忽视云居道膺禅师的地位。就此问题，笔者请教本院的曾在云居山住过多年的一位法师，法师告知笔者云居山的现任方丈就是接的洞云宗之法。此问题看似是小问题，但在曹洞宗的发展史上，也可以说是一件比较有意思的小插曲。因现在的云居山在当代佛教的地位，为佛教所做的贡献是值得大家关注的。[①]

据以上考证，虚云老和尚主张将曹洞宗更名为洞云宗当为确切之事。虚云与太虚并称为影响中国20世纪佛教发展的两大高僧。虚云更因其坚持苦修和注重传统而赢得大量信徒，一些僧人对他甚至达到迷信的程度。虚云老和尚主张将曹洞宗更名为洞云宗的观点，甚至在实际中已经得到贯彻。据《传开法师对江西佛教的贡献》记载："传开法师（1923—2010）是我国当代高僧、禅宗洞云宗第五十一世传人。"[②]

[①] 戒毓：《曹洞宗之禅法思想》，中国佛学院官网，http://www.zgfxy.cn/ztjj/zgfx/fy/zdeswq2007n/2012/04/06/150021913.html。

[②] 舒实波：《传开法师对江西佛教的贡献》，《东方禅文化》第8辑，第7页。

将曹洞宗更名为洞云宗，这是一件关系到禅宗各派宗旨确定的重大问题，宜谨慎行事方好。禅宗内部早期史书中，《祖堂集》未见有曹洞宗名称之说。离洞山良价和曹山本寂生活不久的法眼文益为青原行思的法孙，曾对几个南禅宗派进行分析说："曹洞则敲唱为用，临济则互换为机，韶阳则函盖截流，沩仰则方圆默契，如谷应韵，似关合符。"① 可见，曹洞一名至少在法眼文益时即已确定。

《传法正宗记》对南禅五家在北宋时期的情况有记载：

> 正宗至大鉴传既广，而学者遂各务其师之说，天下于是异焉，竞自为家。故有沩仰云者，有曹洞云者，有临济云者，有云门云者，有法眼云者，若此不可悉数。而云门、临济、法眼三家之徒，于今尤盛；沩仰已熄；而曹洞者仅存，绵绵然犹大旱之引孤泉。然其盛衰者岂法有强弱也，盖后世相承得人与不得人耳。②

《五灯会元》卷十三《洞山良价禅师》袭用上述的说法，并有所发挥：

> 师自唐大中末于新丰山接诱学徒，厥后盛化豫章高安之洞山。权开五位，善接三根。大阐一音，广弘万品。横抽宝剑，剪诸见之稠林；妙叶弘通，截万端之穿凿。又得曹山深明之旨，妙唱嘉猷。道合君臣，偏正回互。由是洞上玄风，播于天下。故诸方宗匠，咸共推尊之曰"曹洞宗"。③

北宋睦庵善卿《祖庭事苑》卷七中记载："曹山即洞山之嗣子，今不言洞曹言曹洞者。亦犹慧远即慧持之兄，但言持远而不言远持，

---

① （宋）法眼文益：《宗门十规论》，蓝吉富编《禅宗全书》第32册，第5页。
② （宋）佛日契嵩：《传法正宗记》卷8，《大正藏》第51册，第763页下栏。
③ （宋）普济：《五灯会元》，苏渊雷点校，中华书局1984年版，第779页。

盖由语便而无他。丛林或指曹为曹溪，盖不知世裔来历之远近，妄自牵合。"① 从睦庵善卿的论述来看，曹洞宗名之"曹"，除了被认为得自曹山本寂之外，还有一种观点认为得自于曹溪慧能，但被他所否定。

上述资料显示，曹洞宗是由洞山良价开创，而最终由曹山本寂完成。吴经熊说："曹洞宗的建立者是洞山良价和他的学生曹山本寂两人。我们之所以称本宗为曹洞，而非洞曹，这并不是因为学生比老师更重要，而是由于学生所主持的曹山，和六祖的曹溪同一个曹字，因此为了尊崇六祖，所以叫做曹洞。"② 此说恐不确，前人虽多以"曹洞"之名称呼良价和本寂师徒创立的青原禅派别，但以"洞曹"来称呼此宗者亦不在少数，试举几例以证明之。明代语风圆信、郭凝之编《瑞州洞山良价禅师语录》说：

> 师讳良价，会稽俞氏子……又得曹山，深明的旨，妙唱嘉猷；道合君臣，偏正回互。由是洞上玄风，播于天下。故诸方宗匠，咸共推尊之曰"洞曹宗"。③

明末高僧觉浪道盛乃曹洞法裔，维护曹洞宗旨之心甚切，为此曾经长期与临济宗进行辩战。《传洞上正宗三十三世摄山栖霞觉浪大禅师塔铭并序》说：

> 灵鹫拈花，首传叶祖；少林溪泛，始辟东土。五叶二株，天撑地拄；几危之间，岂不握吐。卓哉洞曹！声振寰宇。④

---

① （宋）睦庵善卿：《祖庭事苑》，《续藏经》第64册，第414页三栏。
② 吴经熊：《禅学的黄金时代》，吴怡译，海南出版社2009年版，第129页。
③ （明）语风圆信、郭凝之编：《瑞州洞山良价禅师语录》，《大正藏》第47册，第520页中栏。
④ （明）觉浪道盛：《天界觉浪盛禅师语录》卷12，《禅宗全书》第59册，第321页下右。

日僧宜默玄契《重集曹山元证大师语录自序》说：

> 洞曹语录之于支那，郭黎眉所辑录也，是亦今而古则未也。虽然非全璧，光润亦非燕石之属也。于是不佞，拔出荷玉之教于《五宗录》中。取其所取，舍其所舍，或陈编以补其阙，语录成矣。①

综上所述，曹洞宗主要由洞山良价和曹山本寂合作创立，该名称乃合二人名称首字而来，这符合禅宗派别定名的传统。在曹洞宗五位君臣理论的创建过程中，云居道膺并未有什么贡献。除该名之外，它还有洞上宗、洞曹宗等名称，但并没有洞云宗的叫法。

二　活人剑·杀人刀

唐宋禅宗内部多有"杀人刀""活人剑"之说，用以形容不同宗派和各个禅师的禅法之高下和功能之差异。什么是杀人刀，什么是活人剑？《祖堂集》卷十《安国和尚》说：

> 问："如何是活人之剑？"师曰："不敢瞎却汝。""如何是杀人之刀？"师云："只这个是。"因举《西域记》云："西天有贼，盗佛额珠，欲取其珠，佛额渐高，取不得。遂啧云：'佛因中有愿，我成佛果菩提，愿济一切贫乏众生。如今何得违于本愿，不与我珠？'佛遂低头与珠。"师拈问众："向这里须得作主，又不违于本愿，合有济人。作摩生道？"众无对。师代云："有愿不违。"②

因为禅宗是一种"无的宗教"，不能落入"有的境地"，故此禅

---

① ［日］玄契：《抚州曹山本寂禅师语录》，《大正藏》第47册，第536页中栏。
② （南唐）静、筠二禅师：《祖堂集》，孙昌武等点校，中华书局2007年版，第486—487页。

师们常用朦朦胧胧、似是而非的言语来表达这一主旨。其实，禅宗历史上有两个著名的公案，可以鲜活地解释什么是杀人刀和活人剑。

《五灯会元》卷三《大梅法常禅师》：

> 明州大梅山法常禅师者，襄阳人也，姓郑氏。幼岁从师于荆州玉泉寺。初参大寂，问："如何是佛？"寂曰："即心是佛。"师即大悟，遂之四明梅子真旧隐缚茆燕处。
>
> 唐贞元中，盐官会下有僧，因采挂杖，迷路至庵所。问："和尚在此多少时？"师曰："祇见四山青又黄。"又问："出山路向甚么处去？"师曰："随流去。"僧归举似盐官，官曰："我在江西时曾见一僧，自后不知消息，莫是此僧否？"遂令僧去招之。师答以偈曰："摧残枯木倚寒林，几度逢春不变心。樵客遇之犹不顾，郢人那得苦追寻。一池荷叶衣无尽，数树松花食有余。刚被世人知住处，又移茅舍入深居。"
>
> 大寂闻师住山，乃令僧问："和尚见马大师得个甚么，便住此山？"师曰："大师向我道：即心是佛。我便向这里住。"僧曰："大师近日佛法又别。"师曰："作么生？"曰："又道：非心非佛。"师曰："这老汉，惑乱人未有了日。任他非心非佛，我祇管即心即佛。"其僧回举似马祖，祖曰："梅子熟也！"①

《五灯会元》卷十三《洞山良价禅师》：

> 师辞云岩……临行又问："百年后忽有人问，还邈得师真否，如何祇对？"岩良久，曰："祇这是。"师沈吟，岩曰："价阇黎承当个事，大须审细。"师犹涉疑，后因过水睹影，大悟前旨，有偈曰："切忌从他觅，迢迢与我疏。我今独自往，处处得逢渠。渠今正是我，我今不是渠。应须恁么会，方得契如如。"

---

① （宋）普济：《五灯会元》，苏渊雷点校，中华书局1984年标点本，第146页。

他日，因供养云岩真次，僧问："先师道'祇这是'，莫便是否？"师曰："是。"曰："意旨如何？"师曰："当时几错会先师意。"曰："未审先师还知有也无？"师曰："若不知有，争解恁么道？若知有，争肯恁么道？"……师因云岩讳日营斋，僧问："和尚于云岩处得何指示？"师曰："虽在彼中，不蒙指示。"曰："既不蒙指示，又用设斋作甚么？"师曰："争敢违背他！"曰："和尚初见南泉，为甚么却与云岩设斋？"师曰："我不重先师道德佛法，祇重他不为我说破。"曰："和尚为先师设斋，还肯先师也无？"师曰："半肯半不肯。"曰："为甚么不全肯？"师曰："若全肯，即孤负先师也。"①

马祖道一教授大梅法常之禅法是杀人刀，而云岩昙晟传授洞山良价之禅法为活人剑。青原禅系宝典《参同契》说："人根有利钝，道无南北祖。灵源明皎洁，枝派暗流注。执事元是迷，契理亦非悟……万物自有功，当言用及处。事存函盖合，理应箭锋住。承言须会宗，勿自立规矩。"②杀人刀，依《参同契》所言是"执事元是迷，契理亦非悟"，用现在话说是填鸭式教育，使学人是"一根筋到底"；活人剑，依《参同契》所言是"事存函盖合，理应箭锋拄"，要人理事圆融，用现在话说是调动人的积极主动性，让学人能灵活机动地适应环境，主观能动地处理问题。

明末高僧觉浪道盛《著述以密传心神授万世说》言："嗟乎！法运值此，尚何言哉？余每念宗风之不振，正以祖道之正脉不行于世，故邪外乘隙以蒙蔽其法而不通明也。苟有能自明悟之人，先定其宗旨，正其门庭，严其号令，密其关键，斥其邪说，绝其跛行，辟其道途，端其向往，则天下有血性英灵之徒，未有不共相振刷而望风自立者矣。夫如是，则千圣之师法，不容不急为之先举也。余于历祖宗

---

① （宋）普济：《五灯会元》，苏渊雷点校，中华书局1984年标点本，第778—779页。
② （南唐）静、筠二禅师：《祖堂集》，孙昌武等点校，中华书局2007年标点本，第486—487页。

灯，欲编集五种书：其一，较正诸祖语录。不论多少，各以全部流行。其二，续传灯录。凡有语录者，精择其事。无语录者，单词片句，若碑记所载，凡有师承者，皆不敢遗。以为统纪，备参证也。其三，作选祖传。以具全机大用，堪为万世宗门作法印者，如洪觉范之《僧宝传》，而评赞之。抑扬断论，略仿史法。其四，单集五家宗旨，为五部。指出师承源流，而定其门庭堂奥，贵在识真伪，辩正邪。使此五家子孙，有所证据，不复乱统失宗。其五，撰十法集，以足为十大法中所列之法印者，各取其所长而入集中。评断激扬，永为龟鉴。此亦有大一统、正名分之意乎？嗟乎！不欺夙愿而随薪火之缘。果能集成，以质天下后世，斯亦不负区区继述之一报也。"① 觉浪道盛有弘扬曹洞宗旨之强烈使命感，肯定五家宗旨之必要性，借以规范禅林之修道方式，使不致紊乱。②

历史上不断有高僧大德奋起捍卫青原禅系高雅的文化品质，引发禅宗历史上长期的僧诤，现代史学巨擘陈垣对此考证甚详③，兹不赘述。基于此，笔者颇疑前面引文所言"洞上宗"之"上"，乃"形而上者谓之道"之略写，"洞上宗"为"洞山形上禅宗"的简称。一管之见，还请方家裁正。

三 有理焉·有行焉

明末清初高僧啸峰大然说："五家宗派，虽同出曹溪，以共衍灵山一派，而子孙既多，未免不有令兄弟交相为瘠者。是故近代以来，如中兴临济天童密云圆悟禅师之贤，而犹不免反唇而讥吾祖之圣谛不为、不落阶级与庐陵米价之句，则其他可知矣。"④ 由青原行思和石头希迁开创的青原禅法，通过洞山良价和曹山本寂联手创立曹洞宗，最

---

① （明）觉浪道盛：《天界觉浪盛禅师全录》卷24，《禅宗全书》第59册，第652—653页。
② 邓克铭：《方以智的禅学思想》，载邢益海编《冬炼三时传旧火——港台学人论方以智》，华夏出版社2012年版，第351页。
③ 参见陈垣《清初僧诤记》，中华书局1962年版。
④ （明）方以智：《青原志略》，张永义点校，华夏出版社2012年版，第107页。

终得到完善。

唐道宣《续高僧传》卷十六《齐邺下南天竺僧菩提达摩传》：

> 菩提达摩，南天竺婆罗门种，神慧疏朗，闻皆晓悟。志存大乘，冥心虚寂，通微澈数，定学高之。悲此边隅，以法相导。初达宋境南越，末又北度至魏。随其所止，诲以禅教，于时合国盛弘讲授……然则入道多途，要唯二种，谓理、行也。藉教悟宗，深信含生同一真性。客尘障故，令舍伪归真，凝住壁观。无自无他，凡圣等一。坚住不移，不随他教。与道冥符，寂然无为，名理入也。行入四行，万行同摄。初报怨行者，修道苦至，当念往劫，舍本逐末，多起爱憎。今虽无犯，是我宿作，甘心受之，都无怨怼。经云：逢苦不忧，识达故也。此心生时，与道无违，体怨进道故也。二随缘行者，众生无我，苦乐随缘。纵得荣誉等事，宿因所构，今方得之，缘尽还无，何喜之有？得失随缘，心无增减，违顺风静，冥顺于法也。三名无所求行，世人长迷，处处贪着，名之为求。道士悟真，理与俗反，安心无为，形随运转，三界皆苦，谁而得安？经曰：有求皆苦，无求乃乐也。四名称法行，即性净之理也。摩以此法开化魏土，识真之士，从奉归悟；录其言诰，卷流于世。①

唐代圭峰宗密《禅那理行诸诠集》（亦名《禅源诸诠集都序》）是对禅宗诸家学说的总论，该书卷上之一说：

> 禅源亦名禅那理行者。此之本源是禅理，忘情契之是禅行，故云理行。然今所集诸家述作，多谈禅理少谈禅行，故且以"禅源"题之。今时有但目真性为禅者，是不达理行之旨，又不辨华竺之音也。②

---

① （唐）道宣：《续高僧传》，郭绍林点校，中华书局2014年标点本，第565—566页。
② （唐）宗密：《禅源诸诠集都序》，邱高兴校释，中州古籍出版社2008年标点本，第13页。

宋代赞宁《宋高僧传》卷十三《禅论》说：

>　　达磨立法，要唯二种，谓理也行也……禅有理焉，禅有行焉。脱或戒乘俱急，目足更资。行不废而理逾明，法无偏而功兼济。然后始可与言禅已矣。①

据道宣、宗密和赞宁等人的论述可知，从六朝到两宋时期，禅宗内部修行一直存在理入、行入二路。徐文明说："上不慕诸圣，下不重己灵，于外离佛，于内无我，无上无下，无内无外，两边俱不立，这正是青原系的宗风。怀让对此当然是清楚的，不过这种境界高则高矣，若是初机，恐怕落空，于是他让希迁注意向下一路，有理有行。"② 这为人提供一种认识禅宗内部不同派别分野的路径，即从形而上和形而下的角度来分析禅宗内部不同派别的不同。禅宗后来演变成两大派别曹洞宗和临济宗，也可以按形而上和形而下的原则来进行判别。禅宗起初派别众多，经过历史长期的淘汰，最后只剩下青原系曹洞宗和南岳系临济宗两派，即是此一规律的体现，其中曹洞宗侧重理论路数，而临济宗则偏向实践路套。

《景德传灯录》卷九《吉州薯山慧超禅师》记载：

>　　洞山来礼拜次。师曰："汝已住一方，又来遮里作么？"对曰："良价无奈疑何，特来见和尚。"师召良价，价应诺。师曰："是什么？"价无语。师曰："好个佛，只是无光焰。"③

洞山良价参访吉州薯山慧超禅师，很可能是朝拜青原祖庭的顺访。又《五灯会元》卷十三《曹山本寂禅师》记载，曹山本寂离开洞山良价后："遂往曹溪礼祖塔，回吉水。众向师名，乃请开法。师

---

① （宋）赞宁：《宋高僧传》，范祥雍点校，中华书局1987年标点本，第318—319页。
② 徐文明：《青原法派研究》，中国社会科学出版社2016年版，第12页。
③ （宋）道原：《景德传灯录》卷第9，《永乐北藏》第153册，第442页上栏。

第二章 青原行思道场的考辨

志慕六祖,遂名山为曹。寻值贼乱,乃之宜黄。有信士王若一,舍何王观请师住持,师更何王为荷玉。"① 因为青原山由吉州的庐陵县和吉水县共享,净居寺地近两县交界处,所以青原祖庭有时又被认为在吉水县,《泉州千佛新著诸祖师颂》"吉州行司和尚"条说"吉水真人,出世庐陵"即此意。所以,曹山本寂在朝拜曹溪祖庭之后,应该是礼拜过青原祖庭,并打算在吉安驻锡长住,后来因为社会动乱才移锡宜黄荷玉山。药山惟俨曾经特意考察青原山;现又证明洞山良价和曹山本寂都曾经特意考察青原山,可见曹洞宗几位主要创立人,都曾特意到青原山朝拜祖庭。

又宋代赞宁《宋高僧传》卷十三《梁抚州曹山本寂传》:

> 咸通之初,禅宗兴盛,风起于大沩也,至如石头、药山,其名寝顿。会洞山悯物,高其石头,往来请益,学同洙泗。寂处众如愚,发言若讷。后被请住临川曹山,参问之者堂盈室满。其所酬对激射匪停,特为毳客标准。故排五位以铨量区域,无不尽其分齐也。②

清代三山灯来《五家宗旨纂要》说:

> 洞山悟本良价禅师,会稽俞氏子……于唐大中末,届新丰山接引学徒,厥后盛化豫章。住筠州洞山,权开五位,善接三根。大阐一音,广弘万品。横抽宝剑,剪诸见之稠林;妙叶弘通,截万端之穿凿。晚得曹山本寂,深明的旨,妙唱嘉猷;道合君臣,正偏回互。由是洞上宗风,播于天下;诸方宗匠,咸推尊之。盖洞山之宗,因曹山而显,故名曹洞宗。立此一宗,自洞山为之始也。

---

① (宋)普济:《五灯会元》,苏渊雷点校,中华书局1984年标点本,第787页。
② (宋)赞宁:《宋高僧传》,范祥雍点校,中华书局1987年版,第308页。

> 曹山耽章禅师，讳本寂。咸通初，访洞山悟本……山深器之，密印所证。遂乃依栖十有余年，洞以类己，堪任大事。寂将辞去，洞云："三更来，当授汝曲折。"果中夜至方丈，洞授以先云岩《宝镜三昧》《五位显诀》《三种渗漏》。毕，再拜趋出。曹洞家风，君臣道合，正偏相资；鸟道玄途，金针玉线；内外回互，理事混融；不立一法，空劫以前；自己为宗，良久处明之。①

曹洞宗门人广辉禅师《重集洞山偏正五位曹山拣语并序》说：

> 偏正五位者，洞山大师之所作也。大师法界医王，宗门化生。凡有一言一句，皆为入髓入神。略开方便之门，爰制偏正之位。其言约，其理深。天不高，海不阔。若不曾参祖室，谁能测彼津涯？次有曹山大师者，新室之人也。早通真理，复遇明师。亲授其文，密传其旨。不欲坠于师道，见示学徒。上智之人，一隅易晓。中庸之士，三复难明。于是制颂排章，若获神珠出海；随文解释，如窥明镜照人。盖谓父作之，子助成其事也。②

由此可见，曹洞宗的理论建构，最终主要由洞山良价和曹山本寂两人共同完成，标志着佛教"三五之学"即《参同契》《五位诀》的完成，亦即"佛教《易经》革命"的完成。薯山慧超认为洞山良价"好个佛，只是无光焰"，据此推测良价似乎是一个朴实耐劳却不够聪敏的人，再结合良价长期多方参禅的经历以及一些不大机灵的对答来推测，曹洞宗的理论建构极可能主要由曹山本寂来完成，而云居道膺在这方面没有什么贡献。后世曹洞宗脉传承虽然由云居道膺一系传承下来，主要是从师承角度而言，其禅法理路还是坚持曹山本寂的精

---

① （清）灯来撰，性统编：《五家宗旨纂要》卷中，《禅宗全书》第35册，第341—342页。
② （宋）慧霞编、广辉释：《重编曹洞五位显诀》，载［日］京都藏经书院编《智证传·重编曹洞五位显诀等》，书林书局2015年版，第55页。

神。所以，曹洞宗名具有特殊含义，不宜轻易更改。

上文已经考证，主张将良价法派名称由曹洞宗改为洞云宗的是虚云老和尚。齐贤法师是江西广丰人，1956年上江西云居山依虚云老和尚出家。因其年小，动作伶俐，书法很好，被虚云老和尚收为侍者兼真如寺书记。齐贤法师认为，虚云德清晚年卓锡云居山并圆寂于此，实属殊胜因缘，说：

> 虚云和尚在来云居山之前，曾去过宝峰寺，宝峰寺是马祖的道场，他为什么不修复宝峰寺，而选择了云居山？这里面有很多曲折情况，一般人都不清楚。首先，1953年，虚老从北京召开完佛教协会成立大会之后，南行经过武汉，原来想去湖南修复沩山祖庭，没有如愿；其次，五三年那次朝宝峰寺，虚老一行最终并没有去成，后折回庐山，住在大林寺休养；最后，在庐山大林寺休养期间，得知云居山的情形，虚老才决定去云居山的……云居山本来是曹洞宗的祖庭，但是，虚老修复云居山时，没有挂曹洞宗的钟板，而是挂了沩仰宗钟板，原因跟这个有关系。虚老认为，五宗当中，除了沩仰宗之外，其他各宗都有自己曾经修复或存在的祖庭，唯独沩仰宗没有，为了延续沩仰宗的法脉，所以虚老便想出了这样一个权宜的办法，而且凡在云居山虚老所传出的法卷，绝大多数都是沩仰宗的法系。①

虚云老和尚的末任侍者、庐山东林寺前任方丈、中国佛教协会前会长传印长老说："虚云老和尚觉得这个山的名字与他有缘，云居两个字，他个人的名字叫虚云嘛，虚空的云要找个住的地方，这个云彩居住的地方，他非常投缘对这个地方。"② 据上述考证可知，虚云老和尚主张将

---

① 齐贤口述，明尧整理：《回忆虚云老和尚点滴》，载净慧主编《虚云和尚全集》（第7册），中州古籍出版社2009年版，第472页。
② 曾子墨：《禅宗泰斗虚云老和尚》，佛缘网站，http：//www.foyuan.net/article-134370-1.html，2010-10-24。

曹洞宗更名为洞云宗，不能排除具有个人情感因素在起作用。

　　虚云老和尚的高足、前中国佛教协会咨议委员会副主席、广东云门寺和南华寺方丈佛源法师说："虚云老和尚会讲经、会说法，实际上他在家时读书不多，现在来讲，最多只有高中程度，出家了到处参学。"[①] 齐贤法师也说："在虚老身边，传印是书记兼衣钵，我是书记兼侍者……在虚老身边，普通信件由传清二知客和传印处理、回复，一般经虚老看过然后寄出。重要的信件，如给李济深、叶恭绰等人的信件，则由传士大知客师代笔起草。"[②] 据佛源法师和齐贤法师所言，虚云老和尚对洞山禅法特质以及曹山本寂在其传承中的独特作用未必有深刻理解，他若对此二者有深刻认识，凭着他对中国文化和佛教禅宗的热爱和忠诚，他必定会坚持维护曹洞宗名而不改用洞云宗名。

　　曹洞宗名乃合其创立者洞山良价和曹山本寂之名而来，这不但符合佛教宗派命名之传统，更彰显其学理建设之特点。若将曹洞宗更名为洞云宗，由皈依曹山本寂而改宗云居道膺，这不但模糊了曹洞宗的特色，也抹杀了长久以来大批高僧大德捍卫曹洞宗名的历史。因此，曹洞宗名不仅是一个称谓，它还是一段历史，更是一种品质，不仅关乎着禅宗派别特征的确定，也与我国佛教健康发展有重大关系，其名称最好不要更改。

　　《禅林僧宝传》卷一《抚州曹山本寂禅师》说："《宝镜三昧》其词要妙。云岩以受洞山，疑药山所作也。先德惧属流布，多珍秘之。但《五位偈》《三种渗漏》之语，见于禅书。大观二年冬，显谟阁待制朱彦世英赴官钱塘，过信州白华岩，得于老僧。明年持其先公服，予往慰之。出以授予曰：'子当为发扬之。'因疏其沟封，以付同学。使法中龙象，神而明之，尽微细法执，兴洞上之宗，亦世英护法之志也。"[③] 惠洪觉范是临济宗黄龙派门徒，却坚持洞山良价和曹山本

[①] 佛源口述，叶瑛整理：《佛源法师对虚云老和尚的会议》，净慧主编《虚云和尚全集》第7册，中州古籍出版社2009年版，第446页。

[②] 齐贤口述，明尧整理：《回忆虚云老和尚点滴》，载净慧主编《虚云和尚全集》第7册，中州古籍出版社2009年版，第476页。

[③] （宋）慧洪：《禅林僧宝传》，吕有祥点校，中州古籍出版社2014年标点本，第3页。

寂合创了曹洞宗，还将曹山本寂列为其书卷首，并孜孜于"尽微细法执，兴洞上之宗"。

惠洪觉范乃博学多识之高僧。其同时代人侯延庆说："余索其书而观之，其识达，其学诣；其言恢而正，其事简而完；其辞精微而华畅，其旨广大空寂、窅然而深矣；其才则宗门之迁、固也。"[①] 惠洪觉范有"迁、固之才"，故而能整肃宗门道统。

[①] （宋）侯延庆：《禅林僧宝传引》，载（宋）慧洪《禅林僧宝传》，吕有祥点校，中州古籍出版社2014年标点本，"序引"第3页。

第三章　青原行思禅法的考源

明末名士张汝霖《题重修七祖塔殿并待月桥疏》说:"惟兹七祖,宝镇青原。过十地而悟三乘,圆万行而空四谛。洒法云于尘路,炳慧烛于昏途。山顶醍醐,飞锡叩而自喷;槛前荆树,慈云注而反生。拂尘一提,扫尽西天诸障;鈯斧初厉,劈开南岳闲云。故绝口少林,二祖谓之得髓;而不隳阶级,吾师遂以脱骨……刲臂剔目,总为身心;投珠委谷,奚关性命。留真金于种性,掷瓦砾于招提。向衡岳负橛柴,不难揭空囊而荷大地;从庐陵问米价,似欲借一口以吸西江。苟济身而渡人,遂忘筌而舍筏。桥头皓月,仰青龙白鹤以呈祥;阁上白云,璦鹓鶵骆驼而弄影。俾曹溪德雨,余润挥洒于神冈;片石祥麟,总角峥嵘于螺水。其为功德,未可思议;愿言随喜,勿谓唐捐。"[1]青原行思虽然被尊为禅宗七祖,但前人对其面貌精神并无太多了解。

陈寅恪说:"古人著书立说,皆有所为而发;故其所处之环境,所受之背景,非完全明了,则其学说不易评论。而古代哲学家去今数千年,其时代之真相,极难推知。吾人今日可依据之材料,仅当

---

[1] （明）方以智:《青原志略》,张永义点校,华夏出版社2012年版,第167—169页。按:庐陵、神冈、螺水皆为青原山附近地名。赣江在吉安段被称作螺水、螺江,或螺川。南宋惠洪觉范《石门文字禅》卷七《和游南台》:"老思垂一足,饭想成沙纆。顿斧盘石上,分灯续螺江。"此处之螺江,明显代指青原行思。这两句诗的意思是石头希迁继承青原行思禅法,分灯行化一方。日僧廓门贯彻注说:"螺江,《一统志·福州府》:在府城西北三十里。《搜神记》:闽人谢端得一大螺如斗,畜之家。每归,盘餐必具,因密伺,乃一姝丽甚。问诘曰:我天汉中白水素女,天帝遣我为君具食,今去,留壳与君。端用以居粮,其米常满,江以此名。"（宋）释惠洪:《注石门文字禅》,[日]释廓门贯彻注,张伯伟等点校,中华书局2012年版,第495—496页。廓门贯彻之注,误。

时所遗存最小之一部；欲借此残余断片，以窥测其全部结构，必须备艺术家欣赏古代绘画雕刻之眼光及精神，然后古人立说之用意与物件，始可以真了解。所谓真了解者，必神游冥想，与立说之古人，处于同一境界，而对于其持论所以不得不如是之苦心孤诣，表一种之同情，始能批评其学说之是非得失，而无隔阂肤廓之论。否则数千年前之陈言旧说，与今日之情势迥殊，何一不可以可笑可怪目之乎？但此种同情之态度，最易流于穿凿傅会之恶习；因今日所得见之古代材料，或散佚而仅存，或晦涩而难解，非经过解释及排比之程序，绝无哲学史之可言。然若加以联贯综合之搜集，及统系条理之整理，则著者有意无意之间，往往依其自身所遭际之时代，所居处之环境，所熏染之学说，以推测解释古人之意志。由此之故，今日之谈中国古代哲学者，大抵即谈其今日自身之哲学者也；所著之中国哲学史者，即其今日自身之哲学史者也。其言论愈有条理统系，则去古人学说之真相愈远……中国古代史之材料，如儒家及诸子等经典，皆非一时代一作者之产物。昔人笼统认为一人一时之作，其误固不俟论。今人能知其非一人一时之所作，而不知以纵贯之眼光，视为一种学术之丛书，或一宗传灯之语录，而龂龂致辩于其横切方面，此亦缺乏史学之通识所致。"① 陈寅恪所言确为真知灼见，在学界向来被奉为金科玉律。青原行思的公案往往大有来头，值得深入探究，对理顺禅宗思想渊源大有帮助。

第一节　《安般经》升华

青原行思"不落阶级"公案是一桩重要的禅宗史料。《祖堂集》青原行思本录非常简单，对他礼参六祖慧能之事一笔带过。《景德传灯录》卷第五《吉州青原山行思禅师》相对比较详细，说：

---

① 陈寅恪：《冯友兰〈中国哲学史〉上册审查报告》，氏著《金明馆丛稿二编》，生活·读书·新知三联书店2009年版，第279—280页。

闻曹溪法席，乃往参礼。问曰："当何所务，即不落阶级？"祖曰："汝曾作什么？"师曰："圣谛亦不为。"祖曰："落何阶级？"曰："圣谛尚不为，何阶级之有。"祖深器之，会下学徒虽众，师居首焉。亦犹二祖不言，少林谓之得髓矣。

一日祖谓师曰："从上衣法双行，师资递授，衣以表信，法乃印心。吾今得人，何患不信？吾受衣以来，遭此多难。况乎后代，争竞必多。衣即留镇山门，汝当分化一方，无令断绝。"①

《建中靖国续灯录》卷一《庐陵清原山行思禅师》对该公案的记载大同小异：

师到曹溪，参礼祖师。问曰："当何所务，即得不落阶级？"祖师曰："汝曾作什么来？"师曰："圣谛亦不为。"祖曰："落何阶级？"师曰："圣谛尚不为，何阶级之有？"祖曰："如是！如是！汝善护持！"曹溪学众虽多，师居第一。后归清原山，弘扬此事，传正法眼。②

一 "不落阶级"圆万行

历来诠释青原行思"不落阶级"公案的人很多。《禅宗颂古联珠通集》收有5则《不落阶级颂》：

投子义青：无见顶露云攒急，劫外灵枝不带春。那边不坐空王殿，争肯耘田向日轮。

丹霞子淳：卓尔难将正眼窥，迥超今古类难齐。苔封古殿无人侍，月锁苍梧凤不栖。

佛国惟白：无阶无级见何求，夺得曹溪第一筹。却向庐陵言

---

① （宋）道原：《景德传灯录》，《永乐北藏》第153册，第312页。
② （宋）惟白禅师：《建中靖国续灯录》卷1，《禅宗全书》第4册，第49页。

100

米价，百行千市竞相酬。

法成枯木：劫外相逢那畔行，灵苗丛里铁牛耕。东风吹散千岩雪，空界无云孤月明。

雪岩祖钦：一掬澄潭镜样磨，无风何必自生波。转身纵不离初际，子细看来较几何。①

这些诗化的语言，对青原行思评价很高，但对"不落阶级"公案的诠释很难说是鞭辟入里，对于今人理解该公案帮助不大。

《中国禅宗语录大观》对该公案的解释说："行思听到六祖慧能在漕溪传授佛法，便去参拜。行思问：'怎样作为才不至于陷入划分次序等级之中？'六祖反问：'你曾经做过什么？'行思说：'什么也没做过，连佛家真谛也没学过。'六祖问：'陷入过何种次序等级？'行思说：'连佛家真谛都不学，哪里还会有次序等级？'六祖很器重他，法会里学徒虽然很多，然而让行思居于首座。"② 这是一种用现在词汇去生硬解释唐代青原行思的公案，恐怕不是很妥当。

所谓"阶级"，通常指修行的阶段。观辉居士《与行思问答·不落阶级》说：

> 阶级即修行阶位。大乘菩萨十地：一、欢喜地，见道，断见惑，证人无我、法无我，生大欢喜；二、离垢地，永离任何犯戒之垢，身心清净无瑕；三、发光地，成就殊胜之禅定，得五神通，发出智慧之光；四、焰慧地，智慧增盛，断微细身见等；五、难胜地，俗智与真智相合，通达世间学问技术等利益众生的方便；六、现前地，无分别智增长，最胜般若现前，入灭尽定；七、远行地，住于无相行，智慧超胜一切世间及二乘；八、不动地，无分别智任运相续，断俱生烦恼障，不为一切事缘所动，得

---

① （宋）法应集，（元）普会续集：《禅宗颂古联珠通集》，《禅宗全书》第85册，第98页。

② 袁滨：《中国禅宗语录大观》，百花洲文艺出版社1991年版，第39页。

无生法忍；九、善慧地，成就四无碍解，具十力，能遍行十方说法度众生；十、法云地，成就大法智，具足无边功德，法身如虚空，智慧如大云。

诸经对修行阶位的施设不一。《胜天王般若经》只说十地，即是只分十个阶位，《金光明经》十地加妙觉，为十一个阶位；《大智度论》依唯识学四十一位加等觉成四十二阶位；《仁王般若经》说十信、十住、十行、十回向、十地、妙觉，共五十一个阶位；《华严经》、《璎络经》加等觉成五十二个阶位；《秘藏记》说十信、十住、十行、十回向、四善根（即四加行）、十地，共五十四个阶位；《楞严经》集诸经大成，十心、十住、十行、十回向、四加行、十地、等觉，共五十五个阶位。一般经论多以十住、十行、十回向为三贤位，十地为圣位。

《楞伽经》只提到十地，认为十地无次第，任一地都是如来地，从任一地起修，都可修入佛地。《楞伽经·卷四》说："心量无所有，此住及佛地。去来及现在，三世诸佛说。心量地第七，无所有第八。二地名为住，佛地名最胜。自觉智及净，此则是我地。自在最胜处，清净妙庄严。照耀如盛火，光明悉遍至。炽焰不坏目，周轮化三有。化现在三有，或有先时化。于彼演说乘，皆是如来地。十地则为初，初则为八地。第九则为七，七亦复为八。第二为第三，第四为第五，第三为第六，无所有何次。"[①]

《佛教的故事》卷六十三《不落阶级》也认为："渐悟禅认为真理是逐渐参悟得到的，人们经过一个又一个修行阶段最后达到开悟的阶段，这就是'落阶级'的修行。而慧能的顿悟禅主张洞见自性，明心见性而直接开悟。行思要问的就是如何实施不落阶级的修行。"[②] 华严宗、天台宗、唯识宗、密宗的修行都有阶级。《华严经》中将菩萨

---

① 观辉：《六祖大师法宝坛经》机缘品第七之七，弘善佛教网，2014年3月20日。
② 《佛教的故事》第六十三《不落阶级》，御七桃的博客，http://blog.sina.com.cn/s/blog_ 859a01f20101n992.html。

修学阶梯分为七个阶段五十二个阶位：十信、十住、十行、十回向、十地、等觉、妙觉。七个阶段五十二个阶位的修证，需要一个漫长的过程，并非容易达到。这是从实践论的角度诠释青原行思"不落阶级"公案。

另外，有人认为："阶级就是建立在分别知见的基础上而形成的高低不同的阶位。从分别知见的角度来看，圣谛要比俗谛（或世谛）的位次要高；但是，从空性的角度来看，这一切高低、优劣的分别全是妄想，非究竟真实。只有证得了般若空性，泯灭了有无、凡圣、真俗、生死涅槃、烦恼菩提等二边分别，才能契入实相，获得大解脱。显然，行思所说'圣谛尚不为，何阶级之有'，指的就是这种远离二边的中道实相。"① 这是从认识论的角度来诠释青原行思"不落阶级"公案。

《五灯会元》卷一《五祖弘忍大满禅师》说："祖于碓以杖三击之，卢即以三鼓入室。祖告曰：诸佛出世为一大事，故随机大小而引导之，遂有十地、三乘、顿渐等旨，以为教门。"② 据此可知，早期禅宗的确认为不同的僧人根器不同，因此见解悟性和修行方式也不同。因此，将阶级理解为早期禅宗僧人修行的阶段，具有一定的道理。

在佛教文化中，与阶级对立的概念是平等。《佛学大辞典》"平等"条说：

> 对于差别之称。无高下浅深等之别曰平等。《南史·梁武帝纪》曰："幸同泰寺，设平等会。"《五灯会元》曰："天平等，故常覆。地平等，故常载。日月平等，故四时常明。涅槃平等，故圣凡不二；人心平等，故高低无诤。"③

---

① 《农历十一月十三日 唐代高僧青原行思禅师圆寂日》，引自凤凰佛教网，https://fo.ifeng.com/c/TsCqeLGNqGi，访问日期：2020年4月15日。
② （宋）普济：《五灯会元》，苏渊雷点校，中华书局1984年版，第52页。
③ 丁福保编纂：《佛学大辞典》，文物出版社1984年版，第429页二栏。

由平等观念延伸出其他系列概念。如平等义："性虚空十义之一。谓真如体性平等，于一切法，等无有异也。"平等觉："如来之正觉也。正觉无高下浅深之别，故曰平等觉。又言理智冥合而为平等也。《新译仁王经》上曰：'实智平等，永断惑障。'"①

二 "众生平等"齐物我

结合菏泽神会《菩提达摩南宗定是非论》"我六代大师，一一皆言单刀直入，直了见性，不言阶渐"之说，以及青原行思"不落阶级"的公案，聂清发挥议论说：

> 青原行思同样是以"不落阶渐"的见地得到了慧能的认同。由此我们可以看出，南宗顿悟说同竺道生时代的顿悟思想，已经有了很大差异。无论是支道林等人的小顿悟还是道生一系的大顿悟，都是以菩萨五十二进修位为基本思想框架。他们的不同只是针对某一特定阶位的理解不同。《辨宗论》里引用"寂鉴微妙，不容阶级"一语，并非表明在道生时代就已经具备了后来禅宗式的顿悟，而只是针对小顿悟在七地之后仍要进修的观点，所以才会随之讲道"积学无限"。而神会等南宗禅客提出的顿悟，则是要从根本上摆脱这种层层进升的模式，像《坛经》所倡导那样，只须"一悟即至佛地"。
>
> 同"不落阶渐"有些近似，神会认为"顿悟"的另一个特征是无须方便接引可以直接了无。他批评某些禅者道："不许顿悟，要须方便始悟。此是大下品之见……此顿门一依如来说，修行必不相误。"虽然没有指明对象，但可以推知这段话的主要是针对北宗禅法而发。其实用方便接引大众是东山法门的宗风，只不过神秀、普寂特别强调这一点罢了。②

---

① 丁福保编纂：《佛学大辞典》，文物出版社1984年版，第429页三栏。
② 聂清：《菏泽宗研究》，巴蜀书社2003年版，第58—59页。

第三章 青原行思禅法的考源

聂清结合菏泽神会"不言阶渐"和青原行思"不落阶级"的史料，对佛教由渐悟发展到顿悟做了一番合理的分析。然而，他将菏泽神会的"不言阶渐"和青原行思的"不落阶级"混同起来，得出青原行思"不落阶渐"的观念，恐怕是一个误解。但是，他引用《辨宗论》"不容阶级"的史料，则为分析青原行思"不落阶级"提供新的视角。

《辨宗论》是东晋谢灵运（385—433）的作品，这是一篇很短的文章，对于理解青原行思"不落阶级"公案有帮助，兹录如下：

> 同游诸道人，并业心神道，求解言外。余枕疾务寡，颇多暇日，聊申由来之意，庶定求宗之悟。释氏之论，圣道虽远，积学能至，累尽鉴生，不应渐悟。孔氏之论，圣道既妙，虽颜殆庶，体无鉴周，理归一极。有新论道士，以为寂鉴微妙，不容阶级；积学无限，何为自绝？今去释氏之渐悟，而取其能至；去孔氏之殆庶，而取其一极。一极异渐悟，能至非殆庶。故理之所去，虽合各取，然其离孔、释远矣。余谓二谈救物之言，道家之唱得意之说，敢以折中自许，窃谓新论为然。聊答下意，迟有所悟。①

对上述论述进行分析可知，谢灵运是站在道教的立场，批评儒佛二教理论有缺，而道教"折中自许"，兼取两家之长，避免二教之短，宣唱"得意之说"。谢灵运注意到佛教"不容阶级"宣扬平等的特征，但未解释"阶级"为何物，而在他之前的道安却有很好的说明。

道安（312—385）《安般注序》：

> 安般者，出入也。道之所寄，无往不因；德之所寓，无往不托。是故安般寄息以成守，四禅寓骸以成定也。寄息故有六阶之差，寓骸故有四级之别。阶差者，损之又损之，以至于无为；级

---

① （唐）道宣：《广弘明集》，《大正藏》第 52 册，第 228 页下栏—229 页上栏。

别者，忘之又忘之，以至于无欲也。无为，故无形而不因；无欲，故无事而不适。无形而不因，故能开物；无事而不适，故能成务。成务者，即万有而自彼；开物者，使天下兼忘我也。彼我双废者，守于唯守也。故《修行经》以斯二法而成寂。得斯寂者，举足而大千震，挥手而日月扪，疾吹而铁围飞，微嘘而须弥舞，斯皆乘四禅之妙止、御六息之大辩者也。夫执寂以御有，策本以动末，有何难也?①

道安《安般注序》是给《安般守意经》作注的序言。六朝时，《安般守意经》两个底本：一为二十纸本，即《小安般经》；一为四十五纸本，即《大安般经》。到《开元录》时，将两个本子合而为一，或即采用注解本，定名为《大安般守意经》，亦即今人见到的本子。

《大安般守意经》一卷，东汉安世高译，是一部小乘佛教经典。该经主要讲"四禅""六事"。"四禅"指安般守意过程中的四个阶段；"六事"指"数息""相随""止""观""还""净"，是安般守意过程中的不同六种要求。"六事"与"四禅"紧密配合，即为出凡入圣的方式，可见《大安般守意经》主要讲的是小乘佛教瑜伽禅修方法。从《安般注序》的遣词造句来看，道安用了当时流行的格义法来表达佛教思想。道安所说的"寄息六阶""寓骸四级"，即《大安般守意经》的"四禅""六事"。但从"开物""成务"等语来分析，道安已不再拘泥于经文原意，而是做了新的发挥，以适用于中国社会环境。

道安《安般注序》收在《出三藏记集》中。《出三藏记集》是我国现存最早的佛教文献目录，作者为僧祐。僧祐于南朝齐梁间，在道安《综理众经目录》的基础上，"订正经译"，纂成《出三藏记集》，全书辑录东汉至南朝梁代许多佛教文献。结合前考青原行思的家族背

---

① （南朝梁）僧祐：《出三藏记集》卷4，《大正藏》第55册，第43页下栏。

景,这意味着青原行思可以看到该书。

综上所述,可以推论,青原行思之"阶级"观念,当来自道安的《安般注序》的"阶差"和"级别"。据《景德传灯录》青原行思本录记载,紧随"不落阶级"公案的,是禅宗历史上另一则重要的"随缘分化"的公案。因此,青原行思应该是在道安的基础上,对"阶级"这一概念注入禅宗理念。《祖堂集》卷四《石头和尚》记载:

> 因读肇公《涅槃无名论》云:"览万象以成己者,其唯圣人乎!"乃叹曰:"圣人无己,靡所不己。法身无量,谁云自它。圆镜虚鉴于其间,万象体玄而自现。境智真一,孰为去来,至哉斯语也。"①

因为涅槃有"寂灭不生""浴火重生"等含义,据此可以推论,青原行思或许是融合《涅槃经》《无名论》以及我国古代儒家"圣人"、道教"无为"等观念,给"阶级"一词注入"会万物为己"的"青原""靖居"等禅宗理念,已达到物我两忘、天下太平、世界寂灭的境界。禅宗"不落阶级"公案,或许体现了青原行思将《安般经》小乘佛教升华为大乘佛教"普度众生"的努力。

胡适说,禅有印度禅,有中国禅。自《安般经》以至于达摩多罗《禅经》,皆是印度之禅。天台一派,《续僧传》列入"习禅"一门,其人皆承袭印度禅,而略加修正,"止观"即旧禅法的两个阶级,天台始以为禅之要旨。故天台是过渡时期。达摩一宗亦是一种过渡时期的禅。此项半中半印的禅,盛行于陈隋之间,隋时尤盛行。至唐之慧能、道一,才可说是中国禅。中国禅之中,道家自然主义的成分最多,道一是最好代表。②胡适此论前半大致没问题,后半说马祖道一是中国禅的最好代表,则是因没有全面了解唐代禅宗完整发展史,不

---

① (南唐)静、筠二禅师:《祖堂集》,孙昌武等点校,中华书局2007年标点本,第196页。

② 胡适:《论禅宗史的纲领》,氏著《禅学指归》,金城出版社2013年版,第205页。

了解青原禅法而得出的不确结论。

魏道儒等人说:"《景德传灯录》记载有石头希迁上堂示众、表达宗要的话,不出'即心即佛'的范围,看不出他与道一的区别。"① 这个见解很深邃。从禅修实践的角度分析,石头希迁与马祖道一几乎没有区别,二人禅法的不同特征主要表现在文化理论方面。

八大山人是明末清初时期的伟大画家,也是曹洞宗高僧。清邵长蘅《八大山人传》说:"遁奉新山中,薙发为僧,不数年竖拂称宗师,住山二十年。"② 可见他是一位有造诣的和尚。八大山人说:"生在曹洞临济有,穿过临济曹洞有。"③ 八大山人所说极是。套用现代哲学话语来理解八大山人的话,临济禅和曹洞禅是一般和特殊的关系,一般性寓于特殊性中;曹洞禅体现临济禅,临济禅寓于曹洞禅中。《祖堂集》卷四《药山和尚》记载道吾宗智劝其弟云岩昙晟改换门庭,弃暗投明,由依侍百丈怀海转而师事药山惟严,动员说:"石头是真金铺,江西是杂货铺。"④ 所谓真金与杂货,即是特殊和一般的关系。青原禅法才是"中国禅之中,道家自然主义的成分最多,最好代表"。

三 "顿悟色空"泯凡圣

如果结合具体的历史背景,则青原行思"不落阶级"的公案,当有更深的内涵。历代不乏高僧名士诠释这则公案。当前能见到最早为之注解的是唐代黄檗希运(?—855):

> 问:"如何得不落阶级?"师云:"终日吃饭,未曾咬着一粒米;终日行,未曾踏着一片地。与么时,无人我等相。终日不离一切事,不被诸境惑,方名自在人。更时时念念不见一切相,莫

---

① 杜继文、魏道儒:《中国禅宗通史》,江苏人民出版社2007年版,第306页。
② (清)邵长蘅:《青门旅稿》卷5,青海省图书馆藏清康熙刻《邵子湘全集》本。
③ (明)八大山人:《戊午中秋自题〈个山小像〉》,载汪子豆辑《八大山人诗钞》,江西人民出版社2011年版,第11页。
④ (南唐)静、筠二禅师:《祖堂集》,孙昌武等点校,中华书局2007年标点本,第230页。

第三章　青原行思禅法的考源

认前后三际，前际无去，今际无住，后际无来。安然端坐，任运不拘，方名解脱。努力！努力！此门中千人万人，只得三个五个，若不将为事，受殃有日在。故云：'著力今生须了却，谁能累劫受余殃？'"①

黄檗希运"莫认前后三际，前际无去，今际无住，后际无来"，谥号"断际禅师"，与青原行思嗣法弟子石头希迁的谥号"无际大师"相对。黄檗希运是马祖道一门下洪州宗僧人，该宗在"非心非佛""即心即佛""平常心是道"之间跳跃，走的是偏执两端的禅法路线。在理解"惟精惟一，允执厥中"的"宏济""无际"青原禅法方面，断际禅师显得比较隔阂，难以欣赏青原行思调和鼎鼐细致绵密的"惟恍惟惚"禅法内涵。

宋代投子义青禅师曾经著《空谷集》，对禅宗历史上一些著名的公案进行评价，元代林泉从伦和尚又在此基础上进行评唱，纂成《林泉老人评唱投子青和尚颂古空谷集》一书，其中第一则评论的就是青原行思"不落阶级"公案：

示众云："大忘人世，何必三思；击碎疑团，那消一句；不滞玄关，纵横得妙者，是甚么人？"

举思和尚问六祖大师："当何所务，即得不落阶级？"（但能行好事，何必问前程。）祖云："汝曾作甚么来？"（劈腹剜心。）思云："圣谛亦不为。"（还丹一粒，点铁成金。）祖云："落何阶级？"（为垂一只手，不惜两茎眉。）思云："圣谛尚不为！落何阶级？（迷时三界有，悟后十方空。）"祖云："如是！如是！（怜儿不觉丑）。汝善护持！吾当有偈（愿闻法要）：'心地含诸种，（总在里许）普雨悉皆萌。（诸法从缘生）顿悟花情已，（并不生枝引蔓）菩提果自成。（须知甜向苦中来）'"

---

① （唐）裴休集：《筠州黄檗山断际禅师传心法要》，《大正藏》第48册，第384页上栏。

师云：修行渐次，今古皆然。利钝根机，固难齐等。始自见修无学，至暖顶忍世等妙二觉，皆不出建化玄门，复应圆机。尽情吐露道，成就慧身不由他悟。初发心时，即证菩提。子细点捡将来，也只道得一半。至若如来不出世，亦无有涅槃。"始是八成，只如十成"一句，合作么生道？多口衲僧难举似，无言童子善敷扬。南岳让和尚尝谓马大师曰："汝学心地法门，如下种子。我说法要，譬彼天泽。汝缘合故，当见其道。"况此种子，人人具有，个个不无。慎勿辜负己灵，埋没家宝。得坐披衣，向后自看。虽是林泉口浅，汝等诸人不得气高糨大。或见不见，更须审问投子始得，颂曰："无见顶露云攒急，（觑着即瞎）劫外灵枝不带春。（三光不照处，别有好思量）那边不坐空王殿，（无漏国中留不住）争肯耘田向日轮。（月华影里见应难）"

师举《华严经》云："譬如虚空，遍至一切色非色处，非至非不至。何以故？虚空无身故。如来身亦复如是。遍一切处，遍一切众生；遍一切法，遍一切国土。何以故？如来身无身故。为众生，故示现其身。"只如无见顶露，合作么生摸索？若也迷云霭霭、昏雾蒙蒙，急着眼处转没交涉。况空劫前时，不藉意根灵枝自秀，那待阳和而品第者邪！是他本来没面目汉，离得失情量，出升沉窠白。圣凡莫测，次序难拘。不妨洒洒落落，妥妥帖帖。虽然如是。未免南泉道："威音王佛犹是王老师儿孙。"何也？自古轮王全意气，不彰宝印自然尊。①

投子义青和林泉从伦是青原行思的远裔法孙，其评唱虽然絮絮叨叨，落入宋元文字禅的弊病，陷入禅门所谓"葛藤露布"的窠臼，但他们把握了青原禅法"人根有利钝""理事须圆融"的一贯宗旨，对青原禅法的理解无疑比黄檗希运要深刻得多。

---

① （宋）义青颂古，子淳著语，（元）从伦评唱：《空谷集》，《禅宗全书》第 86 册，第 273—274 页。

第三章 青原行思禅法的考源

圭峰宗密《禅源诸诠集都序》卷上之一说：

> 万行不出六波罗蜜，禅门但是六中之一。当其第五，岂可都目真性为一禅行哉？然禅定一行最为神妙，能发起性上无漏智慧，一切妙用万德万行，乃至神通光明，皆从定发。故三乘学人，欲求圣道，必须修禅。离此无门，离此无路。至于念佛求生净土，亦须修十六观禅，及念佛三昧、般舟三昧。又真性则不垢不净，凡圣无差；禅则有浅有深，阶级殊等。谓带异计，欣上厌下而修者，是外道禅；正信因果，亦以欣厌而修者，是凡夫禅；悟我空偏真之理而修者，是小乘禅；悟我法二空所显真理而修者，是大乘禅。（上四类，皆有四色四空之异也。）若顿悟自心本来清净，元无烦恼；无漏智性，本自具足。此心即佛，毕竟无异。依此而修者，是最上乘禅，亦名如来清净禅，亦名一行三昧，亦名真如三昧。此是一切三昧根本。若能念念修习，自然渐得百千三昧。达摩门下展转相传者，是此禅也。①

圭峰宗密是青原行思师弟菏泽神会的四世传人，菏泽宗与石头宗有相当的共同性，《祖堂集》安排青原行思来"粃糠神会"当有来由。宗密所言"真性则不垢不净，凡圣无差；禅则有浅有深，阶级殊等"，这就比较简练地概括青原行思"不落阶级"的思想，也与禅宗《参同契》"人根有利钝，道无南北祖"相符合。

青原行思被看作六祖慧能禅法的继承人，慧能和神秀的禅法差别到底何在？独孤沛整理的732年菏泽神会《菩提达摩南宗定是非论》对此有一段精练的概括。为尽量保持其原貌，下面引文采取对话体来录用：

> 远法师问："未审能禅师与秀禅师是同学不？"

---

① （唐）宗密：《禅源诸诠集都序》，《禅宗全书》第31册，第5页中栏。

答:"是。"

又问:"既是同学,教人同不同?"

答言:"不同。"

又问:"既是同学,何故不同?"

答:"今言不同者,为秀禅师教人'凝心入定,住心看净,起心外照,摄心内证'。缘此不同。"

远法师问:"何故能禅师不'凝心入定,住心看净,起心外照,摄心内证'?何者是能禅师行处?"

和上答:"此是调伏心。"

远法师问:"应不凝心入定,不住心看净,不起心外照,不摄心内证?"

和上答:"此是愚人法。离此调伏不调伏二法,即是能禅师行处。是故经云:'心不住内,亦不在外,是为宴坐'。如此坐者,佛即印可。从上六代已来,皆无有一人'凝心入定,住心看净,起心外照,摄心内证'。是以不同。"

远法师问:"能禅师已后,有传授人不?"

答:"有。"

又问:"传授者是谁?"

和上答:"已后应自知。"

远法师问:"如此教门,岂非是佛法?何故不许?"

和上答:"皆为顿渐不同,所以不许。我六代大师,一一皆言'单刀直入,直了见性',不言阶渐。夫学道者须顿见佛性,渐修因缘,不离是生而得解脱。譬如其母,顿生其子,与乳渐养育,其子智慧,自然增长。顿悟见佛性者,亦复如是,智慧自然渐渐增长。所以不许。"[1]

---

[1] (唐)独孤沛:《菩提达摩南宗定是非论》,载杨曾文编校《神会和尚禅话录》,中华书局1996年版,第29—30页。

第三章 青原行思禅法的考源

据《菩提达摩南宗定是非论》所言分析，慧能与神会之间的区别，似乎主要是识见顿渐之别：渐则有阶级，顿者无阶级。但明代著名学者郭子章《青原万人般若缘引》说："庄严万善，亦无非佛事……但般若之顿门，入者实难。虽曰顿门，其实渐修。曰渐修者，夙世曾修习般若种子，当来方得发生，又非有阶级所历之谓渐也。"① 方家之言，入木三分。"虽曰顿门，其实渐修"，识见顿渐之别似乎不是南北禅宗的根本区别。

魏道儒等人说："大多数禅宗史料都说慧能是个百分之百的文盲……此事大有可疑。因为慧能的知名门徒中，几乎全是有一定文化修养的人。南宗文化人之所以乐于渲染他们的祖师是文盲，不过是为了强化其作为普通劳动者的典型……这样，南宗理直气壮地以卑贱的愚民形象站立起来，同出身高贵、儒学传家的同行们公然对立，其意义大大超出了禅宗自身的范围，而与隋唐以来社会整体的经济、阶级和政治结构的变化有密切关系。事实上，一部禅宗史也可以看成是一部社会史的投影。"② 这段见解无疑很深邃。

南北禅宗的根本区别到底是什么？《旧唐书》成书于后晋开运二年（945），修纂时间离唐朝灭亡不远，资料来源比较丰富，且不如《新唐书》那样强调儒家主导意识形态，故而从史料学的角度来看反有更高的价值。据《旧唐书》卷一百九十一《僧神秀慧能附传》说：

> 僧神秀，姓李氏，汴州尉氏人。少遍览经史，隋末出家为僧。后遇蕲州双峰山东山寺僧弘忍，以坐禅为业，乃叹伏曰："此真吾师也。"便往事弘忍，专以樵汲自役，以求其道……弘忍以咸亨五年卒，神秀乃往荆州，居于当阳山。则天闻其名，追赴都，肩舆上殿，亲加跪礼，敕当阳山置度门寺，以旌其德。时王

---

① （清）笑峰大然：《青原志略》，段晓华、宋三平校注，江西人民出版社1998年版，第160页。
② 杜继文、魏道儒：《中国禅宗通史》，江苏人民出版社2007年版，第151页。

公已下及京都士庶，闻风争来谒见，望尘拜伏，日以万数。中宗即位，尤加敬异。中书舍人张说尝问道，执弟子之礼，退谓人曰："禅师身长八尺，庞眉秀耳，威德巍巍，王霸之器也。"

初，神秀同学僧慧能者，新州人也。与神秀行业相垺。弘忍卒后，慧能住韶州广果寺。韶州山中，旧多虎豹，一朝尽去。远近惊叹，咸归伏焉。神秀尝奏则天，请追慧能赴都，慧能固辞。神秀又自作书重邀之，慧能谓使者曰："吾形貌短陋，北土见之，恐不敬吾法。又先师以吾南中有缘，亦不可违也。"竟不度岭而死。天下乃散传其道，谓神秀为北宗，慧能为南宗。

神秀以神龙二年卒，士庶皆来送葬。有诏赐谥曰"大通禅师"。又于相王旧宅置报恩寺，岐王范、张说及征士卢鸿一皆为其碑文……神秀，禅门之杰，虽有禅行，得帝王重之，而未尝聚徒开堂传法。至弟子普寂，始于都城传教，二十余年，人皆仰之。[1]

《旧唐书》在讨论南能北会时，并没有提及识见顿渐之别，只是强调慧能坚定地拒绝皇帝要求他入皇宫传教的召唤，并说他"竟不度岭而死，天下乃散传其道"。这是一个非常深刻的见地，涉及禅宗的阶级或说信众基础。禅宗的阶级基础是什么？有一首诗歌非常精当地概括我国大乘佛教八大宗派的特征："密富禅贫方便净，唯识耐烦嘉祥空。传统华严修身律，义理组织天台宗。"[2]"禅贫"说明禅宗的根基是下层贫苦百姓。中国传统文化儒道释三教鼎足而立。为什么是三教，而不是二教或四教呢？这可以从多方面来进行分析，仅就社会分层的角度来说，儒道释三教大致对应社会结构的上中下三个阶层：儒教对应上层社会，道教对应中间阶层，禅宗对应下层民众。

《祖堂集》卷二《菩提达摩和尚》说：

---

[1] （后晋）刘昫等：《旧唐书》，中华书局1975年标点本，第5109—5111页。
[2] 转引自慧圣法师《中国佛教修持趋势：过去与未来》，佛教在线网，http：//www.fjnet.com/fjlw/200807/t20080712_76238.htm。

尔时达摩和尚泛海东来，经于三载。梁普通八年丁未之岁九月二十一日，至于广州上舶。刺史萧昂出迎，奏闻梁帝。十月一日而至上元，武帝亲驾车辇，迎请大师升殿供善……问："朕自登九五已来，度人造寺，写经造像，有何功德？"师曰："无功德。"帝曰："何以无功德？"师曰："此是人天小果、有漏之因，如影随形，虽有善因，非是实相。"武帝问："如何是实功德？"师曰："净智妙圆，体自空寂，如是功德，不以世求。"武帝不了达摩所言，变容不言。达摩其年十月十九日，自知机不契，则潜过江，北入于魏邦。①

从菩提达摩开始，真正的禅师就将自己的社会基础植根于下层民众，对"帝亲驾车辇，迎请大师升殿供善"保持距离，尽量拒绝。禅宗之所以能够淘汰其他佛教派别，最后一枝独秀乃至一支独大，就是顺应了这一历史潮流，符合这一阶级分析法原理。"弘忍以咸亨五年卒，神秀乃往荆州，居于当阳山。则天闻其名，追赴都，肩舆上殿，亲加跪礼，敕当阳山置度门寺，以旌其德。时王公已下及京都士庶，闻风争来谒见，望尘拜伏，日以万数。中宗即位，尤加敬异。中书舍人张说尝问道，执弟子之礼"，神会迫不及待地投身帝王侧，这说明五祖弘忍早就看出神秀是靠不住的，迟早会背叛禅宗的社会阶级基础，故而"遂到江边，升小船子，师自把橹"②，亲自护送慧能离开黄梅山，呵护禅宗种子。

在现代国际关系史上，有一起与五祖弘忍精选本派种子相类似的事件，可以说明维护宗派或国家阶级属性的重要性。据李同成说，1957年1月，周恩来访问东欧，调解苏联与波兰和匈牙利的紧张关系，劝诫苏联要维护社会主义阵营团结，在对东欧兄弟国家关系方面要避免实行大国沙文主义。这激起苏联领导人赫鲁晓夫的强烈反应：

---

① （南唐）静、筠二禅师：《祖堂集》，孙昌武等点校，中华书局2007年标点本，第95—97页。

② 同上书，第119页。

赫鲁晓夫这条鲁莽汉，终于"炸"了，他蓦地站了起来，粗鲁地指责一些东欧兄弟国家领导人……他瞪大眼睛对周恩来说："你不能这样跟我说话，无论如何，我出身工人阶级，而你却是资产阶级出身。"周恩来巧妙地回敬了赫鲁晓夫一句："是的，赫鲁晓夫同志，你出身工人阶级，我出身资产阶级。但是，你我都有共同的地方，我们都背叛了自己的阶级。"①

五祖弘忍呵护禅宗种子与周恩来忠于工人阶级，很有可比之处。周恩来一语成谶，在这次辩论仅仅34年一代人时间后，曾经庞大强悍的苏联帝国，一夜之间便土崩瓦解、灰飞烟灭，让人惊叹于历史的造化之功。

清迦陵性音《宗鉴法林》广泛搜录历代诸师之古则、公案、拈颂，是后人了解禅师们评唱禅宗公案的好入径。该书卷五十五开篇即为青原行思"不落阶级"的公案，说：

东苑镜云："我若作六祖，待问当何所务即不落阶级，便喝云：'者担粪汉在者里作么？'若作青原，待问曾作什么，便抚掌云：'者老汉犹作寐语在。'岂不使曹溪一路别有风光。"

白岩符云："荡空凡圣，不立纤尘凛凛然，翠壁秋岩迥绝攀仰。自非众角，一麟何以能此，惜乎当时放过。待云圣谛尚不为何阶级之有，好以杖击右案云：'且立者边着。青原老汉到者里，必当别有生涯。'"

湘翁沄云："单传少室心宗，提挈衲僧正令。师资会合，凡圣浑忘。直得云封宝殿八面玲珑，日照霜空千峰寒翠。就中只是机用绵密，致令卤莽鉴觉之徒，往往构他语脉不上。毕竟如何？丹枫落叶江天晓，万顷晴川驾铁舟。"

---

① 李同成：《毛泽东与赫鲁晓夫的交锋》，中华军事网，https：//military.china.com/zh_cn/history/rw/018.html。

遁云定云："凤出青霄，不恋梧桐烟翠；鹤飞碧汉，岂留踪迹寒潭。虽是父子投机，犹欠梢头一语。待云圣谛尚不为何阶级之有，好以手斫额云无人处相望。谅青原老汉必然另起英风。"①

迦陵性音将对"不落阶级"公案正反两方面的评价集合在一块，这是一种兼容并包的做法。东苑镜禅师所言，显示他对青原禅法的特征一无所知。白岩符禅师说"青原老汉到者里，必当别有生涯"，以及遁云定禅师说"青原老汉必然另起英风"，这两位禅师的见解非常深邃，能见人之所未见。青原行思对六祖慧能并不仅仅是一种简单的继承，而是有所发扬拓展。

前文征引《宋高僧传》卷十四《唐洪州大明寺严峻传》时已经说明，严峻禅师是位有相当造诣和地位的禅师。大历元年（766）距离行思去世已经二十余年，在此背景下，严峻禅师还打算投奔青原山，挂单靖居寺，可见行思"四方禅客繁拥其堂"并非虚言，赢得"禅宗七祖"亦非浪得虚名。这也可以从另一方面证明白岩符和遁云定两位禅师的推论有道理，青原行思怎样发挥拓展六祖慧能禅法，下文相关章节将再详细阐述。

《共产党宣言》（又译《共产主义宣言》）是马克思和恩格斯为共产主义者同盟起草的纲领，由马克思执笔写成，是马克思主义诞生的重要标志。《共产党宣言》是共产主义运动的基础文献，相当于《参同契》在禅宗运动史上的地位。《共产党宣言》说：

> 在无产阶级的生活条件中，旧社会的生活条件已经被消灭了。无产者是没有财产的……现代的工业劳动，现代的资本压迫，无论在英国或法国，无论在美国或德国，都是一样的，都使无产者失去了任何民族性。法律、道德、宗教在他们看来全都是资产阶级偏见，隐藏在这些偏见后面的全都是资产阶级利益。

---

① （清）集云堂编：《宗鉴法林》，《禅宗全书》第93册，第145页。

过去一切阶级在争得统治之后，总是使整个社会服从于它们发财致富的条件，企图以此来巩固它们已获得的生活地位。无产者只有废除自己的现存的占有方式，从而废除全部现存的占有方式，才能取得社会生产力。无产者没有什么自己的东西必须加以保护，他们必须摧毁至今保护和保障私有财产的一切。

过去的一切运动都是少数人的或者为少数人谋利益的运动。无产阶级的运动是绝大多数人的、为绝大多数人谋利益的独立的运动。①

杜继文和魏道儒在议论百丈怀海的清规时说，根据马克思主义经典作家的观点，宗教社会主义是一种世界范围的社会思潮。在西方的基督教中存在过，在中国的历史上也屡有发生。佛教中的禅僧团就往往带有这种倾向，但只有到了怀海，才将它规范化，成为佛教社会主义的典范类型。禅众聚居，建立在无私有财产、共同劳动和平均消费的基础上。所以说它是社会主义性质的；集体群居，禁止婚姻，没有家庭，是标准的僧侣主义。百丈怀海要求他的模范成员："粗食续命，补衣御寒暑，兀兀如愚，如聋相似。"生活是极度清苦的，维持生命而已；知识绝不可开通，宁愿如聋似愚。显然，这种佛教社会主义反映的是中国个体农民的生活状态和精神面貌。对于因种种原因不得不弃家出走、四处流亡的人来说，它无疑是人间天堂。禅众的自力自给、无求于人，以及把由此带来的自我满足当成理想主义的自由、独立，也往往令徘徊与官场中的士大夫心向往之。它不是桃花源，却胜似桃花源。中唐以来，禅众特别为士大夫青睐，这是一个重要因素。②这是非常深刻的见解。

如果说马克思的上述论断是资本主义社会里工人阶级的解放宣言，那么刘行思"不落阶级"或许可以看作封建社会里农民阶级的自

---

① ［德］马克思、恩格斯：《共产党宣言》，载中共中央马恩列斯著作编译局《马克思恩格斯选集》第1册，人民出版社2012年版，第283页。

② 杜继文、魏道儒：《中国禅宗通史》，江苏人民出版社2007年版，第284—285页。

由诉求。套用空想社会主义和科学社会主义的话语，陶渊明的"桃花源"或许是封建社会的乌托邦而已，青原行思"不落阶级"的愿景，才是中古农民的科学封建主义。唐末农民起义提出"均平"口号①，它与青原行思"不落阶级"公案之间是否有关联，是个值得考究的问题。洪门被称为我国近代革命会党之母，于明末清初在江西兴起②，早期以反清复明为宗旨，近来以实现中华民族统一为己任，它的形成与青原禅系曹洞宗寿昌派尤其是方以智有着千丝万缕的关系，这亦可佐证青原行思"不落阶级"纲领在我国革命史上具有重大影响。

禅宗的诞生和发展不仅具有地区意义，还具有世界意义。社会主义之所以在苏联短命夭折，而在中国蓬勃发展，这与两国的传统宗教有很大关系。宗教问题被认为是苏联解体的重要原因，俄罗斯的东正教一神论传统与马克思主义的无神论主张格格不入。我国传统文化三大支柱儒道释三教主流都是无神论主张，禅宗作为儒道佛

---

① 关于唐末黄巢起义所提"均平"口号的含义，学术界有不同看法，李晓路、胡戟二人在《唐末农民起义提出"均平"口号的内容》对此总结较好。（参见张国刚主编《隋唐五代史研究》概要，天津教育出版社1996年版，第51页）

② "洪门"创盟于明末，清顺治初潜炽于赣闽之际，康熙间浸盛于台、海及长江、珠江流域，是活跃于明清之交以反清复明为宗旨的民族革命团体。"洪门"在历史上又以"天地会"著称于世。

"洪门"创盟伊始，为反抗清廷血腥镇压，采取极其隐秘的封闭形式以保存实力。在清初严密缉捕搜剿下，"洪门"组织不但没有绝迹，反而蔓延壮大，至清中、晚期，"洪门"山堂支系几乎遍及江南及中国各地，甚至发展到东南亚及欧美各国。"洪门"会党抗清武装斗争此起彼伏，连绵不断，是太平天国革命与辛亥革命的重要同盟军，孙中山、秋瑾、陶成章等革命党人曾先后加入"洪门"组织，海外"洪门"团体为国内推翻清帝国的武装斗争，输送巨额资金与大批优秀子弟。

孙中山先生在《建国方略》中指出："洪门者，创设于明朝遗老，起于康熙以前，明朝之忠烈士多欲力图恢复，誓不臣清，舍生起义，屡起屡蹶与虏拼命，然卒不救明朝之亡。迨至康熙之世，清势已盛而明朝之忠烈……亦死亡殆尽，二三遗老见大势已去无可挽回，乃欲以民族主义之根苗传后代，故以反清复明之宗旨结为团体……此殆洪门创始之本意。"李大钊先生在《中山主义的国民革命与世界革命》中指出："第一国际时代在法国有一个关于天地会的记录，这是一个中国人的第一国际的支部，会员以百万称，蔓延于全中国……多散处于中国南部及南洋、印度、美洲各处。这一个天地会与第一国际发生关系的事实……证明中国革命自始有与世界无产阶级提携的需要与倾向。"史称洪门乃顽强奋斗"二三百年的一个民族革命的集团"，成员、组织遍及世界五大洲的秘密团体。（参见、转引自陈江《"洪门"考源》，《安徽史学》2003年第1期）

三教的融合者，且以下层人民代言人自居，它天生与马克思主义具有亲和性。禅宗在我国长期的发展，为马克思主义在我国茁壮成长培育了肥沃的土壤。

第二节　《坐禅铭》论衡①

敦煌文献，又称敦煌遗书、敦煌文书、敦煌写本，指敦煌莫高窟17号洞窟所出2—14世纪的古写本及印本的资料总称，总数约5万卷，其中佛经约占90%。禅门早已有各种文学形式的禅师偈颂、诗僧艺文用以表达修道体悟的文化现象。唐代禅宗大量使用赞颂来表现体道、悟道的心境与禅理，乃至作为传法的媒介；因而禅门一般以赞颂来作为偈颂、铭赞等佛教韵文的总称。在敦煌文献未大量公布前，人们仅能从《景德传灯录》《五灯会元》等传世典籍中捕捉一二，之后《祖堂集》的发现，此类作品更为大家所关注。今敦煌文献中保存着为数可观的禅宗发展过程中的修道偈、证道歌、传法偈等各类"自证文学"，更提供禅宗发展史上由"内证禅"过渡到"文字禅"渐进的历程与脉络，也丰富佛教自证文学的内容。②

敦煌文献S.2165号中《思大和上坐禅铭》是一则反映早期禅宗发展史的重要材料，可以帮助我们重新梳理六朝唐宋时期佛教发展史。整个敦煌文献S.2165号是一份手抄本佛教文书，字迹不大容易辨认，文字释读具有一定难度。著名美籍华人佛学家巴宙曾对敦煌文献S.2165号中的《思大和尚坐禅铭》进行识读，徐俊在此基础上又进行了标点，其文如下：

的思忍，秘口言。除内结，息外缘。心欲攀，口莫语。意欲

---

① 本节主要内容曾以"敦煌文献S.2165号《思大和尚坐禅铭》论衡"首刊于《世界宗教文化》2018年第4期，现整合迻录于此，内容有增改。

② 郑阿财：《敦煌佛教文学》，甘肃教育出版社2013年版，第53、114页。

诠，口莫言。除秤弃斗，密室净坐，成佛不久。①

下文笔者试图在巴宙和徐俊二先生整理的基础上，结合其他学者对敦煌文献 S.2165 号《思大和上坐禅铭》的论述，对该偈颂的宗派属性和内容义旨稍作诠释。

一　前人观点的得失分析

敦煌文献 S.2165 号《思大和上坐禅铭》，又见于 P.2104、P.2105、S.4037 卷，题作《座禅铭》。徐俊认为此处的思大和尚或指慧能的弟子青原行思②，但并未进行论证。对此推论，后人提出异议。李小荣认为 S.2165 号《思大和上坐禅铭》是南朝慧思和尚的作品："理由主要有二：一者考诸僧史，只有慧思才被后人尊为'思大和尚'……不管'思大和尚'是皇帝所赐也罢，还是时人称之也罢，此四字代表的是慧思……二者《思大和尚坐禅铭》的思想内容与慧思的禅学主张相同。"③王叔庆对此持相同的观点，说：

>慧思大师作为天台宗理论奠基者的先驱和代表及中国早期禅宗思想代表人物，对中国佛教的发展可谓功莫大焉，他为天台宗的建立而打下的理论基础自不必多言，尤其对中国禅宗早期思想的研修与行持，则树立了风向标的作用。因为他在早期禅宗的行持及诸著述独树一帜，论及天台宗的建立与发展离不开慧思大师，研究中国禅宗早期思想的发展史更离不开慧思大师，他为中国早期禅法思想的行持夯实了根基，但只是因为历史的某些特殊原因，他成了天台宗的祖师，而禅宗祖师则与他无缘，但他对中

---

①　巴宙：《敦煌韵文集》，佛教文化服务出版社1965年版，第154页；徐俊，《敦煌诗集残卷编考》，中华书局2000年版，第543页。注：密室净坐，徐俊点校本改作"密室静坐"，误。
②　徐俊纂辑：《敦煌诗集残卷编考》，中华书局2000年版，第19、543页。
③　李小荣：《敦煌佛教歌辞作者考辨二题》，《新国学》第7辑，巴蜀书社2008年版，第129—130页。

国早期禅宗的发展及贡献却功彪史册。①

丁福保编《佛教大辞典》"青原"条标注为人名，解释说："青源行思禅师之别号，师住吉州青原山。原为青源，禅书多作青原。六祖慧能下出青原、南岳二大法统。青原之法流有曹洞，南岳之末流有临济。"② 王书庆认为 S.2165 号中的"青峰山和尚"和"先青峰和尚"当指"青原行思"，引丁福保的观点发挥说：

> 文中虽没明说是行思禅师二篇偈，但这里的"青峰山"即"青原山"是毫无疑问的，且青原山所出习禅大德中在中国禅宗发展史上有影响的人物更是屈指可数，青原行思便是佼佼者之一，恐非行思禅师莫属。此二篇偈语，毫无疑问，为研究行思禅师的禅学提供了新的史料。
>
> 敦煌文献中《思大和尚坐禅铭》实指慧思大和尚的坐禅铭，而非指行思大和尚，行思大和尚的语录在敦煌文献中以"青峰和尚"或"青峰山和尚"予以区分。慧思大和尚的坐禅铭，为研究慧思的禅法思想特点提供了新的史料。③

李小荣和王书庆二先生以上所论，恐尚有值得商榷之处。丁福保将"青原"解释为人名，这是不对的，"青原"乃山名。

前文"'青原'山名蠡测"节引清康熙江西通志《西江志》卷九《山川三·青原山》相关内容对青原山的基本情况介绍得很清楚，这里不复赘述。青原行思之名称，符合佛教以驻锡地加法号尊称高僧大德的传统。青原山在行思驻锡之前叫作安隐山，随着他的到来而改作

---

① 王书庆：《慧思大师坐禅铭》，陇原佛学网站/佛学文摘/2011 年/第 11 期（总第 150 期），http://www.fxwz.net/fxwz/fxwz150/wz150/12.HTM。
② 丁福保编：《佛教大辞典》，文物出版社 1984 年版，第 622 页 D 栏。
③ 王书庆：《敦煌本〈思大和尚坐禅铭〉及其禅法思想》，载南岳佛教协会编《慧思大师研究》，岳麓书社 2012 年版，第 849、859 页。

青原山，唐以后在不同文献中分别有清凉山、清源山、青源山等各种不同写法，但从来没有叫作"青峰山"的记载。

南岳慧思和青原行思都是我国佛教史上开宗立派的祖师级别重要人物，对我国宗教和文化发展具有非常重大的影响，判定 S.2165 号《思大和尚坐禅铭》的作者归属和内容性质，对于理顺我国宗教和文化发展史具有非常重要的意义。

唐代颜真卿《靖居寺题名》说：

> 唐永泰二年（766），真卿以罪佐吉州。闻青原靖居寺有幽绝之致，御史韩公涉、刺史梁公乘尝见招，欲同游而不果。大历二年（767）十月壬寅……明日，及僧明则、智清而登礼焉，因睹行思天师经始双泉之灵迹，道契律师纂成□路之秘藏。徘徊瞻仰，乃援翰而勒于碑阴。①

颜真卿该文在《全唐文》卷三百三十九也有收录。既然是题名靖居寺，则"天师"当为传抄过程中由"大师"讹误而来。从《靖居寺题名》措辞可以明显地看得出来，颜真卿对青原行思极为尊敬，认为他的业绩极其伟大，对他的评价也非常崇高。《靖居寺题名》称青原行思为"大师"，可以理解为他生前的确有此称号。

又北宋《宋高僧传》卷九《行思传》说：

> 释行思，姓刘氏，庐陵人也……开元二十八年十二月十三日入灭于本生地，敕谥大师，号曰洪济，塔曰归真。其塔会昌中例从堙毁，后法嗣者重崇树之。②

南宋名臣周必大《闲居录》说：

---

① （唐）颜真卿：《颜鲁公文集》卷11，文渊阁四库全书本。
② （宋）赞宁：《宋高僧传》，范祥雍点校，中华书局1987年版，第198页。

十月朔戊午。丙寅，游青原山靖居寺，七祖大师行思道场也……其寺颇廻窄。塔在山之颜，躐阶上下。塔左有三泉，号锡杖、虎跑、雷泉。唐颜鲁公题名及元丰六年黄鲁直二诗并刻泉侧。鲁直碑，先祖贰郡时尝跋其后。①

清代萧发生《青原遗碑略记》：

七祖，长沙定王发后，得旨曹溪，遂住青原……大顺元年（890），谥曰弘济大师。雍熙四年（987），避庙讳改弘为恒。景德二年（1005），太守孙航奏请更之，改赐真寂。治平三年（1066）赐额安隐寺，崇宁三年（1104）名净居寺。②

五代《祖堂集》卷八《云居和尚》：

云居和尚嗣洞山，在洪州。师讳道膺，姓王，幽州蓟门玉田人也……有毳侣自洪南而至，举洞山大师当世宗匠，师乃摄衣而造洞山……洞山又问师："我闻思大和尚向倭国作王，虚实？"师云："若是思大，佛亦不作，岂况国王乎？"洞山默然许之。自是密领玄旨，闻所未闻，更不他游，学心并息。初住三峰，后住云居。③

北宋《宋高僧传》卷十二《唐洪州云居山道膺传》：

释道膺，姓王氏，蓟门玉田人也……有僧自豫章至，盛称洞

---

① （南宋）周必大：《文忠集》卷166，文渊阁四库全书本。
② （清）笑峰大然：《青原志略》，段晓华、宋三平校注，江西人民出版社1998年版，第159页。
③ （南唐）静、筠二禅师：《祖堂集》，孙昌武等点校，中华书局2007年标点本，第364—365页。

第三章 青原行思禅法的考源

上禅师言要。膺感动神机,遂专造焉。如是洞上垂接,复能领会。曾问曰:"我闻思大禅师向倭国为王,虚耶?实耶?"对曰:"若是思师,佛亦不作,况国王乎?"自尔洞上印许。①

《宋高僧传》卷九《行思传》明确地说,青原行思去世之后,朝廷敕谥"洪济大师"称号;而唐代颜真卿、宋代周必大、清代萧发生等名臣学士都称行思为"大师",再结合《祖堂集》卷八《云居和尚》与《宋高僧传》卷十二《唐洪州云居山道膺传》有关"思大和尚/思大禅师向倭国作王"的记载,这意味着早期僧俗两界史书皆有将青原行思称为"思大和尚"的传统。另外,《宋高僧传》卷十四明确记载石头希迁为"大师"。石头希迁是六祖慧能托孤给青原行思的,是史书记载的青原行思唯一嗣法弟子,这从另一个方面可以侧证青原行思具有大师称号。

坐禅,就是趺坐修禅,是佛教修持的主要方法之一,更是禅师们的必修功课。《坐禅铭》是记载禅师禅宗理念的自警性文章,唐代已有类似作品传世。《缁门警训》收录先圣古德之示众、警策、训诫、箴铭等,自沩山警策至梁皇舍道事佛诏等共计170余篇,该书卷二录有一篇《鹅湖大义禅师坐禅铭》,其文说:

> 参禅学道几般样,要在当人能择上。莫只忘形与死心,此个难医病最深。直须坐究探渊源,此道古今天下传。正坐端然如泰山,巍巍不要守空闲。直须提起吹毛利(笔者案:利,疑为剑之误),要剖西来第一义。瞠却眼兮剔起眉,反复看渠渠是谁。还如捉贼须见赃,不怕贼埋深处藏。有智捉获刹那顷,无智经年不见影。深嗟兀坐常如死,千年万岁只如此。若将此等当禅宗,拈花微笑丧家风。黑山下坐死水浸,大地漫漫如何禁。若是铁眼铜

---

① (宋)赞宁:《宋高僧传》,范祥雍点校,中华书局1987年标点本,第285页。

睛汉，把手心头能自判。直须着到悟为期，哮吼一声狮子儿。君不见，磨砖作镜喻有由，车不行兮在打牛；又不见，岩前湛水万丈清，沉沉寂寂杳无声。一朝鱼龙来搅动，波翻浪涌真堪重。譬如静坐不用工，何年及第悟心空。急下手兮高著眼，管取今生教了办。若还默默恣如愚，知君未解做工夫。抖擞精神着意看，无形无影悟不难。此是十分真用意，勇猛丈夫却须记。切莫听道不须参，古圣孜孜为指南。虽然旧阁闲田地，一度赢来得也未。要识坐禅不动尊，风行草偃悉皆论。而今四海清如镜，头头物物皆吾听。长短方圆只自知，从来丝发不曾移。若问坐禅成底事，日出东方夜落西。①

鹅湖大义是唐代著名禅师，是洪州宗开基祖马祖道一的弟子。马祖道一是南岳怀让的弟子，南岳怀让是青原行思的师弟，由此可知鹅湖大义是青原行思的侄孙；又鹅湖山在现江西省上饶市铅山县境内，青原山在现江西省吉安市青原区境内，两地相去不远。因为南岳系和青原系的禅宗旨趣差别较大，故而两篇《坐禅铭》内涵稍显轩轾。《缁门警训》是元代中峰明本编纂，其法嗣永中补编，明代如卺续补的禅门典籍。由词句上分析，《鹅湖大义禅师坐禅铭》似有后人改窜之痕迹，未必一定是鹅湖大义原作，但既然冠其名则必当有所本，则鹅湖大义《坐禅铭》可侧证 S.2165 号《思大和尚坐禅铭》是青原行思的作品。

二 文本作者的宗派归属

S.2165 号所抄写歌辞甚多，总共有 9 段，按先后顺序分别为《亡名和尚绝学箴》《青峰山和上诫肉偈》《先洞山和上辞亲偈》《祖师偈》《先青峰和上辞亲偈》《思大和上坐禅铭》《龙牙和上偈》《又真

---

① （元）永中补，（明）如卺续补：《缁门警训》，《禅宗全书》第 33 册，第 717—718 页。

觉和尚云》①，以及3条未命名的《庐山远公话》。其中3条《庐山远公话》别具位置，且与前面诗偈间隔距离比较大，空了两行，而其他诗偈之间没有空行间隔，则其显然为填空补白而抄录，也就是说前面8段诗偈应是作为一个整体抄录而成。以上诗偈中"和上"两字在文本的绝大多数地方写作"禾"加"上"合成的单个字，因字迹稍显潦草，有的文章将其释读为"祖"字②，《敦煌文献集成》第2卷影印本，笼统地将它们命名为《禅门秘诀要、亡名和尚绝学箴、思大师坐禅铭》。③

《亡名和尚绝学箴》全文如下：

> 诫之哉，诫之哉。无多虑，无多知。虑多志散，知多心乱。心乱生恼，志散妨道。勿见由伤，其苦由长。勿言何畏，其祸鼎沸。滴水渐停，四海将营。纤尘不拂，五岳将成。莫视于色，莫听于声。闻声者聋，见色者盲。一文一艺，空中小蚋。一伎一能，日下孤灯。英贤才艺，是为愚弊。舍弃浮荣，耽溺淫励。识马易奔，心猿难制。神既劳疲，形必损毙。邪迳中迷，循途永溺。英贵才能，是曰昏懵。厌拙善巧，其德不弘。名厚行薄，其高速崩。图书翰卷，其用不恒。内怀憍患，外致怨憎。或谈于口，或书于手。邀人令誉，亦孔之丑。畏形畏迹，逾远逾极。端坐树阴，迹灭影沉。厌生患老，随思所造。心相若灭，生死长绝。无相无形，无姓无名。无贵无贱，无辱无荣。无大无小，无重无轻。敬怡贤哲，斯道利贞。④

---

① 《又真觉和尚云》下面有4条抄语，其具体归属比较模糊，前人笼统将它们看作永嘉玄觉的作品。汪泛舟通过考证，认为并非如此，而是杂录，还有洞山良价等其他人诗偈掺入其间。（参见汪泛舟《敦煌诗词补正与考源》，《敦煌研究》1997年第3期）

② 对该合字的释读问题，蒋宗福的《敦煌佛教文献部分写卷的著录及定名问题》（参见《宗教学研究》2006年第1期）论述甚详细，兹不赘述。

③ 林世田、刘燕远、申国美编：《敦煌禅宗文献集成》第2卷，全国图书馆缩微文献复制中心1998年版，第424—425页。

④ 同上书，第425页。

唐释道世《法苑珠林》卷四十八《周沙门释亡名》说：

> 周渭滨沙门亡名法师自诫云：夫以回天倒日之力，一旦草凋；岱山磐石之固，忽焉烬灭。定知世相无常，浮生虚伪……乃作《绝学箴》，亦名《息心赞》，拟夫周庙。其铭曰：
>
> 法界内有如意宝人焉，九缄其口，铭其膺曰：古之摄心人也，诫之哉！诫之哉！无多虑，无多知。多知多事，不如息意；多虑多失，不如守一。虑多志散，知多心乱。心乱生恼，志散妨道。勿谓何伤，其苦悠长；勿言何畏，其祸鼎沸。滴水不停，四海将盈。纤尘不拂，五岳将成。防末在本，虽小不轻。关尔七窍，闭尔六情。莫窥于色，莫听于声。闻声者聋，见色者盲。一文一艺，空中小蚋；一技一能，日下孤灯。英贤才艺，是为愚弊。舍弃淳朴，耽溺淫丽。识马易奔，心猿难制。神既劳役，形必损毙。邪径终迷，修途永泥。英贤才能，是曰惛憒。夸拙羡巧，其德不弘。名厚行薄，其高速崩。徒舒翰卷，其用不恒。内怀矜伐，外致怨憎。或谈于口，或书于手。邀人令誉，亦孔之丑。凡谓之吉，圣以之咎。赏悦暂时，悲忧长久。畏影畏迹，逾走逾剧。端坐树阴，迹灭影沈。厌生患老，随思随造。心想若灭，生死长绝。不死不生，无相无名。一道虚寂，万物齐平。何胜何劣，何重何轻。何贱何贵，何辱何荣。澄天愧净，皦日惭明。安夫岱岳，固彼金城。敬贻贤哲，斯道利贞。[①]

以上两段文字相互比较，可以轻易地看出，S.2165 号的《亡名和尚绝学箴》是从《法苑珠林》卷四十八《周沙门释亡名》中节录略作改动而来，《景德传灯录》卷三十四《僧亡名息心铭》和《缁门警训》卷二《周渭滨沙门亡名法师息心铭》也有抄录，三处文字大

---

① （唐）释道世：《法苑珠林》，周淑迦、苏晋仁校注，中华书局 2003 年标点本，第 1463—1465 页。

同小异。可见 S. 2165 所说的亡名和尚，就是南北朝时期北周（557—581）渭滨亡名法师。

S. 2165 涉及的和尚，除了庐山慧远和渭滨亡名之外，其余的在《五灯会元》中都有记载。真觉和尚乃六祖慧能的五大高足之一永嘉玄觉，《真觉和尚云》的内容恰好也是从玄觉《证道歌》中摘录而来。《祖师偈》内容为："心随万境转，转处实能幽。随流忍得性，无喜亦无忧。"据《五灯会元》卷第一《二十二祖摩拏罗尊者》记载：

鹤勒那问曰："以何方便，令彼解脱？"祖曰："我有无上法宝，汝当听受，化未来际。"而说偈曰："心随万境转，转处实能幽。随流认得性，无喜复无忧。"①

《祖师偈》的内容与《五灯会元》所记禅宗二十二祖摩拏罗的说偈一模一样，据此可知，文卷中的祖师指的是禅宗二十二祖摩拏罗尊者。

其余 4 位和尚，洞山和尚即洞山良价禅师，为青原下四世，《五灯会元》卷十三有灯录；龙牙和尚即龙牙居遁禅师，是洞山良价的法嗣，乃青原下五世，《五灯会元》卷十三有灯录；与青峰山相关的禅师有青峰传楚及青峰清勉，分别是洛浦元安法嗣和青原下六世，以及青峰传楚法嗣和青原下七世，灯录都在《五灯会元》卷六②。《五灯会元》卷六《青峰清勉禅师》说：

僧问："久醒蒲萄酒，今日为谁开？"师曰："饮者方知。"问："如何是祖师西来意？"师曰："糟池无一滴，四海自滔滔。"

---

① （宋）普济：《五灯会元》，《禅宗全书》第 7 册，第 31 页。
② （宋）普济：《五灯会元》，苏渊雷点校，中华书局 1984 年标点本，第 342—343、353 页。

据此记载以及《青峰山和上诫肉偈》内容来分析，S.2165号所言青峰山和尚可能是青峰清勉禅师。①

又洛浦元安是夹山善会法嗣和青原下五世，夹山善会是船子德诚法嗣和青原下四世，船子德诚是药山惟俨法嗣和青原下三世；洞山良价是云岩昙晟法嗣和青原下四世，云岩昙晟是药山惟俨法嗣和青原下三世。可见洞山良价、龙牙居遁、青峰传楚和青峰清勉都是由青原行思法孙药山惟俨传下来的。从"先青峰和上"与"青峰山和尚"的说辞来看，先青峰山和尚与青峰山和尚当是两位不同的禅师，且S.2165号文书应该是青峰传楚的法裔所抄写。

《五灯会元》卷六《青峰传楚禅师》说："凤翔府青峰传楚禅师，泾州人也。"据史书记载，唐初置岐州，改为扶风郡。至德二年（757），肃宗幸临扶风郡，同年收复长安、洛阳，十二月设置凤翔府，号西京，与成都、京兆、河南、太原合称五京。府治所在今陕西凤翔县。辖地相当今陕西宝鸡、岐山、麟游、扶凤、郿县、周至等市县。唐属关内道，五代属关西道。泾州，北魏神䴥三年（430）于安定郡城（今甘肃泾川北）置州，治安定县，因泾水得名。隋大业三年（607），隋炀帝以州为郡，因改安定郡。唐武德元年（618）复为泾州，治安定县，领安定、灵台、临泾、良原、潘原五县，辖境相当于今甘肃泾川、灵台、镇原以及宁夏固原东部等地泾水中游地区。天宝元年（742）改置安定郡。至德元年（756），又改保定郡，安定县改保定县。乾元元年（758），保定郡又为泾州。大历三年（768）后为泾原节度使治所，长期领有泾州、原州。五代建置仍为泾州。由此可知，凤翔府相对来说距离敦煌比较近。从青峰传楚与凤翔府和泾州关系来分析，S.2165号文书似乎也是青峰传楚的法裔所抄写。

综上所述，S.2165号所录文的9位和尚，除已经确定的庐山慧

---

① 李小荣考证结果与本文微异，他认为《青峰山和上诫（戒）肉偈》和《先青峰和上辞亲偈》的作者即释传楚，《祖师偈》的作者相传为禅宗西天二十八祖中的二十一祖婆修盘头尊者。（参见《敦煌佛教歌辞作者考辨二题》，《新国学》第7辑，巴蜀书社2008年版，第128—130页）

远、渭滨亡名与尚存疑的思大和尚之外,其余6人都属于禅宗僧人。渭滨亡名的歌偈之所以抄写在此,也是因为其道场地近凤翔府青峰山,且《绝学箴》主旨与文本的整体内容相吻合的缘故。而且6位禅宗僧人中摩拏罗尊者和永嘉玄觉两位是南禅分派之前的和尚,其余各位都属于南禅分派之后石头宗的禅师,都是青原行思的法裔。由上述分析可以推知,敦煌遗书S.2165号文件是一份南宗顿悟禅钞本,确切地说是青原禅系门徒所抄写,更具体而言当是青峰传楚法裔所为,故其中所言之思大和尚应当是青原行思大和尚,而不是南岳慧思大和尚。

三 诗偈内容的宗派性质

《续高僧传》卷十七《陈南岳衡山释慧思传》说:

> 奉持守素,梵行清慎。及禀具足,道志弥隆。迥栖幽静,常坐综业。日惟一食,不受别供。周旋迎送,都皆杜绝。诵《法华》等经三十余卷,数年之间,千遍便满。所止庵舍,野人所焚。遂显厉疾,求诚乞忏,仍即许焉。既受草室,持经如故。其人不久,所患平复……临将终时,从山顶下半山道场。大集门学,连日说法。苦切诃责,闻者寒心。告众人曰:"若有十人不惜身命,常修法华、般舟、念佛三昧、方等忏悔,常坐苦行者,随有所须,吾自供给,必相利益。如无此人,吾当远去。"苦行事难,竟无答者。因屏众敛念,泯然命尽。小僧灵辩,见气乃绝,号吼大叫。思便开目曰:"汝是恶魔!我将欲去,众圣晏然,相迎极多。论受生处,何意惊动,妨乱吾耶!痴人出去!"因更摄心,谛坐至尽。咸闻异香,满于室内。顶煖身煖,颜色如常。即陈大建九年六月二十二日也。取验十年,宛同符矣。春秋六十有四。
>
> 自江东佛法,宏重义门。至于禅法,盖蔑如也。而思慨斯南服,定慧双开。昼谈理义,夜便思择。故所发言,无非致远。便

验因定发慧，此旨不虚。南北禅宗，罕不承绪。然而身相挺特，能自胜持，不倚不斜，牛象行视，顶有肉髻，异相庄严。见者回心，不觉倾伏。又善识人心，鉴照冥伏；讷于言过，方便诲引；行大慈悲，奉菩萨戒。至如缯纩皮革，多由损生。故其徒属服章，率加以布，寒则艾纳，用犯风霜。

自佛法东流，几六百载。唯斯南岳，慈行可归。余尝参传译，屡觌梵经。讨问所被法衣，至今都无蚕服。纵加受法，不云得成。故知若乞若得，蚕绵作衣，准律结科，斩舍定矣。约情贪附，何由纵之？思所独断，高遵圣检。凡所著作，口授成章，无所删改。造《四十二字门》两卷，《无诤行门》两卷，《释论玄》、《随自意》、《安乐行》、《次第禅要》、《三智观门》等五部各一卷，并行于世。①

从唐代道宣的描述来看，慧思和尚的确在佛教从"义门"转向"禅修"的过程中起了突出作用，故此"南北禅宗，罕不承绪"。前面引文王书庆所言"慧思大师是中国早期禅宗思想代表人物……对中国禅宗早期思想的研修与行持，则树立了风向标的作用"，以及李小荣所谓"《思大和尚坐禅铭》的思想内容与慧思的禅学主张相同"②的观点，主要据此立论。殊不知六祖慧能之前和之后的禅宗，虽然概念措辞一样，但内涵实质却有着根本区别，两者不能混为一谈，道宣所言"南北禅宗"不过是当时普通佛教宗派禅修的泛称而已。

慧思和尚"昼谈理义，夜便思择。故所发言，无非致远"，与《思大和尚坐禅铭》所说"心欲攀，口莫语；意欲诠，口莫言"，两相比较，明显很矛盾。慧思和尚"凡所著作，口授成章，无所删改。造《四十二字门》两卷，《无诤行门》两卷，《释论玄》《随自意》《安乐行》《次第禅要》《三智观门》等五部各一卷，并行于世"，与

---

① （唐）道宣：《续高僧传》，郭绍林点校，中华书局2014年标点本，第618—623页。
② 李小荣：《敦煌佛教歌辞作者考辨二题》，《新国学》第7辑，巴蜀书社2008年版，第130页。

"除称弃斗,密室净坐"以及早期禅宗"不立文字,教外别传"的作风,更是方圆凿枘。而慧思和尚睁开眼睛即说:"汝是恶魔!我将欲去,众圣叒然,相迎极多。论受生处,何意惊动,妨乱吾耶!痴人出去!"直到临终涅槃时,还如此怒目而视、破口大骂,这种境界无论如何都不能说是"成佛不久"。因此,《思大和尚坐禅铭》的内涵与慧思和尚的精神并不相契合。

《续高僧传》卷十六《齐邺下南天竺僧菩提达摩传》说:

> 志存大乘,冥心虚寂,通微彻数,定学高之。悲此边隅,以法相导。初达宋境南越,末又北度至魏。随其所止,诲以禅教,于时合国盛弘讲授。乍闻定法,多生讥谤。有道育、慧可,此二沙门年虽在后,而锐志高远。初逢法将,知道有归,寻亲事之。经四五载,给供咨接。感其精诚,诲以真法:如是安心,谓壁观也;如是发行,谓四法也;如是顺物,教护讥嫌;如是方便,教令不著。然则入道多途,要唯二种,谓理、行也。藉教悟宗,深信含生同一真性。客尘障故,令舍伪归真,凝住壁观。无自无他,凡圣等一。坚住不移,不随他教。与道冥符,寂然无为。①

道宣《菩提达摩传》所言"志存大乘,冥心虚寂,通微彻数……舍伪归真,凝住壁观。无自无他,凡圣等一。坚住不移,不随他教。与道冥符,寂然无为",与《思大和尚坐禅铭》所言"除内结,息外缘;心欲攀,口莫语;意欲诠,口莫言;除秤弃斗,密室净坐",两者相比较,言辞义旨难道不是非常接近吗?

又宋代道原《景德传灯录》卷三《第二十八祖菩提达磨》引《别记》说:

---

① (唐)道宣:《续高僧传》,郭绍林点校,中华书局2014年版,第565—566页。

师初居少林寺九年，为二祖说法，祇教曰："外息诸缘，内心无喘，心如墙壁，可以入道。"慧可种种说心性，理道未契。师祇遮其非，不为说无念心体。慧可曰："我已息诸缘。"师曰："莫不成断灭去否？"可曰："不成断灭。"师曰："何以验之云'不断灭'。"可曰："了了常知故，言之不可及。"师曰："此是诸佛所传心体，更勿疑也。"①

《景德传灯录》说菩提达摩教二祖慧可的禅法，只有"外息诸缘，内心无喘，心如墙壁，可以入道"四句话，而这 16 个字可以说是《思大和尚坐禅铭》的提炼和概括，言语词汇都非常相似。由此可以推断，在《续高僧传》卷十六《齐邺下南天竺僧菩提达摩传》、S.2165 号《思大和尚坐禅铭》和《景德传灯录》卷三《第二十八祖菩提达磨》三者之间，存在着一种继承演进的关系，即《思大和尚坐禅铭》对唐代道宣的《菩提达摩传》做了概括；而宋代道原的《菩提达摩传》，又对《思大和尚坐禅铭》进行了提炼。因为菩提达摩五传至六祖慧能，慧能嫡传青原行思，这更加可以证明，《思大和尚坐禅铭》是唐代行思的作品，而不是南朝慧思的作品。

《续高僧传》或称《唐高僧传》，唐释道宣（596—667）撰。该书内容从梁代初叶开始，到唐贞观十九年（645）止，总共 144 年的时间，共写正传 331 人，附见 160 人，即于贞观十九年完成。但在成书后二十年间内，陆续有所增补，最迟到麟德二年（665）为止。

青原行思老家江西安福县龙云下村《笪桥刘氏宗谱·列传第二》说：

延，字延年，安成公十世孙。仕隋，为吏部尚书郎……子二：铨、锡。铨子行忠、行恕。行忠为唐秦州道行军副总管。行恕娶姚丞相崇女，生忱，登唐广德甲辰进士第，官至监察御史。

---

① （宋）道原：《景德传灯录》，《禅宗全书》第 2 册，第 48 页。

锡子二：行志、行思。行思出家，号弘济禅师，自有传。①

根据《筼桥刘氏宗谱》记载，有三点值得注意：其一，行思出身于官宦之家，其祖父刘延在隋炀帝时曾任吏部尚书郎。其二，行思的堂兄弟行忠为唐秦州道行军副总管，行恕娶了唐代名相姚崇的女儿为妻。姚崇生于651年，卒于721年；行思生于673年，卒于740年，以此类推行恕娶姚崇女儿是可能的。其三，族谱又说行恕的儿子"忱登唐广德甲辰进士第"。广德是唐代宗的年号，总共两年，甲辰是第二年亦即公元764年。依前面姚崇和行思的生卒年来推断，刘忱在764年应该年龄非常大，在这一年登第的可能性微乎其微，此一记载或许有误，应该属于字讹或错简；如果说行恕的孙子在广德二年登第，那就合情合理，"子"或为"孙"之误。撇开《筼桥刘氏宗谱》第三点记载不论，依前文考证可知，行思极有可能阅读过道宣《续高僧传》，从而对其中《菩提达摩传》的内容进行萃取提炼。

《宋高僧传》卷九《行思传》说："释行思，姓刘氏，庐陵人也。濡润厥躬，贞谅其性。出尘之后，纳戒已还。破觚求圆，斫雕为朴，厥志天然也。往韶阳见大鉴禅师，一言蔽断，犹击蒙焉。"②《景德传灯录》卷五《吉州青原山行思禅师》说："行思禅师，本州安城人也，姓刘氏。幼岁出家，每群居论道，师唯默然。"③两书所说"破觚求圆，斫雕为朴，厥志天然……一言蔽断，犹击蒙焉"，"每群居论道，师唯默然"，与S.2165《思大和尚坐禅铭》的文风和主旨相吻合。这也可以从另一个方面证明，S.2165《思大和尚坐禅铭》是青原行思的作品。

四 《坐禅铭》的重新标点

敦煌文献S.2165所载《坐禅铭》的内容，在异域典籍中也有反

---

① 2003年《安福龙云刘氏下村六修族谱》，第233页。
② （宋）赞宁：《宋高僧传》，范祥雍点校，中华书局1987年版，第198页。
③ （宋）道原：《景德传灯录》，《永乐北藏》第153册，第312页。

映。日本历史上曾经崇尚佛教，圣武天皇（724—749年在位）尤其礼崇佛教并曾皈依佛门，抄写了大量佛教经文。奈良东大寺正仓院藏有《圣武天皇宸翰杂集》，集录六朝和隋唐人有关佛教方面的诗文140首，最末一页共有5段内容，其中最后一段为："谛思忍，慎口言。止内恶，息外缘。"《圣武天皇宸翰杂集》的文末纪年为天平三年（731）。据天津师范大学王晓平的相关研究，这个纪年是可信的。王晓平认为：

> 《圣武天皇宸翰杂集》与敦煌所藏佛教文学写本不仅同属一时代之文献，而且和愿文研究有密不可分的联系……《杂集》中的文章，包括诗、辞、颂、赞、铭、祭文、斋文、愿文等多种文体，占绝大多数的是佛教文学，《杂集》成书不久，即于日本养老二年（718）10月由返回日本的遣唐使带到日本，并由圣武天皇亲笔抄写。这是日本遣唐使带回的最新著述，也是他们带回的唐代文化的最新信息……《杂集》卷末的三言四句——圣武天皇与天台宗第二祖慧思之思想接点（有富由纪子）……这些注解和研究论文，从多方面展示了《杂集》与敦煌文学的关系。其中特别是关于《杂集》末尾的三言四句与敦煌斯2165抄写的《思大和上坐禅铭》，更是直接的证据。《杂集》最后是分别题作《净土》和《秽土》的两首诗，而最后一行，抄写的是"谛思忍，慎口言，正内恶①，息外缘"十二字，根据小野胜年、佐藤美知子、森本公诚等学者的研究，是圣武天皇为己抄写的座右铭。②

从王晓平的转述可知，日本有富由纪子认为《圣武天皇宸翰杂集》上的"谛思忍，慎口言，正内恶，息外缘"，与南岳慧思有关。

---

① 正内恶，徐俊定作"止内恶"。（参见《敦煌诗集残卷编考》，中华书局2000年版，第543—544页）两相比较，以徐俊厘定为佳。

② 王晓平：《日藏汉籍与敦煌文献互读的实践——〈镜中释灵实集研究〉琐论》，《艺术百家》2010年第3期。

有富由纪子应该是根据其他人的观点而推导出这个结论,其实并不可靠。《圣武天皇宸翰杂集》的内容由遣唐使抄写并于718年带回日本,这恰好是南宗顿悟禅初兴的时间;而从该杂集末页的其他歌偈,以及郑阿财对书中《王居士涅槃诗》的考查[①]来看,该书的内容相对而言与南宗顿悟禅尤其青原系禅宗的义旨更为接近。

从《圣武天皇宸翰杂集》"谛思忍,慎口言;止内恶,息外缘"的记载可以推论,《思大和尚坐禅铭》的形成应该经过一个复杂的演变。其开头四句起初应该是普通禅宗派别共享的观点,也有可能是许多佛教派别共享的观点,青原行思在其版本的厘定过程应该起了决定性作用,将《圣武天皇宸翰杂集》末尾的"三言四句"与《续高僧传》卷十六《齐邺下南天竺僧菩提达摩传》的相关记载,糅合整理在一块,故而其法裔结合禅宗"不立文字,教外别传,直指人心,见性成佛"的宗旨,将起首四句改为"的思忍,密口言;除内结,息外缘",冠在青原行思名下。

在判定《思大和尚坐禅铭》是行思作品的前提下,笔者试图对它略作诠释。对于《思大和上坐禅铭》的内容,王叔庆《慧思大师坐禅铭》一文也有分析——他对于该偈颂字词的识读与巴宙和徐俊二先生稍微有点区别,其主要内容如下:

> 保留在敦煌文献中的S.2165《思大和尚坐禅铭》便是大师禅修之心要:"的思忍,秘口言,除内结,息外缘。心欲攀,口莫语,意愿诠,口莫言。除称弃斗,密室净坐,成佛不久。"意思是说,需要认真思量"忍"字含义和分量,悟解禅修之机要,心性是否与佛性契合为标准,不能以语言文字来表述。只有这样才能除去诸内结烦恼,息灭诸外缘干扰。心想万般诸等因缘胜事,莫要用语言文字表达出来,乃至意愿中的西方的极乐世界宏图圆满,也莫要用语言表达出来,因为用语言是表达不清楚的,

---

[①] 参见郑阿财《敦煌净土歌赞〈归去来〉探析》,《敦煌学辑刊》2007年第4期。

只能心领神会，言出即乖。称与斗，均为古代的计量单位，除称弃斗，言即摈弃对万般诸事的斤斤计较，在密室中长期净坐思维，那你就马上成佛了。

《思大和尚坐禅铭》的三句话，实质上是习禅人修习的三个要点：一必须修习"忍"，以修习忍辱波罗蜜为重点，除内结息外缘，才使心境平境；二真正之禅是无法用语言文字表达的，言出即乖；三密室净坐，定慧双修。①

王叔庆的诠释有可取之处，但某些论述可能尚需探讨。笔者以为，"的思忍"的忍，通"认（認）"，与"秘口言"的"言"字相对。

S.2165号《祖师偈》说："心随万境转，转处实能幽。随流忍得性，无喜亦无忧。"这首偈颂，在《祖堂集》、《景德传灯录》和《五灯会元》"第二十二祖摩拏罗尊者"中，都写作："心随万境转，转处实能幽。随流认得性，无喜复无忧。"又S.2165号《真觉和上云》第四首说："苦是今时学道流，千千万万忍门头。恰似入京朝圣主，只到铜关便都休。"而《瑞州洞山良价禅师语录》写作："嗟见今时学道流，千千万万认门头。恰似入京朝圣主，只到潼关便即休。"②由此可知，《祖师偈》和《真觉和上云》第四首中的"忍"，都是"认（認）"的简写通假。

S.2165号文献"苦是今时学道流"，《敦煌诗集残卷辑考》认为"若是今时学道流"之误③；而"只到铜关便都休"，明显是"只到潼关便即休"之误。由此也可以推知，S.2165号文献的抄写者应该文化程度不算高，犯了一些低级错误。所以，根据该偈颂题名《思大和尚坐禅铭》，此处"的思忍，秘口言"，应该解作"的的确确行思大

---

① 王书庆：《慧思大师坐禅铭》，陇原佛学网站/佛学文摘/2011年/第11期（总第150期），http://www.fxwz.net/fxwz/fxwz150/wz150/12.HTM。
② （明）语风圆信、郭凝之编：《瑞州洞山良价禅师语录》，《大正藏》第47册，第525页上栏。
③ 转引自段观宋《〈敦煌诗集残卷辑考〉校订补正》，《敦煌研究》2011年第1期。

和尚认为,并且口耳秘传",这很符合早期南宗顿悟禅的做法。

王书庆关于"除称弃斗"的解释无疑是有道理的。但从同一文献《又真觉和上云》第四首所言"苦是今时学道流,千千万万忍(认)门头"来推测,《思大和尚坐禅铭》中的"除秤弃斗"似乎还可以这样理解,"秤"是"争"之误,"斗"可以通"鬭(斗)"。

《康熙字典》午集下《禾字部》说:"秤,《广韵》昌孕切,称去声,正斤两也……又数名。《小尔雅》:斤十谓之衡,衡有半谓之秤,秤二谓之钧。《广韵》俗称字";"称(稱),《唐韵》处陵切,音再"。又已集中《爪字部》:"爯,《唐韵》处陵切,《集韵》蚩承切,并音称。"又已集中《爪部》:"争,《唐韵》侧茎切,《集韵》甾耕切,并音筝。"可见,"秤"和"争"古音相近,容易混淆。

所谓"除争弃斗,密室净坐",与青原禅系早期经典《参同契》所说"灵源明皎洁,枝派暗流注。执事原是迷,契理亦非悟……万物自有功,当言用及处。事存函盖合,理应箭锋拄。承言须会宗,勿自立规矩"①,其实是一回事,是批评当时佛教和禅宗各个派别之间的相互斗争。青原行思认为,与其各自私立门派,相互斗狠好勇,还不如"凝住壁观""寂然弗为",这符合菩提达摩"潜行密用,成佛不远"的主张。

基于上述考证,笔者认为,S.2165《思大和尚坐禅铭》应该如下识读和标点:

> 的思忍,秘口言:除内结,息外缘;心欲攀,口莫语;意欲诠,口莫言;除秤弃斗,密室净坐,成佛不久。

第三节 《心药方》探源②

《心药方》,又名《无际大师心药方》,这是一篇广为流传的短

---

① (宋)道原:《景德传灯录》,《禅宗全书》第2册,第631页。
② 本节内容曾以《简论石头希迁与〈心药方〉的关系》首刊于《江西科技师范学院学报》2012年第2期,现整合移录于此,内容有增改。

文，世传是唐代高僧石头希迁禅师的作品，因为他逝世后唐德宗谥号为"无际大师"①。将《心药方》看作石头希迁的作品，恐怕是一个误会，下文试对此做一详细考证。

一 广为流传的《心药方》

佛教界和医药界认为《心药方》是石头希迁作品的人尤其多，如严寒说："昆明华亭寺内，有一张著名的专治心病的《心药方》。据传，这个《心药方》是唐朝高僧无际大师所开，意在奉劝世人修身养性，重德慎行。"② 心妙和尚也认为："众所周知，无际大师就是唐朝的石头希迁和尚，嗣法在青原行思禅师门座下。大师一生对徒众的开示很多，其中《心药方》一篇，虽然篇幅很短，但对如何治疗众生的心病，作出了非常精辟的见解，因而广为流传，时为至今，甚得世人喜爱。"③

不仅一般人认为《心药方》是石头希迁禅师的作品，当代名僧妙莲④老和尚（1922—2008）也持这样的观点，他是临济宗高僧。《离欲上人遗方》中附有一篇《无际大师心药方》和《妙莲老和尚开示》，其中《心药方》的全文是：

> 大师谕世人曰：凡欲齐家、治国、学道、修身，先须服我十味妙药，方可成就。何名十味？
>
> 好肚肠一条，慈悲心一片，温柔半两，道理三分，信行要紧，中直一块，孝顺十分，老实一个，阴德全用，方便不拘多

---

① （南唐）静、筠二禅师：《祖堂集》，孙雷武等点校，中华书局2007年标点本，第202页。
② 严寒：《无际大师的"心药方"》，《医学文选》1998年第6期。
③ 心妙：《读无际大师〈心药方〉有感》，《佛教文化》2000年第2期。
④ 近代以来有两位法号"妙莲"的高僧，一位是安徽巢县人，生于1922年，卒于2008年；另一位是福建归化人，俗姓冯，名地华，别号云池。生于1824年，卒于1907年。根据《离欲上人遗方》中《妙莲老和尚开示》的用词和口气来推测，这里的妙莲老和尚可能是安徽人。

少。此药用宽心锅内炒，不要焦，不要燥，去火性三分，于平等盆内研碎。三思为末，六波罗蜜为丸，如菩提子大。每日进三服，不拘时候，用六和气汤送下。果能依此服之，无病不瘥。

切忌言清行浊，利己损人，暗中箭，肚中毒，笑里刀，两头蛇，平地起风波，以上七件，速须戒之。

此前十味若能全用，可以致上福上寿，成佛作祖。若用其四五味者，亦可灭罪延年，消灾免患。各方俱不用，后悔无所补。虽扁鹊庐医，所谓：病在膏肓，亦难疗矣。纵祈天地，祝神明，悉徒然哉！况此方不惧主雇，不费药金，不劳煎煮，何不服之？偈曰：

此方绝妙合天机，不用卢医扁鹊医，普劝善男并信女，急须对治莫狐疑！

无际大师即唐朝希迁和尚，拜在六祖之徒青原行思门下。时人尊曰石头和尚，与马祖并称二师。①

《心药方》的前面是一篇妙莲老和尚的开示，他是这样说的："得了中医西医都治不好的病，医生医不好的病叫'业障病'，得了'业障病'就要生大惭愧心，多多拜佛，念佛。大丈夫要有打脱牙和血吞的气概，不能拜也要拜，不能念也要念。就像想要脓疮好起来，就要咬紧牙根挤出脓血。你知道身染重病必须马上治疗吗？业障习气就是无始劫来的重病，这不是两三贴药能治好的，药要下得重，吃得多——多念佛，多拜佛，勤修才行，病才能痊愈，罪业才能清净。"②

二 非唐代石头希迁所创作

《心药方》短小精悍，还不到三百字，与石头希迁现存文献相仿；《心药方》言辞隽永，表述浅白却令人回味无穷，类似于石头希迁的

---

① 四川乐至报国寺、离欲念佛苑编：《离欲上人遗方·无际大师心药方》，四川乐至报国寺、离欲念佛苑 2003 年印赠。

② 同上。

行文风格；《心药方》雄浑圆融，将中国传统文化三大支柱儒道释之精华天衣无缝地熔铸于一文，非钜子匠手而不可为。这些特征似乎都表明《心药方》是石头希迁的力作，而实际上大多数人也是这样认为的，如上引妙莲禅师即肯定地说："无际大师即唐朝希迁和尚，拜在六祖之徒青原行思门下。时人尊曰石头和尚，与马祖并称二师。"

心妙、严寒和妙莲认为《心药方》是石头希迁的作品，但只是泛泛而谈，并没有说明具体的理由。曦曦的论文《略论石头希迁禅师〈心药方〉在现实生活中的积极意义》也抄录了一份《心药方》：

> 慈悲心一片，好肚肠一条，温柔半两，道理三分，信行要紧，中直一块，孝顺十分，老实一个，阴鸷全用，方便不拘多少。
>
> 此药用宽心锅内炒，不要焦，不要躁，去火性三分。于平等盆内研碎，三思为末，六波罗蜜为丸，如菩提子大。每日进三服，不拘时候，用和气汤送下。果能依此服之，无病不瘥。
>
> 切忌言清行浊，利己损人，暗中箭，肚中毒，笑里刀，两头蛇，平地起风波。以已上七件速须戒之。
>
> 以前十味，若能全用，可以致上福上寿，成佛作祖。若用其四五味者，亦可以灭罪延年，消灾免患。各方俱不用，后悔无所补，虽扁鹊卢医，所谓病在膏肓，亦难疗矣；纵祷天地，祝神明，悉徒然哉。况此方不悮主雇，不费药金，不劳煎煮，何不服之？偈曰：
>
> 此方绝妙合天机，不用卢师扁鹊医。普劝善男并信女，急须对治莫狐疑。①

与妙莲老和尚的《心药方》比较，除了字词上的些微差别之外，曦曦的主要是少了前面的谕言和后面的说明。此外，曦曦说《心药

---

① 王兴国、徐荪铭：《石头希迁与曹洞禅》，岳麓书社1997年版，第124页。

方》是唐永泰元年（765）石头希迁和尚送给当时隐居南岳即将回京的唐代名相李泌的，并言明她的观点来自于易行广先生。①

曦曦和易行广的文章都收辑在王兴国、徐荪铭主编的《石头希迁与曹洞禅》文集中。易行广文章的题目是《根植岭南而在南岳立业的石头希迁和尚》。据易行广考证，李泌在平定安史之乱中，为肃宗出谋献策，立下赫赫功勋，因避权贵迫害而隐逸于南岳。李泌隐居南岳期间，得到禅门各派和尚的联手保护，石头希迁及其弟子出力尤其多。他活灵活现地说："泌公曾向道家学过辟谷养生术，亦经常择南岳之荒庙野洞，栖之定期辟谷，往往在极险恶的时期，均由石头和尚，在李泌辟谷盘坐处，遥遥发功相助，亦遥遥发功驱散泌公周围出现的豺狼虎豹，经常派首徒道树，暗中在李泌辟谷处及时放置泉水、鲜果，待李泌解定之时，就可以饮食。当时，有南岳道士所撰之《神仙记》云：'上元（760—761）、宝应（762—763）间，据必溪（李泌之字号）先生讲述，每当月圆之夜，荒庙之神于中夜皆不宿，聆听上仙传话。'李泌之子亦有类似记载。其实是瓒大师给泌公吃了养补元气之类似野山芋之补品，六祖弟子梵林老和尚又给泌公打通任、督二脉，使泌公在辟谷时，以往听到嗡嗡蚊蚋之声，原来是有人念《参同契》助他行功。解定后，才知石头和尚多次救助于他。"②接着，易行广绘声绘色地演绎："永泰元年（765），代宗召李泌（722—789）回京述职，李泌前来辞行，向石头希迁拜谢救助之恩，石头和尚口授《心药方》相赠，泌公当即据口授笔书下来。此方如下：'好肚肠一条，慈悲心一片，温柔半两，道理三分，信行要紧，中直一块，孝顺十分，老实一个，阴骘全用，方便不拘多少。'此后李泌果然时时处处按《心药方》处事……石头和尚默默地助救过泌公，泌公也默默地给予回报，两人之间的默契和心犀相通，虽不见诸文字也强似见诸文字。"③

---

① 王兴国、徐荪铭：《石头希迁与曹洞禅》，岳麓书社1997年版，第123页。
② 同上书，第142页。
③ 同上。

易行广录写的《心药方》与曦曦录写的《心药方》差别很大，曦曦的《心药方》与常见的差别不大，或许易行广的只是一个简略版。怪力乱神之类不经之谈，除非用作反面材料，向来不被严肃学者所采用。易行广明言"（希迁和李泌）之间的默契和心犀相通，虽不见诸文字也强似见诸文字"，这无异于承认他的相关论述是自己想当然。实际情况又当是怎样呢？

李泌，字长源，事玄宗、肃宗、代宗、德宗四朝，贞元三年（787）任宰相，封邺侯。他的儿子李繁（？—829）曾作《邺侯家传》十卷，详记其生平事迹。《旧唐书》《新唐书》关于李泌的内容多所取材于此书，该书在明代失传，仅有佚文存留。此外，唐五代时又有《邺侯外传》流传，当是在《邺侯家传》基础上改编而来的。《邺侯外传》编写粗疏，叙事缺少连贯性，写作比较混乱。《外传》除了《太平广记》卷三十八《李泌》辑录，从未见于宋元明时代的书目，大约未及流传即已亡佚，幸赖《太平广记》引用而流传下来。因此，新旧唐书的李泌传和《邺侯外传》成为当前研究李泌的基础材料。

经查《太平广记》卷三十八《李泌》，发现其中关于李泌与释道人物交往的记载很少，里面并无他与石头希迁交往的内容，他与懒残禅师的关系也讲得很简单，兹摘录如下：

> 又与明瓒禅师游，著《明心论》。明瓒释徒谓之懒残，泌尝读书衡岳寺，异其所为，曰："非凡人也，听其中宵梵唱，响彻山林。"泌颇知音，能辩休戚，谓懒残经音，先凄怆而后喜悦，必谪坠之人，时至将去矣。候中夜，潜往谒之。懒残命坐，拨火出芋以馅之。谓泌曰："慎勿多言，领取十年宰相。"泌拜而退。①

---

① （宋）李昉等：《太平广记》第1册，中华书局1961年标点本，第242页。

第三章 青原行思禅法的考源

新旧《唐书》在述评李泌方面意旨大异其趣,对其神神道道的表述却大同小异。《旧唐书》卷一百三十《李泌传》说:"泌颇有说直之风,而谈神仙诡道,或云尝与赤松子、王乔、安期、羡门游处,故为代所轻,虽诡道求容,不为时君所重。"①《新唐书》卷一百三十九《李泌传》的表述是:"泌出入中禁,事四君,数为权幸所疾,常以智免。好纵横大言,时时谠议,能寤移人主。然常持黄老鬼神说,故为人所讥切。"② 二书均不见有李泌与石头希迁交游之叙述。

正史不见记载,方志又当如何。"南岳道士所撰之神仙记"指的是道士撰写的南岳地方志,这方面的书流传至今的有唐代李冲昭的《南岳小录》和宋代陈田夫的《南岳总胜集》,其中尤以后一书为重要。《南岳小录》关于李泌的记载只有很简单的一条:"(祝融)峰之东南,有李泌书堂。"③ 细查《南岳总胜集》,亦不见有石头希迁和李泌交往的记载,更不用说赠送他《心药方》。《南岳总胜集》关于李泌、石头希迁和懒残禅师的内容有几处,现择与本文讨论相关且叙述较为详细的两处记载摘录如下:

> (南台禅寺)在庙之北登山十里。梁天监中,高僧海印尊者喜其山秀地灵,结庵而居,号曰南台。又至唐天宝初,有六祖之徒希迁禅师游南寺,见有石状如台,乃庵居其地,故寺号南台。唐御史刘轲所撰碑并有焉。迁既殁后,遂塔于山之跄,谥曰"无际见相"。二碑尚存。裴休书,字画遒劲。或云非裴书,然亦可观也。庞居士尝来请益于师。殿之下有石,乃丹霞削发处。又有石号飞罗汉,世传神运仓,今遗基尚在。石头和尚著《草庵歌》《参同契》,善圆师刻于石。④
>
> (大明禅寺)昔有高僧居之,因其名焉。草衣木食不干时务,

---

① (后晋)刘昫等:《旧唐书》,中华书局1975年标点本,第3622—3623页。
② (宋)欧阳修、宋祁:《新唐书》,中华书局1975年标点本,第4638页。
③ (唐)李冲昭:《南岳小录》,文渊阁四库全书本。
④ (宋)陈田夫:《南岳总胜集》卷中,光绪观古堂影宋本。

懒而吃人残食。邺侯李泌亦结庐于侧，赐号"端居室"，凡十年不相来往。声流上国。……疑是南岳懒散师乃此老也，或称懒瓒语讹也。……衡岳寺执役僧也，食退即收所余而食。性懒而食残，故号懒残也。画专一寺之工，夜止群牛之下，曾无倦色已二十年。时邺侯李泌寺中读书，察懒残所为非凡物，听其中宵梵唱响彻于上。李泌情颇知音，能辩休戚，谓懒残经音凄惋而后喜悦，必谪堕之人。通名而谒，懒残大诟，觌面而唾曰："是将贼我！"李公愈敬之，雅拜。懒残正拨牛粪，出芋啖之。良久而曰："可以席地。"取所啖芋之半以授焉，李公尽食之。后谓曰："慎无多语，领取十年宰相。"公谢之而退。①

通检《南岳总胜集》，并不见有石头希迁赠送李泌《心药方》之记载。相反，倒是明确记载石头希迁有《参同契》和《草庵歌》两篇作品，这似乎亦可反证《心药方》非其所作。

李泌固然显得神神道道，然而正史、野史、家传和方志都不见记载他和《心药方》之关联，显见二者之关系乃后人穿凿附会。《新唐书》卷一百三十九《李泌传》说："德宗晚好鬼神事，乃获用，盖以怪自置而为之助也。繁为家传，言泌本居鬼谷，而史臣谬言好鬼道，以自解释。既又著泌数与灵仙接，言举不经，则知当时议者切而不与，有为而然。繁言多浮侈，不可信。"② 这个评价是中肯的，国学大师南怀瑾也说："查遍正史，李泌从来没有以神仙怪诞来立身处世。个性思想爱好仙佛，只是个人的好恶倾向，与经世学术，又有何妨？"③

易行广关于《心药方》作者的结论经不起推敲。另外，经考证查知，冷佛文所著《弘扬人间净土的禅行妙药——读无际大师心药方》中说："希迁大师著有《心药方》一文。现摘录如下，以飨世人：

---

① （宋）陈田夫：《南岳总胜集》卷下，光绪观古堂影宋本。
② （宋）欧阳修、宋祁：《新唐书》，中华书局1975年标点本，第4639页。
③ 南怀瑾：《南怀瑾选集》第2卷《老子他说》，复旦大学出版社2011年版，第95页。

'好肚肠一条,慈悲心一片,温柔半两,道理三分,信行要紧,中直一块,孝顺十分,老实一个,阴骘全用,方便不拘多少。'"①易行广征引的《心药方》与这篇文章所录写的完全相同,极其可能录自此。但是,冷佛文也没有说明其所引《心药方》的来源,而文前编者按却说:"《无际大师心药方》,不知出自何典籍,灯录、僧传均不载,但教内外流传甚广。"②

易行广自己面壁生义,其他人就难免生疑。曹洞宗研究专家毛忠贤在引用他的观点时即谨慎地说:"若希迁真有此方,说明他是身在世外而心系世间,是一个真正不忘众生苦难的人。"③毛忠贤对易行广的观点持保留的态度,谢慈悲就直截了当地说:"《参同契》《草庵歌》是石头和尚原作,迄今仍为中外研究者所重。第三只《无际大师心药方》则系后人托名无际大师之作。"④

石头希迁存世的著作不多,现在能确定的只有《草庵歌》。石头希迁和李泌都是唐代杰出人物,在当时和后世都影响非常大。《心药方》的篇幅很短,如果确系石头希迁写给李泌的,唐宋时期浩如烟海的道俗两界史书均不见收录记载,这是很难以想象的事情。

禅宗研究专家徐文明说:"石头希迁已经有借用世法和本土文化传播佛法的迹象,其借用魏伯阳的'参同契'为文名即为一例,其用'大仙'表佛祖,言'声元异乐苦'暗用嵇康《声无哀乐论》之义,以'参玄'喻学佛,都表明了这一迹象。曹洞宗亦是如此,其以君臣父子喻本末体用,以五相示五位,更以卦象示之,都表明了这一特点。"⑤《心药方》无疑也是融会中印不同文化和禅宗各家思想,好像符合石头禅法的特征,然而,它与《参同契》和《草庵歌》看似貌合形肖,实则貌合神离,未契洞上古辙。

---

① 冷佛文:《弘扬人间净土的禅行妙药——读无际大师心药方》,《船山学刊》1994年增刊《湖湘佛文化论丛》第2、3辑,第113页。
② 同上。
③ 毛忠贤:《中国曹洞宗通史》,江西人民出版社2006年版,第49—50页。
④ 谢慈悲:《千古三石头》,《佛教文化》1996年第2期。
⑤ 徐文明:《曹洞宗归宗青原一系的原因初析》,《普门学报》第2期,2001年3月。

六祖慧能诸大弟子各自承袭并发展了其学说的一个方面，南岳怀让重视如来藏之说，强调自性涅槃；青原行思与菏泽神会则重视其般若之说，强调自性菩提。怀让弟子马祖道一再次强调《楞伽经》在禅门中的地位，以对抗神会《金刚经》传宗之说。行思弟子石头希迁则重视作为三论宗鼻祖的僧肇之说，继承了南方佛教重视般若的传统，强调自性灵智。①唐代著名高僧兼学者宗密将唐代前期的禅宗分为"息妄修心宗""泯绝无寄宗""直显心性宗"三种类型。他说："泯绝无寄宗者，说凡圣等法，皆如梦幻，都无所有，本来空寂，非今始无。即此达无之智，亦不可得。平等法界，无佛无众生，法界亦是假名。心既不有，谁言法界？无修不修，无佛不佛。设有一法胜过涅槃，我说亦如梦幻。无法可拘无佛可作，凡有所作皆是迷妄。如此了达，本来无事，心无所寄，方免颠倒，始名解脱。石头、牛头，下至径山，皆示此理。便令心行与此相应，不令滞情于一法上。日久功至尘习自亡，则于怨亲苦乐一切无碍。"②石头宗属于这一派。"直显心性宗者，说一切诸法，若有若空，皆唯真性。真性无相无为，体非一切，谓非凡非圣，非因非果，非善非恶等。然即体之用，而能造作种种，谓能凡能圣，现色现相等。于中指示心性，复有二类：一云，即今能语言动作，贪嗔慈忍，造善恶受苦乐等，即汝佛性。即此本来是佛，除此无别佛也。了此天真自然，故不可起心修道。道即是心，不可将心还修于心；恶亦是心，不可将心还断于心。不断不修，任运自在。方名解脱。性如虚空，不增不减。何假添补？但随时随处，息业养神，圣胎增长，显发自然神妙。此即是为真悟、真修、真证也。"③洪州宗归为这一类。

曹洞宗研究专家毛忠贤概括石头宗的特点说："洞山良价和曹山本寂两位大师所缔构的曹洞理论与法门是一套博大精深、系统严整的禅学体系，这体系的继承发扬不仅需要高天赋、高文化，还特别需要

---

① 徐文明：《曹洞宗归宗青原一系的原因初析》，《普门学报》第2期，2001年3月。
② （唐）宗密：《禅源诸诠集都序》，邱高兴校释，中州古籍出版社2008年版，第37页。
③ 同上书，第38页。

遵守自青原、石头、药山以来的那种避世独立、深山养道的潜研、潜修学风。"① 毛忠贤的概括是正确的，这从石头希迁的代表作《草庵歌》可以得到佐证："吾结草庵无宝贝，饭后从容图睡快。成时初见茅草新，破时还将茅草盖。住庵人，镇常在，不属中间与内外。世人住处我不住，世人爱处我不爱……遇祖师，亲训诲；结草为庵莫生退。百年抛却任纵横，摆手便行且无罪。千种言，万般解，只要教君长不昧。欲识庵中不死人，岂离而今这皮袋。"② 石头希迁偏爱深山养道，《心药方》不符合他的风格，不是他的作品，传世文献也不支持他创作该文的观点；《心药方》倒是与马祖道一的做派接近，应该是洪州宗的法裔所为，确切地说是有"无际"名号的临济宗门徒创作的。

三 乃明代无际了悟的作品

不同的和尚有同一个法号，这是常有的事。20世纪70年代，"无际大师肉身供奉东瀛"的消息曾经惊动天下，因为世人也以为这是石头希迁大师的真身，但结果证明并非如此，著名禅宗研究专家吴立民在《石头希迁禅法及石头肉身》对此有详细说明："我们查遍了有关资料并进行了实地调查，证实'石头肉身'确实是从漳州'活佛堂'发现并失踪的；这位'漳州无际和尚肉身'很可能是唐宋间当地一位以'无际'为法名的和尚的真身；而所谓'南岳石头希迁无际大师肉身在抗战期间被日本人盗走'一说，纯属传闻，查无实据。"③

《心药方》在清末应该已经广为人知，除前文所述妙莲老和尚已利用之外，清代著名医药学家张正所撰《外科医镜》中录有《洗心涤虑良方》，其全文内容如下：

洗心涤虑良方，治不忠不孝、无仁无义、恨天怨地、谤圣毁

---

① 毛忠贤：《中国曹洞宗通史》，江西人民出版社2006年版，第272页。
② （宋）道原：《景德传灯录》，《永乐北藏》第154册，第406—407页。
③ 王兴国、徐苏铭：《石头希迁与曹洞禅》，岳麓书社1997年版，第5页。

贤、瞒心昧己、刻剥成家、刁唆争讼、向背乖宜、妒人亲近、妄说是非、逞凶横行、恃势凌善，及一切奸盗邪淫等证。依方修治，无不应验。

孝顺十分，阴骘全用，恩惠随施，慎言一味，仔细十分，忠直一块，安分时用，戒淫去心，仁义广用，老实一个，好心一片，小心一点，戒赌洗净，信行全用，和气一团，方便不拘多少，热肠一条，忍耐百个。

右药用心细研，加波罗蜜为丸，如菩提子大，随时引用益友三个，平心汤徐徐温服。切忌笑里刀，暗中箭，平地风波。

（岁光绪丙子春，予往杭州采药，偶憩西陵路亭，见贴应验良方一张，载云其方来自化人府劝人县灵山会上《大藏经》中，专治一切性情之病。惜其字颇残缺，因揭归每于缺处补以己意，特附卷末，仰体先哲一片婆心，以博济于无穷也。然则后之阅是方者，更当何如乐善耶！又予之所厚望也。贞庵氏谨识。）

歌曰："紫府仙人授宝方，洗心涤虑养真汤，世间用得诸般药，万祸千灾化吉祥。"[1]

张正，字贞庵，别号药樵，浙江人，所撰《外科医镜》成书于光绪癸未年（1883）。《洗心涤虑良方》与《心药方》的主体内容庶几无异。张正所谓"化人府劝人县"，这不过是文人常有的故弄玄虚的又一例子，典型的"子虚乌有"的另一说法，无须多加揣测。倒是"灵山会上《大藏经》中"值得注意，因为这实际上是暗示《洗心涤虑良方》来自佛门禅寺，光绪丙子乃西元1876年，据此可以推知《心药方》是1876年以前从佛门中流传出来的。

钩沉致远，功夫不负有心人，终于在明代宗本禅师编撰的《归元直指集》中发现《无际大师心药方》，其全文内容是：

---

[1] 曹炳章：《中国医学大成》第25册，上海科学技术出版社1990年版，第44—45页。案：《中国医学大成》第25册辑录《正体类要》《外科证治全生集》《外科选要》《外科医镜》《疠科全书》《痰疠法门》共6本书，各书单独编排页码。

第三章　青原行思禅法的考源

大师谕世人曰：凡欲齐家、治国、学道、修身，先须服我十味妙药，方可成就。

何名十味？好肚肠一条，慈悲心一片，温柔半两，道理三分，信行要紧，中直一块，孝顺十分，老实一个，阴骘全用，方便不拘多少。此药用宽心锅内炒，不要焦，不要躁，去火性三分。于平等盆内研碎，三思为细末，六波罗蜜为丸，如菩提子大。每日进三服，不拘时候，用和气汤送下。果能依此服之，无病不瘥。

忌言清行浊，利己损人，暗中箭，肚中毒，笑里刀，两头蛇，平地起风波，已上七件速须戒之。

此前十味，若能全用，可以致上福上寿，成佛作祖；若用其四五味者，亦可以灭罪延年，消灾免患；各方俱不用，后悔无所补，虽有扁鹊卢医，所谓病在膏肓，亦难疗矣。纵祷天地，祝神明，悉徒然哉。况此方不误主顾，不费药金，不劳煎煮，何不服之？

偈曰："此方绝妙合天机，不用卢师扁鹊医。普劝善男并信女，急须对治莫狐疑。"①

《归元直指集》是明初净土宗徒编辑的书籍，前面有鹿园居士万表撰写的序言，内中说："延庆一元本禅师，幼习儒，长从释。悟彻性宗，专修净土，诚乃稠人中之知识也。由是利他心切，集成此书。一日过我山居，特请为序……隆庆年次四月佛降生日。"② 据圣严法师考证："在净土人的史传资料中，没有发现明末延庆寺的'一元宗本禅师'，倒发现了宋朝的'圆照宗本禅师'。在有关圆照宗本的资料中，又未发现撰有《归元直指》的记载。也许正由于如此，又加上万表的序末缀有'隆庆'年号，《卍续藏》的编者们，便将之标为明代

---

① 参见《归元直指集》第87条，《卍新纂续藏经》第61册。
② 参见《归元直指集》序，《卍新纂续藏经》第61册。

的人物了。李卓吾的《净土决》，对于宗本禅师的《归元直指集》，极为欣赏。可见不论宗本是宋人或明人，《归元直指集》的出现，当在李氏的《净土决》之先。李氏已是明末早朝人物，宗本的时代，当然更早。"① 李贽（1527—1602），明代著名思想家，号卓吾，别号温陵居士、百泉居士等。"隆庆"是明穆宗（1567—1572）的年号，据此可推知，《归元直指集》大约是这个时段成书的，其所辑录的《无际大师心药方》也应该是此前不久的作品。

查禅宗史书，发现明初有位了悟禅师法号"无际"。清代高僧山铎真在编撰的《径石滴乳集》中说："普州道林月幻无际明悟禅师，别号蚕骨，蜀之安岳通贤镇莫氏子，年二十出家……一日，峰为师更号无际。"② 无际明悟，又称无际了悟，字子云。明代王英在《无际禅师塔铭》中说："正统丙寅夏四月朔旦示寂……师讳了悟，无际其号，蜀潼川州安岳县人……终年六十六岁，僧腊四十八。"③ 王英，永乐进士，正统十三年（1448）官南京礼部尚书，与无际了悟禅师为同时代人，所记当为可信。正统丙寅为1446年，上推无际了悟禅师生年则为1381年。

无际了悟禅师名重四方，同时代的一些名士对他有一些记载。胡濙在《无际塔院序》中说："无际禅师精通内典，见性明心，道誉播闻遐迩，堪为后学规模。朝廷准奏，驿召至京，俾为宗师。升坛说法，允胁舆情，从之者如归市，诚足以见名实相符。其在西蜀阐道之时，人咸称为大善知识。故四方禅衲闻风趋向，虽隔数千里之外，不惮山川险阻，必往造参请，求其印证，剖觉疑团，究竟生死。无际则随其高下浅深，相机开发。聆其馨欬者，如甘露洒心，顿觉清凉；如良药疗病，遽忘沉痼。莫不欢欣踊跃，以为得证三乘而超三界矣。"④

---

① 圣严法师：《明末佛教研究》，宗教文化出版社2006年版，第90—91页。
② （清）山铎真在：《径石滴乳集》卷1，《禅宗全书》第24册，第24页下栏、25页上栏。
③ 龙显昭主编：《巴蜀佛教碑文集成》，巴蜀书社2004年版，第235页。
④ 同上书，第236页。

苗衷的《道林寺碑记》也说:"师端悫以立功,虚寂以证道,诚临济之正宗也。将见道林与黄梅、曹溪角立而为三矣"①

无际了悟禅师曾有《道林录》传世。周忱《道林无际禅师语录记》:"《道林录》者,无际禅师之语录也。师之为学,接临济单传之旨,而超诣乎广大圆融之域,似可无事乎语言文字之末矣。是编所录,盖记其平日功夫次第之详,与其所以开示迷误而直指心源之要法也。"② 可惜,无际了悟禅师的《道林录》没有流传下来。又明英宗在《赐祭无际宗师了悟》中说:"尔早游空门,坚持戒律。比膺召命,擢为宗师,方振法音,化人为善,溘然圆寂,良可悼嗟!"③

胡濙、苗衷、周忱和明英宗都是无际了悟同时代人,言词中虽有夸张的成分,但大体还是可信的。他们对无际了悟的述评辉映着《心药方》的内容。最为弥足珍贵的是,明朝幻轮禅师编纂的《释鉴稽古略续集》确切地记载:"无际禅师,讳悟。本蜀人。二十出缠。专坐参究念佛……师有《心药方》行于世。"④ 因此,《心药方》可以断定为明代无际了悟禅师的作品。

根据《心药方》出现的年代,它的内容和风格,以及无际了悟禅师(1381—1446)禅师的作风和能力,可知《心药方》是无际了悟禅师所作,而同时代人的记载也明白地确认了这一点。后人之所以把《心药方》当作无际大师石头希迁的作品,实乃张冠李戴,把明代的无际大师混淆为唐代的无际大师了,因为前者不如后者著名。

《心药方》非石头希迁所作,这是否意味着整个事件的演变就是一出无厘头的滑稽戏呢?持这种观点倒也无可厚非,但这样审查历史的话就不能领悟其中的妙谛。如果能换一种心态来品味其间的变迁,

---

① 龙显昭主编:《巴蜀佛教碑文集成》,巴蜀书社2004年版,第237页。
② 同上。
③ 同上书,第238页。
④ (明)幻轮:《释鉴稽古略续集》,《大正藏》第49册,第944页中栏。《释鉴稽古略续集》,是明代续元代觉岸的《释氏稽古略》而编著:体裁上,延续《稽古略》的编年体;时间上,《稽古略》从中国三皇五帝开始至南宋灭亡元朝建立,《续稽古略》则承接而上,从元世祖至元元年(1335)记至明熹宗天启七年(1627)。

可以发现这宗公案其实于无意识中自然而然地显露出中国历史和文化的某些特征和本质，因为它妙就妙在把《心药方》冠在无际大师石头希迁的名下，并且派生出不同版本并衍生出许多故事。这就从另一个方面说明，人们潜意识地认为青原禅系初期宗师们乃博学多识、忧国济民的高僧大德。

第四章　青原行思公案的考析

北宋曹洞宗高僧丹霞子淳在颂扬本派开山祖师青原行思时说："卓尔难将正眼窥，迥超今古类难齐。苔封古殿无人侍，月锁苍梧凤不栖。"① 青原行思及其禅法的高迈和落寞，在其十二代法孙丹霞子淳这首《庐陵米价颂》诗中得到淋漓尽致的表现。由于禅宗灯录体史书不注重介绍人物生平背景的传统，使得那些高僧大德们超凡脱俗的真知灼见，有如吉光片羽，让人难以得其要旨。再加上我国传统主流文化对佛教比较排斥，史书关于青原行思记载多是一鳞半爪，其中很多是让人难以捉摸的公案，这都使得青原行思的历史面貌若隐若现、模糊不清，未能得到很好的诠释，成为解决我国早期禅宗发展史问题的瓶颈。

徐文明说："禅宗有一套独特的话语体系……只有熟悉其话语体系者，才能窥其门墙，达其堂奥。后代往往引用前代机缘语句，很多时候是意引或者化用，只有了解整个禅宗史，尤其前代宗承，才能读懂。"② 青原行思的禅法尤其很难把握，很难把握并不是就不能诠释。笔者不才，但希望能做个"细心人"，对青原行思及其嗣法弟子的几则公案稍作辨析阐释，以作理解青原禅法之路径。

---

① （宋）丹霞子淳撰，（宋）庆预校勘：《丹霞子淳禅师语录》，《禅宗全书》第41册，第51页上栏。

② 徐文明：《唐五代曹洞宗研究》，中国社会科学出版社2012年版，第3页。

第一节 "行思金针"判高下[①]

禅宗自我标榜"不立文字,教外别传;直指人心,见性成佛",意指透过自身实践,从日常生活中直接掌握真理,最后达到真正认识自我。禅宗祖师运用各种教学方法,以使学徒达到这种境界,这又称开悟。与这种作风和传统密切相关,早期禅宗不太重视文字叙述,导致其历史变得迷雾重重。据禅宗史书记载,行思在青原山弘法传教时,他的师弟菏泽神会来拜访,从而留下禅宗历史上一宗著名的公案。

一 文本叙述之优劣

菏泽神会参禅青原行思的公案在主要的禅宗史书,如《祖堂集》、《景德传灯录》和《五灯会元》都有记载,下文试以三书对该公案的记载稍作对比阐释,禅宗早期历史甚为模糊的发展脉络或能借此得到些许理顺。

《祖堂集》卷三《靖居和尚》记载如下:

> 师问神会:"汝从何方而来?"曰:"从曹溪来。"师曰:"将得何物而来?"会遂振身而示。师曰:"犹持瓦砾在。"会曰:"和尚此间莫有真金与人么?"师曰:"设使有,与汝向甚么处着?"[②]

《景德传灯录》的对该公案的讲述稍有不同:

[①] 本节内容曾以《"真金"还是"金针"——"神会来参"公案语录考辨》为题首刊于《江西社会科学》2011年第5期,以《"神会来参"版本意蕴对释》为题首刊于《江西社会科学》2011年第2期,现整合迻录于此,内容略有改动。

[②] (南唐)静、筠二禅师:《祖堂集》,孙昌武等点校,中华书局2007年标点本,第156—157页。

第四章　青原行思公案的考析

菏泽神会来参。师问曰："什么处来？"会曰："曹溪。"师曰："曹溪意旨如何？"会振身而已。师曰："犹滞瓦砾在。"曰："和尚此间莫有真金与人否？"师曰："设有，与汝向什么处着？"（玄沙云："果然。"云居锡云："只如玄沙道。果然，是真金，是瓦砾？"）①

《五灯会元》卷五《青原行思禅师》对该公案的记载又有些微区别：

菏泽神会来参。师问："甚处来？"曰："曹溪。"师曰："曹溪意旨如何？"会振身而立。师曰："犹带瓦砾在。"曰："和尚此间莫有真金与人？"师曰："设有，汝向甚么处着？"（玄沙云："果然。"云居锡云："只如玄沙道，果然。是真金？是瓦砾？"）②

"神会来参"公案看似非常浅显，实则含义极其幽深，唯有放在禅宗的语境和历史中才能得到较为准确的理解。《祖堂集》《景德传灯录》《五灯会元》对该公案的记载看起来大同小异，其实表述的些许不同在字里行间却渗透着众多信息，隐藏着禅宗早期发展史的一些真相。为着叙述的方便，本小节下文《祖堂集》简称《祖堂》，《景德传灯录》简称《景德》，《五灯会元》简称《五灯》。三部著作中值得注意的地方大致可归纳为七点，按前后顺序獭祭如下。

（一）公案发生的场景

《景德》和《五灯》相同，皆说"神会来参"，强调神会问道求学于行思，暗含着一种不平等的关系。《祖堂》则无此层意思，只是一种中性的叙述，言"师问神会"，表达出神会与行思二者之间较为平等的关系。

---

① （宋）道原：《景德传灯录》，《永乐北藏》第153册，第314页。
② （宋）普济：《五灯会元》，苏渊雷点校，中华书局1984年标点本，第254页。

(二) 行思对神会的考问

《祖堂》的记载是"将得何物而来",《景德》和《五灯》相同,是"曹溪意旨如何"。两种表述应该说是同一个意思,但若结合当时的历史背景来考辨,严格说来还是有些区别:《祖堂》表达的是行思对神会的一般考查,只是简单地问他从六祖慧能那里学到什么,是否掌握六祖禅法的精髓;《景德》和《五灯》则似乎表现出行思在心态上以六祖的嫡传正统自居,有居高临下、盛气凌人的态势,这不合行思的一贯作风。

(三) 神会对行思考问的反应

《祖堂》的记载是"会振身而示",《景德》是"振身而已",《五灯》是"振身而立"。三种表达的重心分别在"示"、"已"和"立"字。《祖堂》的表述较为平淡,只是一种简单的应答,与前文的"师问神会"相契合。《景德》和《五灯》则带有较强的感情色彩,渲染神会振身摄衣,流露出对六祖肃然起敬,表现出不自然的姿态,从而表明他还没有彻悟。

(四) 行思对神会回答的评价

《祖堂》是"犹持瓦砾在",《景德》是"犹滞瓦砾在",《五灯》是"犹带瓦砾在"。这三种表述,以《祖堂》为佳,《景德》其次,《五灯》最次。因为《祖堂》只是批评神会是一个拖泥带水的人,在六祖那里虽然有所斩获,但对六祖禅法精髓的理解还只是一知半解,并未完全掌握。《景德》的记载表现出行思对神会批评过于严厉,不合他俩当时的修炼境界。《五灯》则连带着批评了六祖,暗含着对自己的否定,在逻辑上行不通。

《康熙字典》卯集中《手字部》说:"持,《唐韵》直之切,《集韵》《韵会》澄之切,并音治";又巳集上《水字部》:"滞,《唐韵》《集韵》《韵会》《正韵》并直例切,音彘。"[①] 可见持和滞在古代发

[①] (清)张玉书等编撰,(清)王引之等校订:《康熙字典》,上海古籍出版社1996年版,第397、632页。

音相近，《景德》应该是因为音近而将"持"讹作"滞"，导致前后文意不畅。《五灯》应该是发现《景德》的问题之后，再从字形的角度将"滞"改为"带"，文句虽然通顺了，文理却有更大的问题。

（五）神会对行思批评的反应

《祖堂》和《五灯》相同，是"和尚此间莫有真金与人么"，《景德》是"和尚此间莫有真金与人否"。两种表述中，《祖堂》和《五灯》流露出神会对行思的询问色彩；《景德》则含有质疑的意味，感情色彩相比而言较为强烈。但是，中华书局2007年版《祖堂集》注者说，在其原本里"真金"写作"金真"，现通行本据《景德传灯录》等书改成。这是一个大问题，下文将详细分析。

（六）行思对神会反问的应对

《祖堂》的记载是"设使有，与汝向甚么处着"，《景德》是"设有，与汝向什么处着"，《五灯》是"设有，汝向甚么处着"。《说文通训定声》解释说："设，发声之词，《史记·魏其武安侯传》'设百岁后'，《索隐》'脱也'；《法言·重黎》'设秦得人如何'，注：假也。按：与用使字同。"① 这句话在三个版本中有两处不同的地方：其一，《五灯》的表述是"设使有"，可翻译为"假如使我有的话"；《祖堂》和《五灯》的是"设有"，可以解释为"假如我有的话"。其二，《祖堂》和《景德》有"与"字，而《五灯》没有"与"字。"与"字可以做介词，意思是"对于"或"于"。故而"与汝向甚么处着"侧重的是针对神会本人；"汝向甚么处着"则还有适用于其他人的意思，与前文相互矛盾。由此可知，三种记载中以《祖堂》的记载为最佳。

（七）玄沙师备和云居清锡的评价

《祖堂》无玄沙师备和云居清锡禅师的评价，《景德》和《五灯》的表述相同。上面引文中《景德》和《五灯》的标点不同，《景德》乃笔者所标点，《五灯》是中华书局1984年版的标点。

---

① （清）朱骏声：《说文通训定声》，中华书局1984年版，第639页。

玄沙师备（835—908），又号宗一禅师，唐末五代名僧。《祖堂集》卷十《玄沙和尚》说："玄沙和尚嗣雪峰，在福州。师讳师备，俗姓谢，福州闽县人也。"明代天启丙寅（1626）暮春传曹洞正宗东越云门寺住持湛然圆澄禅师在为《玄沙师备禅师语录》撰写的序言中也说："玄沙大师远传鹫岭，近接曹溪。为石头之亲孙，作雪峰之真子。心印列祖，教贯楞严。"他有语录三卷传世，详称《福州玄沙宗一大师广录》，又称《玄沙大师语录》。云居山清锡禅师的身世不详，当稍晚于玄沙师备禅师，据《景德传灯录》记载："洪州云居山清锡禅师，泉州人也，初住龙须山广平院……次住云居山……后住泉州西明院。"①

古人撰文不加标点符号，后人如何断句将影响对文意的理解。玄沙师备和云居清锡都是唐末五代青原系的禅宗高僧，距离行思和神会去世的年代不是太久，期间佛教和禅宗各派系势力歇绝消长各各不一。玄沙师备在评点"神会来参"公案时说"果然"，这是用真金和瓦砾来分别譬喻行思和神会，云居清锡赞同玄沙师备的观点，并进一步发挥，从历史演变的角度来进行说明。因此，他的话宜断为"只如玄沙道。果然，是真金，是瓦砾？"这句话可以翻译为："全都像玄沙师备所说。历史的发展已经证明，青原行思和菏泽神会两人到底谁是真金，谁是瓦砾？"

青原行思和菏泽神会在中国宗教史上具有重要的地位和影响。但由于各自原因，早期禅宗的历史甚为模糊，各文本对同一事件或人物的记载往往有所不同。通过对《祖堂集》《景德传灯录》《五灯会元》对"神会来参"公案记载之差别的详细考查可知：由于重抄录取信的传统，我国早期禅宗史书诸文本中重复部分甚多，而所余内容也是真伪掺杂，瑕瑜互见。概而言之，早出的《祖堂集》较为质朴可信，中出的《景德传灯录》则带有较强的感情色彩，在表述上失真较为严重，而晚出的《五灯会元》又对它做了某种程度的修正，较为翔实。

---

① （宋）道原：《景德传灯录》，《永乐北藏》第154册，第204页。

认识到早期禅宗史书的这一特点，将有助于人们研究禅宗早期的人物，还原禅宗历史的真相，进而重构我国古代历史文化的图景。

二 措辞意境之分析

菏泽神会来到访青原行思公案中，"和尚此间莫有真金与人么"是最为关键一句，其句眼是"真金"一词。有人将它解释为黄金，如《中国禅宗语录大观》把这句话翻译为："和尚您这儿可有真金给人吗？"①《禅宗灯录译解》对这句话则进行了如下的演绎：

> 神会一听师兄这样说他，便反问："难道和尚这里有纯金给人吗？"说我有瓦砾，你有纯金吗？这话也问得不简单。行思禅师却说："若有的话，你还到什么地方去住呢？"行思的话是承认自己这里没纯金有瓦砾，但意思却与神会的"有瓦砾"不同。神会是境界不到，拖泥带水的"有瓦砾"，行思自己的有瓦砾是房舍的瓦砾，可以住人……你光要黄金，就无处可安身了。②

将"神会来参"公案中的"真金"解释为"黄金"，好像行思和神会哥俩掉进钱眼里，是十足的追逐铜臭之徒，这是明显的望文生义。佛教是出世的宗教，对于金钱和财富的观点非常明确，反对教徒拥有金钱和财富，认为教徒实现涅槃的途径要靠自己修行。同时佛教还认为，人世间的利益之争会干扰人们修行，人拥有金钱和财富会陷入利益的争夺，应该舍弃。

青原行思和菏泽神会都是佛教历史上传宗立派的伟大人物。明人邹德溥在《大修青原净居寺疏》中说："（思公）仰传无相之衣，于初祖为耳孙；俯传无尽之灯，于西江为鼻祖。"③《祖堂集》对神会的

---

① 袁宾：《中国禅宗语录大观》，百花洲文艺出版社1991年版，第40页。
② 礼山等：《禅宗灯录译解》，山东人民出版社1994年版，第260页。
③ （清）笑峰大然：《青原志略》，段晓华、宋三平校注，江西人民出版社1998年标点本，第165页。

评价也极高，说他参师六祖后："因此自传心印，演化东都，定其宗旨。南能北秀，自神会现扬。曹溪一枝，始芳宇宙。"① 现代禅宗研究的主要奠基人胡适甚至认为："南宗的急先锋，北宗的毁灭者，《坛经》的作者——这是我们的神会。在中国佛教史上，没有第二个人有这样伟大的功勋，永久的影响。"② 行思和神会都位居六祖的五大弟子之列，神会因在北方弘扬慧能顿悟禅法灭渐悟北宗的功绩而被唐朝政府敕封为禅宗七祖，行思则被公认为六祖嫡传而被世人尊为禅宗七祖。在他们正儿八经地讨论禅宗主旨的时候，神会居然会向行思讨要黄金，这真是匪夷所思的事情。因此，将真金解释为黄金，恐怕不合原文意思。

从化学角度讲，黄金的熔点不高，但稳定性很好，不容易与其他物质发生化学反应，不必担心会氧化变色。即使是在熔融状态下也不会氧化变色，冷却后照样金光闪闪。同时黄金在熔融状态下的挥发也很少，可忽略不计。所以，黄金即使是烧化了，冷却后得到的金块还和烧前的黄金颜色重量相同，没有氧化丢失。因为黄金的这种特征，人们经常用它来譬喻尊贵、贵重、难得、持久、坚固、有光泽等，俗语说"真金不怕火炼"即这个意思。传统上多数学者也是从这个譬喻的角度去解释"神会来参"这个公案，把神会理解为瓦砾之辈，行思乃真金之人。如明代张汝霖在《题重修七祖塔殿并待月桥》中说："留真金于种性，掷瓦砾于招提。"③ 上文所引《景德传灯录》和《五灯会元》的话中玄沙师备禅师和云居清锡禅师对行思和神会的评价也是持这种见解。

《宋高僧传》评价行思说："濡润厥躬，贞谅其性。出尘之后，纳戒已还，破觚求圆，斫雕为朴，厥志天然也。"④ 综观行思的生世业

---

① （南唐）静、筠二禅师：《祖堂集》，孙昌武等点校，中华书局2007年标点本，第159页。
② 胡适：《菏泽大师神会传》，氏著《禅学指归》，金城出版社2013年版，第131页。
③ （清）笑峰大然：《青原志略》，段晓华、宋三平校注，江西人民出版社1998年标点本，第163页。
④ （宋）赞宁：《宋高僧传》，范祥雍点校，中华书局1987年标点本，第198页。

绩，这个评价是非常中肯贴切的。另据《景德传灯录》记载：

> 吉州青原山行思禅师，本州安城人也，姓刘氏。幼岁出家，每群居论道，师唯默然。后闻曹溪法席，乃往参礼。问曰："当何所务即不落阶级？"祖曰："汝曾作什么？"师曰："圣谛亦不为。"祖曰："落何阶级？"曰："圣谛尚不为，何阶级之有？"祖深器之。会下学徒虽众，师居首焉。亦犹二祖不言，少林谓之得髓矣。①

行思与六祖的礼见参禅虽然比较内敛谨慎，但非常契合南禅超佛越祖的做派。《宋高僧传》对此给予了高度评价："一言蔽断，犹击蒙焉。"② 六祖对行思也极为赏识，即刻命为众僧之首座。青原行思"破觚求圆，斫雕为朴，厥志天然"，"圣谛尚不为"，却会视自己为金玉之质，而把曹溪高徒菏泽神会当作瓦砾之辈，这同样令人难以理解。

该公案的"真金"到底该作何解？禅宗讲究"直指人心，见性成佛"。作为传承道统、绍隆祖印的禅门宗匠，青原行思是明心见性的高僧。佛教中表述最凝练、含义最隽永、影响最深广的《般若波罗密多心经》亦即《心经》说："色不异空，空不异色；色即是空，空即是色；受想行识，亦复如是。"中国禅宗的真正创立者六祖慧能借以夺得五祖衣钵的偈颂也说："菩提本无树，明镜亦非台。佛性常清净，何处有尘埃！"③ 所以，毫无疑问，神会在被行思批评"犹持瓦砾在"之后，向他讨教的东西绝非一般之物，应是关乎南禅的秘籍真传。

日本著名高僧和禅学家福岛庆道说："禅同时被称为'悟的宗教'。所以，如果换个别的说法，那就是'悟无的宗教'，用更加易

---

① （宋）道原：《景德传灯录》，《永乐北藏》第153册，第314页。
② （宋）赞宁：《宋高僧传》，范祥雍点校，中华书局1987年标点本，第198页。
③ （唐）慧能：《坛经校释》，郭朋校释，中华书局1983年标点本，第16页。

懂的说法，可以说'禅是教大家如何以无的境界来生活的宗教。'"①福岛庆道的见地无疑非常渊粹，青原行思向菏泽神会的耳提面命正体现出他对于"空"和"无"的见解和彻悟。

上海古籍出版社影印高丽覆刻本2011年版："和尚此间莫有金真与人么？"②中华书局2007年版《祖堂集》点校者说在其原本里"真金"写作"金真"，现通行本据《景德传灯录》等改成。③如果是这样，那就给人们理解这段公案以新视角，因为"金真"可以理解为"金针"之讹误。汉许慎《说文解字》："真，侧邻切"；"鍼，职深切"；"深……式针切"④。鍼，通俗地写作针。据此可以推知，"真"与"针"的发音非常相近。古代由于出版业比较落后，在书写中发生讹误混淆，将"金针"写作"金真"是可以理解的。

类似现象在同一公案其他的语句中也可得到佐证。禅宗典籍中该公案另一稍有差别的地方是行思对神会评价的表述不同：《祖堂集》说是"犹持瓦砾在"，《景德传灯录》说是"犹滞瓦砾在"，《五灯会元》说是"犹带瓦砾在"。三个版本，一字之差，意境迥异。前文已经论述，但于此可见古文中因为音近形似而导致行文错讹是常有的现象。

金针在佛教语境中具有特殊含义。丁福保《佛学大辞典》"金针"条说："（菩萨）金刚针之略，曼陀罗中之菩萨名，见金刚针菩萨条。"⑤又"金刚针菩萨"条说："（菩萨）Vajrasuei，胎藏界第十虚空藏院二十八尊之一，手执独钴。独钴之形似针，故曰金刚针。《大日经疏》五曰：'素支译云金刚针，持一股拔折罗以为标

---

① ［日］福岛庆道：《禅是无的宗教》，高立译，河北教育出版社1996年版，第85—86页。
② （南唐）静、筠二禅师：《祖堂集》，上海古籍出版社影印高丽覆刻本，2011年，第56页。
③ （南唐）静、筠二禅师：《祖堂集》，孙昌武等点校，中华书局2007年标点本，第157页。
④ （汉）许慎：《说文解字》，九州出版社2001年版，第468、842、630页。
⑤ 丁福宝编纂：《佛学大辞典》，文物出版社1984年版，第673页二栏。

帜。此拔折罗是一相一缘坚利之慧，用此贯彻诸法无所不通，故名金刚针也。'"① 又"独钴"条说："（物名）又曰独钴杵，真言师所用之金刚杵也，钴为股之借字。金刚杵之独，头谓之独钴；分为三股，谓之三钴；分为五股，谓之五钴；分为九股，谓之九钴。原为西土之武器。独钴者，标帜大日如来独一法界之智。"② 又"金刚杵"条说：

（物名）梵语伐折罗 Vajra，原为印度之兵器。密宗假之，以标坚利之智，断烦恼，伏恶魔。其两头单独者，谓之独股；分三枝者，谓之三股；分五枝者，谓之五股；分九枝者，谓之九股。以金石或木材作之，有大中小之三品……金刚杵者，菩提心义。能坏断常二边，契中道。中有十六菩萨位，亦表十六空为中道。两边各有五股五佛五智义。亦表十波罗蜜，能摧十种烦恼，成十种真如，便证十地。③

可见金针最初为和尚云游所用之金刚杵，原为用来防身的武器。又"金刚"条说：

（术语）Vajra，梵语缚日罗（日或作日通用），一作跋折罗，译言金刚。金中之精者，世所言之金刚石是也……《三藏法数》五曰："金刚者，金中最刚，故云金刚。"《大藏法数》四十一曰："梵语跋折罗，华言金刚。此宝出于金中，色如紫英。百炼不销，至坚至利，可以切玉，世所希有，故名为宝。"《南本涅槃经》二十二曰："如金刚宝置之日中，色则不定，金刚三昧亦复如是。"据此则知金刚为透明体。《智度论》五十九，说摩尼宝珠为帝释所执金刚之碎片，曰："有人言：是帝释所执金刚用与阿

---

① 丁福宝编纂：《佛学大辞典》，文物出版社1984年版，第667页二栏。
② 同上书，第1345页三栏。
③ 同上书，第657页四栏—658页一栏。

修罗斗时,碎落阎浮提。"可以证其为宝石矣。①

在佛教里,金刚因其最坚利,无坚不摧而不自伤,常用来比喻最上乘之智慧,《金刚般若波罗蜜经》亦即《金刚经》中的金刚就是这个意思。很明显,金针乃大力金刚针菩萨之省称,喻指利智超人最锋利之器。北宋中印度僧人法称所撰《金刚针论》开篇即说:"如婆罗门言,众典之内,四《围陀》正。又于此中,念为其正;又此念中,能所诠正;又于此中,能诠为正。唯此最上,无法过此。"②法称所言金刚针,即此意,俗语所谓"金针度人",亦即此意。

"金针"喻指利智度人最锋利之器,在唐代并不鲜见,与青原行思(673—740)和菏泽神会(684—758)相去不远的唐代大诗人白居易(772—846)即曾作《金针诗格》,说他接触佛教之后而愈除其诗病:

> 居易贬江州,多游庐山,宿东西二林,酷爱于诗。有《闲吟》云:自从苦学空门法,销尽平生种种心。惟有诗魔降未得,每逢风月一闲吟。自此,味其诗理,撮其体要,为一格目,曰《金针集》。喻其诗病而得针医,其病自除。诗病最多,能知其病,诗格自全也。金针列为门类,示之后来,庶览之者犹指南车,而坦然知方矣。③

到宋代时,这种做法更是屡见不鲜,《五灯会元》中就有很多这样的例子,如该书卷十三《洞山良价禅师》、卷十四《宝峰惟照禅师》记载:

> 纲要偈三首,一、敲唱俱行偈曰:"金针双锁备,叶路隐全

---

① 丁福宝编纂:《佛学大辞典》,文物出版社1984年版,第656页四栏—657页一栏。
② (宋)法称:《金刚针论》,《大正藏》第32册,第169页中栏。
③ (唐)白居易:《金针诗格》,文渊阁四库全书本。

该。宝印当风妙,重重锦缝开。"二、金锁玄路偈曰:"交互明中暗,功齐转觉难。力穷忘进退,金锁纲鞔鞔。"三、不堕凡圣〔亦名理事不涉〕偈曰:"事理俱不涉,回照绝幽微。背风无巧拙,电火烁难追。"

上堂:"伯夷隘,柳下惠不恭,君子不由也。二边不立,中道不安时作么生?"拈拄杖曰:"鸳鸯绣出从君看,不把金针度与人。"①

清代三山灯来《五家宗旨纂要》卷中:

曹洞家风:君臣道合,正偏相资;鸟道玄途,金针玉线;内外回互,理事混融;不立一法,空劫以前;自己为宗,良久处明之。②

按照上述考辨,"神会来参"这则禅宗公案可以作如下理解:师弟神会路过青原山,借宿靖居寺,与师兄行思切磋禅学。行思考验神会对六祖佛法宗旨的理解,神会振身而立以示尊崇,从而表明自己尚未彻悟。于是,行思批评神会未达南禅顿悟最高境界,亦即一丝不挂和四大皆空的境界;在六祖门下有所斩获,于顿悟宗旨却还只是一知半解,虽除尘埃,仍持瓦砾。很明显,这里的瓦砾是相对于尘埃或灰尘而言,因为振身摄衣可以把身上的灰尘除去,但不能把手中握的或袋中装的瓦砾甩掉。这个公案与黄金毫不相干。神会受了师兄行思的批评,也知道他得了六祖的真传,因此向他讨要禅门弟子人人亟欲得之的最高度人之法——这又证明神会是个没有了悟的南禅弟子,从而说明菏泽宗乃六祖法嗣的旁支,反证青原系才是曹溪法门的嫡传。鼓山圭禅师《庐陵米价颂》说:"庐陵米价少知音,佛法商量古到今。绣出鸳央任人看,无端却要觅金针。"③ 鼓山圭禅师所言"无端却要

---

① (宋)普济:《五灯会元》,苏渊雷点校,中华书局1984年标点本,第785、892页。
② (清)灯来撰,性统编:《五家宗旨纂要》卷中,《禅宗全书》第35册,第342页。
③ (宋)法应集,(元)普会续集:《禅宗颂古联珠通集》,《禅宗全书》第85册,第97—100页。

觅金针",当是讽刺菏泽神会之类的人。面对师弟的糊涂问题,行思委婉而明确地告诉他,金针是不存在的,唯有无住自性和随机应变才是南禅法宝——这就犹如现代某些国家的不管部大臣或无任所相,说是不管部或无任所,其实是不专管某一方面政务,而是什么方面要管,可以插手各部事务。胡适《禅宗的方法》说:"道不可告,告即不得。以不告告,是真告敕……此即所谓的'不说破'。"① 胡适所说禅宗方法的"不告",就是不存在。当作如是解,方合顿悟旨。

《辞海》"金针"条和《辞源》"金针度人"条,引金元好问《遗山集》卷十四《论诗》诗之三"鸳鸯绣了从教看,莫把金针度与人"为证,称后人指"授人某种技术的诀窍"。但据吴宗海考证,《五灯会元》卷十四《宝峰惟照禅师》的记载是"金针度人"的最早出处,并说:"看来释家对女之绣花,特别是非物质文化遗产绣鸳鸯的秘法、诀窍,加以抽象,而又趋于保守,作为不传之秘。"② 吴宗海对禅宗的历史和宗旨了解得并不充分,故而其解释给人隔靴瘙痒之感。宋高僧黄龙慧南说:"阳乌啼时天大晓,白云开处月初圆。鹫峰峰下诸禅客,休把金针半夜穿。"③ 历代高僧大德们并非故弄玄虚把金针"作为不传之秘",而是金针实际上根本就不存在。苏格拉底说:"我唯一所知的,就是我一无所知。"④ 可见,关于世界本源,并不是东方哲学家认为源出于无,西方哲学初祖也持同样的观点。

吴宗海考证也不确切。《新唐书·艺文志》记唐严子休著有《桂苑丛谈》一卷传世。严子休,自号冯翊子。《桂苑丛谈·史遗》说:

郑代,肃宗时为润州刺史。兄侃,嫂张氏,女年十六,名采娘,淑贞其仪。七夕夜陈香筵祈于织女,是夕梦云舆雨盖蔽空,

---

① 胡适:《禅宗的方法:道不可告,告即不得》,氏著《禅学指归》,金城出版社2013年版,第228页。
② 吴宗海:《"金针度人"原意与出处》,《文史杂志》2006年第5期。
③ (宋)黄龙慧南撰,(宋)九顶慧泉编:《黄龙慧南禅师语录》,《禅宗全书》第41册,第741页。
④ 张法:《从四句哲学名言看西方哲学的特质》,《中国政法大学学报》2013年第4期。

驻车命采娘曰："吾织女，祈何福？"曰："愿丐巧耳。"乃遗一金针，长寸余，缀于纸上，置裙带中，令："三日勿语，汝当奇巧。不尔，化成男子。"……竟陵僧有于水滨得婴儿者，育为弟子。稍长，自筮得《蹇》之渐繇曰："鸿渐于陆，其羽可用为仪。"乃姓陆氏，字鸿渐，名羽。及冠，有文章，多意思，耻一物不尽其妙。得煎茶之法，著于世。①

《桂苑丛谈》"金针"之故事，具有浓厚的佛家说教痕迹，而后一则所记是竟陵僧收养弃儿育为茶圣陆羽故事，因此笔者甚疑郑代故事乃根据佛教故事改编演绎而成。又"郑代肃宗时为润州刺史"，唐肃宗是756—761年在位，距离行思生活年代很近，这也可以侧证行思时代"金针"一词被广泛使用。

唐代诗人胡曾《戏妻族语不正》说："呼十却为石，唤针将作真。忽然云雨至，总道是天因。"②胡曾是今湖南邵阳人，生卒年、字号不详（约840—?）。湖南地接江西，两地口音相近，至今湘东都属于赣方言区。从胡曾的诗可以看出，针和真的发音在唐代容易混淆。

"金针"一词，由最初指代印度僧人云游自卫的坚利武器，再转喻为高僧大德度世超人的无上智慧，然后又转变为刺绣绘花之细针软线，最后又摇身变为赋诗作文之神技秘诀，其表现其内涵由世俗化而神圣化，再神圣化而庸俗化，最终庸俗化而艺术化，其整个过程"腐朽"和"神奇"多次变换，令人大为惊叹，不得不叹服历史造化之神功。

综上所述，"神会来参"公案中，菏泽神会向青原行思的讨教的正确表述应该是"和尚此间莫有金针与人么？"而不是通常所说"和尚此间莫有真金与人么？"当前流行的《祖堂集》版本对该处的改动，甚可斟酌，很可能是离真相越来越远。

---

① （唐）冯翊子：《桂苑丛谈》，文渊阁四库全书本。
② （唐）胡曾：《戏妻族语不正》，《全唐诗》卷870，上海古籍出版社1986年版，第2130页下栏。

青原行思临终前向石头希迁有一番传授，据此可以知道，所谓禅宗内传的"密旨"就是"无"。"无"即是"万有"，就要求学僧在佛教原则下无所不学，顺道而作，无为而无不为，这才是真正的南禅宗旨。

三　粃糠神会之启迪

杜继文等人说："首先提到行思并为之作传的是《祖堂集》……关于行思的思想，《祖堂集》只让他扮演一个粃糠神会的角色。"① 他们的观点无疑具有合理性，可惜没有进一步深入研究，丧失窥探历史潜行密运的机会。笔者不揣谫陋，试强为之解。

荷泽神会因其将六祖慧能顿悟禅推广到北方，为南禅在北方的传播立下巨大贡献；又因其为唐朝政府筹募军费，为镇压安史之乱立下汗马功劳，最终被唐朝政府敕封为"禅宗七祖"，使慧能赢得禅宗六祖合法地位，这是学术界已经证明承认的历史。也就是说，在南禅早期历史上，荷泽神会是被承认为六祖慧能的法嗣嫡传。

出乎当时人意料的是，神会之泽"五世而斩"，依圭峰宗密《禅门师资承袭图》所述，荷泽宗之师资相承为神会—法如—南印—道圆—宗密，但依近年的研究，发现实际的师资相承应为净众—神会—南印—道圆—宗密。② 无论根据哪种观点，总之荷泽宗"虽震动一时之人心，而卒归于消沈歇绝"③。

荷泽宗法脉断绝，这为南禅史学家们带来巨大的尴尬，若承认荷泽神会是慧能的大宗嫡传，就意味着六祖禅法是残破缺损，不堪耐用，没有生命力。而实际上，荷泽宗"五世而斩"以后，仍然有大量僧人戴着曹溪禅的帽子生存，并很快成为中国佛教的大宗主流。在这种情况下，否定荷泽神会是慧能的大宗嫡传，而把他看作偏门旁支，

---

① 杜继文、魏道儒：《中国禅宗通史》，江苏古籍出版社1993年版，第275页。
② 参见聂清《荷泽宗研究》，巴蜀书社2003年版。
③ 陈寅恪：《冯友兰〈中国哲学史〉下册审查报告》，氏著《金明馆丛稿二编》，生活·读书·新知三联书店2001年版，第283页。

就成为解决慧能南禅道统危机的唯一做法。此一重任，曹溪门下诸宗匠哪个能承担，舍行思而无余人堪任。即此而言，行思在宋代以后被普遍尊为"禅宗七祖"，应是不孚众望而实至名归。

《宋高僧传》卷八《唐洛京荷泽寺神会传》说："居曹溪数载，后遍寻名迹。开元八年，敕配住南阳龙兴寺。续于洛阳大行禅法，声彩发挥。先是，两京之间皆宗神秀，若不淰之鱼鲔附沼龙也。从见会明心六祖之风，荡其渐修之道矣。南北二宗时始判焉，致普寂之门盈而后虚……会之敷演，显发能祖之宗风，使秀之门寂寞矣。"又同卷《唐韶州南华寺慧能传》说："弟子神会若颜子之于孔门也。"[①] 通过上述考证可知，赞宁此论恐不确。征诸禅宗和儒家的发展史来分析，神会之于慧能，应该类似于子贡之于孔子；怀让之于漕溪，类似于曾参之于洙泗；七祖之于六祖，才类似于复圣之于至圣，更确切地说，行思于禅宗而言，应该是儒家颜回和卜商的综合体。

胡适曾经为菏泽宗中绝不传而打抱不平，说神会费了毕生精力，打到了北宗，建立了南宗为禅门正统，居然成了第七祖。但后来禅宗的大师都出于怀让和行思两支的门下，而神会的嫡嗣，除了灵坦、宗密之外，很少大师。临济、云门两宗风行以后，更无人追忆当日出死力建立南宗的神会和尚了。在《景德传灯录》等书里，神会只占一个极不重要的地位。他的历史和著述，埋没在敦煌石室里，一千多年中，几乎没有人知道神会在禅宗史上的地位。历史上最不公平的事，莫有过于此事的了。[②] 为什么这样一位革命成功的大功臣神会，居然会被历史埋没了一千多年呢？为什么《传灯录》《五灯会元》等禅宗史书的百分之九十九以上的地位全让怀让、行思两个不见于《坛经》，不见于当时史迹的和尚的子孙占据了呢？神会一系被埋没的最重要原因是：在他大胜利之后，全国的佛教宗派（除了天台一系）又都纷纷造历史，造传法世系表，来做攀龙附凤的工具了。[③] 据本书的考证，

---

① （宋）赞宁：《宋高僧传》，范祥雍点校，中华书局1987年标点本，第179—180、175页。
② 胡适：《菏泽大师神会传》，氏著《禅学指归》，金城出版社2013年版，第126页。
③ 胡适：《禅宗史的真历史与假历史》，氏著《禅学指归》，金城出版社2013年版，第201页。

真实的禅宗发展史可能并不像胡适所言那样。

菏泽宗在文化融合方面不如石头宗雄浑娴熟,在实干苦修方面不如洪州宗脚踏实地,完成自己的历史使命之后,随着社会的发展演变,被历史淘汰是早晚必然的事情。此后南禅五家七宗中,沩仰宗、云门宗、法眼宗和黄龙宗都曾兴盛一时,尔后中绝不传,也是同样的道理,只不过是将石头宗改作曹洞宗,洪州宗改作"临济正宗"杨岐派而已。

清代庆忠铁壁《五宗断》说:"用临济而不通曹洞,则类野狐;用曹洞而不通临济,则落教网。是必济洞兼通,则云门、沩仰、法眼在其中矣。"① 世界潮流,浩浩荡荡,"近虽有人焉,欲然其死灰;疑终不能复振。其故匪他,以性质与环境互相方圆凿枘,势不得不然也"②。所谓"济洞兼通",便是合学士与草民为一体的"士民禅"——由此而去看明代江右王门孜孜不倦于"满街都是圣人"③,难道不让人产生"似曾相识燕归来"的眼熟之感吗?

白居易在《与元九书》中说:"自登朝来,年齿渐长,阅事渐多,每与人言,多询时务,每读书史,多求理道,始知文章合为时而著,歌诗合为事而作。"④ 西方也有类似的说法,意大利著名历史学家贝奈戴托·克罗齐即有个著名的观点:"每项真历史都是当代史。"⑤ 史学之父司马迁说"通古今之变,成一家之言",历史研究要昌明国粹,

---

① (清)灯来撰,性统编:《五家宗旨纂要》,《禅宗全书》第35册,第319页。
② 陈寅恪:《冯友兰〈中国哲学史〉下册审查报告》,氏著《金明馆丛稿二编》,生活·读书·新知三联书店2009年版,第283—284页。
③ (明)王守仁:《王文成全书》卷3,文渊阁四库全书本。
④ (唐)白居易:《白居易集》卷45,顾学颉校点,中华书局1999年版,第962页。
⑤ 这句话在道格拉斯·安斯利的英译本中的原文是:"every true history is contemporary history"。(Benedetto Croce, History: Its Theory and Practice, Authorized Translation by Douglas Ainslie, China Social Science Publishing House, 1999, p.12.) 傅任敢把它译为"一切真历史都是当代史"。(《历史的理论和实际》,商务印书馆1982年版,第2页。) "every true history"固然可以译作"一切真历史",但并不是很精确,而且容易引起歧义。根据上下文的背景,译作"每项真历史"较妥,且与它的谓语"is"相一致;一切对应的英文是all,而它的谓语是are。傅任敢的译文被广泛讹传为"一切历史都是当代史"。这真是一字之差,谬以千里,完全背离了克罗齐的本意。

融化新知，以便古为今用，洋为中用，服务当下，协同万邦。历史研究并不是要钻故纸堆，与现实社会脱节，历史研究的着眼点在当下。

据现代史学巨擘柳诒徵的理论，我国文化史发展大致分为3个阶段：自远古至两汉，是为中华民族本其创造之力，由部落而建设国家，构成独立文化之时期；自东汉至明代，是为佛教文化输入中国与中国固有文化由抵牾而融合之时期；自明代至民国，是为中印两种文化均已就衰，而远西之学术思想、宗教政法依次输入，相激相荡而卒相合之时期。①

佛教中国化和马克思主义中国化是我国历史上两大吸收同化外来文化的伟大运动。我们党和政府历来大力推进马克思主义中国化时代化大众化，马克思主义是欧美文化的优秀成果。现代共产主义发展史中苏联的垮台，类似于唐代佛教中国化进程中菏泽宗中绝的一幕。当代学人如何圆满地解释共产主义运动发展史，或许可以从五代两宋禅师们处理菏泽宗中断问题的做法中汲取经验。

第二节　"庐陵米价"映繁露②

青原行思留下的史料不多，《祖堂集》青原行思本录收录公案唯有两段，除"秕糠神会"公案之外，便是那大名鼎鼎的"庐陵米价"公案。《祖堂集》卷三《靖居和尚》记载：

僧问："如何是佛法大意？"师曰："庐陵米作摩价？"③

庐陵米价公案只有区区17个字，简简单单的两句对话，貌似平

---

① 参见柳诒徵《中国文化史》，吉林人民出版社2013年版。
② 本节内容曾以《农禅角度的"庐陵米价"诂》为题首刊于《农业考古》2009年第4期，现整合移录于此，内容有增改。
③ （南唐）静、筠二禅师：《祖堂集》，孙昌武等点校，中华书局2007年标点本，第156页。

淡而实则含义隽永。《禅宗颂古联珠通集》卷九《清源行思禅师》收录青原行思公案6则①，"庐陵米价"虽然最简短，但颂古诗偈最多，达到十九首之多，其他的一般只有五六首，少的只有一二首，由此可见它在禅宗历史上的重要性。

历代学者对这一著名公案的阐释要么泛泛而论，要么语焉不详，本节试图根据师承互考、友朋旁参、别史相校和后人研究，对它做一番的考查和阐释。

一　前人解释

"庐陵米价"公案持续引起世人关注，北宋高僧黄龙宗创始人黄龙慧南对它也有阐发：

> 示众云：有利无利，不离行市。镇州萝卜头即且置，庐陵米价作么生？若善其价，可谓终日吃饭，未曾咬破一粒米。苟若不知，他时后日，有人索上座饭钱在。莫言不道《庐陵米价》：庐陵米价逐年新，道听虚传未必真。大意不须岐路问，高低宜见本行人。②

现代学者对这则公案也有不同的解读。袁宾说："禅法难以用语言叙说，却又体现在日常生活的每一件小事上，这是本则语录给人的一点启示。"③《禅宗灯录译解》认为："佛法无处不在，米价的贵贱也有佛法。"④ 这些解释似乎都有些道理，但恐怕都未及实质。

明末著名禅师颛愚《七祖塔》诗说："曹溪承密印，来住青原山。质直心无巧，平常语未艰。云深迷鸟道，溪远隔人间。千载重新日，应知不等闲。"⑤ 行思的确不是寻常之辈，庐陵米价平淡的对答中到底

---

① （宋）法应集，（元）普会续集：《禅宗颂古联珠通集》，《禅宗全书》第85册，第97—100页。
② （宋）惠泉：《黄龙慧南禅师语录》，《禅宗全书》第41册，第739页上栏。
③ 袁宾：《中国禅宗语录大观》，百花洲文艺出版社1991年版，第40页。
④ 礼山等：《禅宗灯录译解》，山东人民出版社1994年版，第260页。
⑤ （明）方以智：《青原志略》，张永义点校，华夏出版社2012年标点本，第238页。

第四章 青原行思公案的考析

蕴含着什么玄机呢？

青原行思留下的史料极为稀少。俗话说，不知其父，视其子；不知其人，视其友。因此，我们可以通过与同时代人的比较来解读这个公案。禅宗高僧大德们最爱以佛法意旨问题来考问勘验他人的悟禅境界，志乘中类似公案数不胜数，试举当事人与青原行思有密切关系的两个例子来说明问题。

其一是南阳慧忠禅师的公案。慧忠禅师的地位非同一般，他与青原行思并列六祖慧能的五大高足之内。据《祖堂集》卷三《慧忠国师》记载：

僧问："如何是佛法大意？"师曰："文殊堂里一万菩萨。"僧曰："学人不会。"师曰："大悲千手千眼。"[1]

另一例则与青原行思的唯一嗣法弟子石头希迁有关，据《祖堂集》卷四《石头和尚》记载：

僧问："如何是祖师西来意？"师曰："问取露柱去。"僧曰："不会。"师曰："我更不会。"[2]

三个公案中的问题是相同的，三个回答也都旨在了断问者妄念，但慧忠的回答看似毫无厘头，希迁的回答有如巧耍滑头，唯行思的回答大有来头，三个答案境界的高下却可立判。在禅宗语境中，万法唯心，佛法是无所不在、变动不居的。因此，行思以米价譬喻佛法，较之慧忠的菩萨和希迁的露柱要远为高明贴切。

董仲舒《春秋繁露·五行相胜》："木者，司农也……木者，君之

---

[1] （南唐）静、筠二禅师：《祖堂集》，孙昌武等点校，中华书局2007年标点本，第163页。

[2] 同上书，第199页。

官也，夫木者，农也，农者，民也。"① 青原行思"庐陵米价"公案是否与《春秋繁露》这番议论有关系，因为史料缺乏而难以考证。但据本书考证，青原行思精通《周易》，青原禅法与易学有密切关系，则"庐陵米价"公案无疑辉映着《春秋繁露》的重农思想，而董仲舒所论也为人们理解该公案提供一个新的易学视角。此外，青原行思《参同契》说："眼色耳声音，鼻香舌咸醋。然于一一法，依根叶分布。"② 青原行思用树木譬喻禅法，表明它在青原禅法中的重要性。

南宋著名禅师大慧宗杲曾作《庐陵米价颂》曰："老青原，没缝罅。向佛法，酬米价。差毫厘，成话把。无面目，得人怕。"③ 诚哉斯言！空灵婉转且妙法圆融达此境界者，曹溪众门人舍思其谁？尽管如此，庐陵米价问题恐怕远没有这么简单，它应当还有更深层意义的功能，即标示禅宗的法统。

二 禅史意蕴

青原系在早期的禅宗志乘中并无突出地位，行思甚至不见史传，即便在《宋高僧传》中也只是依附于义福禅师而未单独立传。《祖堂集》是最古老的灯录体禅宗史书，乃青原系门徒所著，稍后晚出的与之一脉相承的《景德传灯录》获得钦定的正统地位，开启标榜行思乃南禅嫡传的传统。

这则公案唯有放在整个禅宗历史中进行考查，才能领略其中妙旨。说到米，熟知禅宗历史的人自然很容易想起六祖慧能到黄梅山礼拜五祖弘忍后舂米的故事。据《坛经》记载，慧能参五祖弘忍礼拜问答之后，五祖有意栽培他，"遂遣慧能于碓房，踏碓八个余月"④。晚出的《五灯会元》更是添油加醋，神乎其神地对这一情节做大量

---

① （汉）董仲舒：《春秋繁露》第59，文渊阁四库全书本。
② （南唐）静、筠二禅师：《祖堂集》，孙昌武等点校，中华书局2007年标点本，第201页。
③ （宋）大慧宗杲：《大慧普觉禅师语录》卷10，《禅宗全书》第42册，第308页。
④ （唐）慧能：《坛经校释》，郭朋校释，中华书局1983年标点本，第8页。

第四章　青原行思公案的考析

发挥：

> 祖知是异人，乃诃曰："着槽厂去。"卢礼足而退，便入碓坊，服劳于杵臼之间，昼夜不息。经八月，祖知付授时至……逮夜，祖潜诣碓坊，问曰："米白也未？"卢曰："白也，未有筛。"祖于碓以杖三击之。卢即以三鼓入室。祖告曰："诸佛出世为一大事，故随机大小而引导之，遂有十地、三乘、顿渐等旨，以为教门。然以无上微妙、秘密圆明、真实正法眼藏付于上首大迦叶尊者，展转传授二十八世。至达摩届于此土，得可大师承袭以至于今，以法宝及所传袈裟用付于汝。善自保护，无令断绝。听吾偈曰：'有情来下种，因地果还生。无情既无种，无性亦无生。'"卢行者跪受衣法。①

承上②是如此，启下又怎样呢？六祖晚年所收最具龙象之徒是石头希迁，在自己顺世前夕仍年幼未出道，于是将他托孤给行思。据《祖堂集》卷四《石头和尚》记载：

> 时六祖正扬真教，师世业邻接新州，遂往礼觐。六祖一见忻然，再三抚顶而谓之曰："子当绍吾真法矣！"与之置馔，劝令出家，于是落发离俗……六祖迁化时，师问："百年后某甲依什摩人？"六祖曰："寻思去。"③

石头希迁投奔青原山后，行思全心全意地栽培他，将所有的心血倾注在他身上。据《祖堂集》记载，他俩也有一段关于米粥的经典故

---

① （宋）普济：《五灯会元》，苏渊雷点校，中华书局1984年标点本，第51—52页。
② 参见李小荣《六祖"踏碓"寓意简说》，载陈荣庆、杨永俊主编《江西宗教文化研究丛编（一）》，江西人民出版社2017年版，第11—20页。
③ （南唐）静、筠二禅师：《祖堂集》，孙昌武等点校，中华书局2007年标点本，第195—196页。

事，其内容如下：

> 思和尚见师异于常人，便安排于西夹，日夕只在和尚身边。其师形貌端正，足人是非，直得到和尚耳里。和尚得消息，向师曰："汝正是。"师便应喏。第二日，粥鼓鸣了，在西夹里坐，伸手取粥。厨下僧见其钵盂，寻来。元来其师取和尚粥，众人知是其人安排。凡夫不识圣人，谤和尚，又毁师。阖院一齐上来，于和尚前收过。思和尚向师曰："从今已后，第一不得行此事。你若行此事，是你正眼埋却也。"不难师。①

这祖孙三代关于米的故事衔接得如此天衣无缝，其间的草灰蛇线当引人注意。

我国古代是以农立本的国家，清代雍正皇帝有一段话可说这一传统的最好注脚："我国家休养生息，数十年来，户口日繁，而土地止有此数，非率天下农民竭力耕耘，兼收倍获，欲家室盈宁，必不可得……朕观四民之业，士之外，农为最贵。凡士工商贾，皆赖食于农，以故农为天下之本务，而工贾皆其末也。今若于器用服玩，争尚华巧，必将多用工匠。市肆之中多一工作之人，即田亩之中少一耕稼之人。"我国古代重农思想达到痴迷的地步，以至于后来迷失前进方向。1793 年乾隆皇帝在致英国国王的信中说："天朝物产丰盈，无所不有，原不假外夷货物以通有无。特因天朝所产茶叶、磁器、丝斤为西洋各国及尔国必需之物，是以加恩体恤，在澳门开设洋行，俾得日用有资，并沾余润。"②

佛教原始教义厌恶人身，轻视生产劳动。僧人生活来源一是施主

---

① （南唐）静、筠二禅师：《祖堂集》，孙昌武等点校，中华书局 2007 年标点本，第 196—197 页。按：这段文字的表述在各文本中稍有差异。中华书局 2007 年版《祖堂集》有两处不同的地方：其一，"（思和尚）向师曰：'汝正时是。'"多了个"是"字；其二，"'……你若行此事，是你正眼埋却也不难。'师受戒后……"中州古籍出版社将该文本分属于两句的"不难师"拈出独成一句。本书结合两个版本优点而作处理。

② 参见梁廷枏等《粤海关志》卷23，文海出版社有限公司 1975 年影印版。

的布施，一是政府的供奉，因而成为社会的特殊寄生阶层。禅宗的中国化除了表现在学理上的儒道佛合流之外，还体现在它的组织形式与禅行生活中。其中特别值得提出来的是它的农禅并作，经济上自给自足。任继愈先生说："禅宗思想中国化，首先在于它从生活方式和生产方式上中国化。"[①] 我国古代以农为本和重农思想在佛教方面的体现，就是禅宗的农业化，亦即通常所说的农禅。青原行思着意强调关系到国计民生的粮食问题，"庐陵米家"公案正是农禅思想的鲜明体现。

行思之后对农禅组织和制度进一步完善的是百丈怀海。怀海是洪州宗的创立者马祖道一的嗣法弟子，长期驻锡江西奉新的百丈山，为禅修者制定一系列的制度，史称"百丈清规"。其中在农作方面实行"普请"制度，他自己也身体力行。据《五灯会元》卷三《江百丈怀海禅师》记载：

> 师凡作务执劳，必先于众，主者不忍，密收作具而请息之。师曰："吾无德，争合劳于人？"既遍求作具不获，而亦忘餐。故有"一日不作，一日不食"之语流播寰宇矣。[②]

怀海的建制深刻地影响此后禅宗的发展。据元代纂定《敕修百丈清规》说："普请之法盖上下均力也。凡安众处有必合资众力而办者，库司先禀住持，次令行者传语首座维那，分付堂司行者报众挂普请牌。仍用小片纸书贴牌上云（某时某处），或闻木鱼或闻鼓声。各持绊膊搭左臂上，趋普请处宣力。除守寮直堂老病外，并宜齐赴。当思古人一日不作一日不食之诫。"[③]

杜继文认为："洪州系着力在禅行上独辟蹊径，从而带动禅宗整体走上新途的，乃是道一最主要的弟子百丈怀海。他所完成的农禅体

---

① 洪修平：《禅宗思想的形成与发展》，江苏古籍出版社2000年版，第384页。
② （宋）普济：《五灯会元》，苏渊雷点校，中华书局1984年标点本，第136页。
③ （元）德辉：《敕修百丈清规》卷6，《禅宗全书》第81册，第77页下栏—78页上栏。

系，在中国禅宗史上具有划时代的意义，也是整部中国通史中的重要事件。农禅发端于道信，开拓于弘忍，直到怀海，才将禅行与农作融合为一，并在制度上巩固起来。此后禅宗的发展，在极大限度上决定其与农作的结合。"①

洪州宗与青原行思有深刻的关系。宋代高僧惠洪说："马祖道一者，受让记莂，卜邻青原久之，遂终于石门，让实使之。"② 卜邻意谓精心慎重地选择邻居。惠洪见人所未见，发人所未发，一语点破江湖玄机，实在是高明。明代著名藏书家祁承㸁《重修青原寺疏》说："盖闻曹溪一滴，普遍十方。法嗣嫡传于青原，宗风并盛于南岳。殆千灯之散耀，遂五叶以敷荣。鉏斧句新，提唱剑锋之迅；石头路滑，炉锤针芥之投。"③ 又明人李日宣《题青原山三殿琉璃瓦疏》说："倒护一树荆于石头，根拂半壁；上接五叶花于鹫岭，灯传几家。殿角风生铃铎，说无尽之旨；桥池水满金碧，泛未有之光。"④ 这就道明了行思与石头希迁和马祖道一之间的关系，亦即他不仅是禅宗青原系的创始人，对洪州禅也具有重要影响。

"庐陵米价"公案成为后世僧人参学的典范。《祖堂集》卷十《镜清和尚》：

> 镜清和尚嗣雪峰，在越州。师讳道宣，温州人也。师初入闽，参见灵云，便问："行脚大事如何指南？"云云："浙中米作摩价？"师曰："泊作米价会。"⑤

禅宗史上还有一则著名的"麻三斤"公案。这则公案的唐末主角

---

① 杜继文、魏道儒：《中国禅宗通史》，江苏古籍出版社1995年版，第251—252页。
② （宋）释惠洪：《注石门文字禅》，[日]释廓门贯彻注，张伯伟等点校，中华书局2012年标点本，第1355页。
③ （明）方以智：《青原志略》，张永义点校，华夏出版社2012年标点本，第169页。
④ 同上书，第172页。
⑤ （南唐）静、筠二禅师：《祖堂集》，孙昌武等点校，中华书局2007年标点本，第466页。

是洞山守初禅师，他是云门宗创立者文偃的法子，青原行思的七世法孙。《五灯会元》卷十五《潭州福严良雅禅师》载"麻三斤"公案，内容如下：

> 潭州福严良雅禅师，居洞山第一座。山参次，僧出问："如何是佛？"山答曰："麻三斤。"参罢，山至寮谓师曰："我今日答这僧话，得么？"曰："恰值某净发。"山曰："你元来作这去就。"拂袖便出。师曰："这老汉将谓我明他这话头不得？"因作偈呈曰："五彩画牛头，黄金为点额。春晴二月初，农人皆取则。寒食贺新正，铁钱三五百。"山见，深肯之。①

这个公案有不同的解释，宋代高僧佛果圆悟曾经总结多种说法："人多作话会道，洞山是时在库下称麻，有僧问，所以如此答；有底道，洞山问东答西；有底道，尔是佛，更去问佛，所以洞山绕路答之。死汉！更有一般道，只这麻三斤便是佛。且得没交涉。"②但从引文可以看出，洞山守初禅师是刻意以"麻三斤"作答"如何是佛"的，所以上述几种解释可能不大正确。而且引文特别说明洞山守初禅师赞许福严良雅禅师的农禅诗，因此，"麻三斤"有如"庐陵米价"一样，洞山守初是秉持其祖师青原行思的传统，强调禅宗要着意关注民生。所以，佛果圆悟会说："这个（麻三斤）公案，多少人错会，直是难咬嚼，无尔下口处……只这麻三斤，一似长安大路一条相似，举足下足，无有不是。"③此外，为何是麻三斤，而不是麻二斤或麻四斤，这或许是古人织一件衣服大约要用三斤麻。所以，洞山守初禅师的意旨在于告诫世人应珍惜民时物力，勿作浪费。

茶叶是中国人的一大发明，茶文化是中国人对世界的一大贡献。

---

① （宋）普济：《五灯会元》，苏渊雷点校，中华书局1984年标点本，第978页。
② （宋）圆悟克勤：《碧岩录》第2卷，尚之煜校注，中州古籍出版社2011年标点本，第71页。
③ 同上书，第70—71页。

禅宗公案自然少不了与茶的关系，这就是历史上著名的"吃茶去"公案。史载其内容如下：

> （赵州从谂禅）师问新到："曾到此间么？"曰："曾到。"师曰："吃茶去。"又问僧，僧曰："不曾到。"师曰："吃茶去。"后院主问曰："为甚么曾到也云吃茶去，不曾到也云吃茶去？"师召院主，主应喏。师曰："吃茶去。"①

赵州即现在河北省的赵县，唐代高僧从谂禅师就是这里柏林寺的住持，它看似与江西相隔千万里，实则有割不断的因缘。江西的禅寺很早就种植茶叶。宋人朱彧说："江西瑞州府黄檗绝品，士大夫颇以相饷。所产甚微，寺僧园户竞取他山茶，冒其名以眩好事者。黄鲁直家正在双井（黄庭坚的老家，即现修水县双井镇），其自言如此。"②云居山真如寺是曹洞宗的祖庭，寺内出产的"攒林茶"久负盛名。1993 年 4 月，赵州柏林寺方丈净慧法师专程赴江西省永修县云居山，要把山上的茶树请回赵州。净慧法师作《云居山请茶开示》时充满深情地说："我们为什么一定要从云居山赵州茶呢？别处的茶树也许更宜在赵州生存繁殖，可是和赵州没有关系。明天去云居山就会知道，真如寺的第一道三门就是赵州关。只有进入赵州关才能进入真如寺。赵州和尚行脚到云居山时，正是云居道膺在此开法。道膺禅师是曹洞宗的第二代，和曹山本寂禅师同师于洞山良价。但曹山这一脉没有传下来，曹洞宗是云居道膺传下来的，所以云居是曹洞宗道场。那时道膺比赵州和尚年轻，他对赵州说：'何不觅个住处？'赵州反问道：'什么处住得？'云居说：'面前在古寺基。'这番对答就是云居道膺见赵州和尚的一关。赵州和云居山的关系这么深，我们从云居山取茶苗，意义非同小可。"③ 所以，赵州茶是江西农禅思想的发扬光大。

---

① （宋）普济：《五灯会元》，苏渊雷点校，中华书局 1984 年标点本，第 204 页。
② （宋）朱彧：《萍洲可谈》卷 2，文渊阁四库全书本。
③ 余悦：《禅林法语的智慧境界》，《农业考古》2001 年第 4 期。

云居山真如寺不仅开启了赵州茶,它还是青原行思禅法的主要传续者。中国佛教协会现任主席一诚法师说:"千二百年来,真如寺一直秉承'农禅并重'的优良传统。道膺禅师(853—902年)树百丈家风,开农禅先河。法如禅师召集四方僧众,弘扬'农禅并重','披蓑侧立千峰外,引水浇蔬五老前'。颙愚关衡禅师,在率众如法修持的同时,倡导不靠'外缘'的生活。大家艰苦朴素,齐心劳作……近代禅宗泰斗虚云老和尚,1953年来云居山复兴祖庭,第二年春即成立'僧伽农场',领众开垦荒地,造田种稻,植树造林,砍竹伐木,加工产品及修复重建寺院。自1981年4月以来,真如禅寺逐步恢复完善了传统的'农禅并重'的生活。"[1] 正因为真如寺在历史和当代为中国佛教做出了巨大贡献,它被誉为全国三大模范丛林之一。

通过上文的历史考查和公案释读,可以发现江西禅宗的巨匠宗师们极其重视农业,以"庐陵米价"、"麻三斤"和"赵州茶"三个著名公案以及"百丈清规"为代表的教诲,提醒世人注重农业生产、珍惜民生物力和体验田园生活,鞭策着后世学人不要忘记禅宗的根本,从而在农禅的理念和制度发展及完善方面做出巨大贡献,推动禅宗的中国化一步步地完成,而且这种优良作风一直延续至今。

三 精神发挥

"粃糠神会"和"庐陵米价"两个公案,《祖堂集》将"粃糠神会"公案安排在前面,"庐陵米价"公案排在后面;《景德传灯录》和《五灯会元》则将它们的顺序颠倒,这恐怕不是一种随意的改动,其中当有深意。

《论语·颜渊》记载:

> 子贡问政。子曰:"足食,足兵,民信之矣。"子贡曰:"必不得已而去,于斯三者何先?"曰:"去兵。"子贡曰:"必不得

---

[1] 一诚:《在云居山真如寺建寺1200周年庆典法会上的讲话》,《丛林》第32期。

已而去，于斯二者何先？"曰："去食。自古皆有死，民无信不立。"①

《祖堂集》成书于952年，该书青原行思本录的内容，体现五代禅僧对唐代禅宗发展史的反思，并试图对唐代禅宗不同派别的兴衰起落做一合理的解答。这种安排符合"子贡问政"的精神。晚出的《景德传灯录》和《五灯会元》将"粃糠神会"和"庐陵米价"公案排序颠倒，更能体现孔子"足食足兵"的理念，这是禅师们对禅宗历史重大问题给出的灯录式解答。

又长灵守卓禅师："庐陵米价播诸方，高唱轻酬力未当。觌面不干升斗事，悠悠南北谩猜量。"三祖宗禅师："庐陵米价知不知？合下相酬两莫亏。君信入廛空返者，到头只是爱便宜。"张商英（1043—1121）是宋代著名的亲佛教宰相，临济宗印可的俗家弟子，熟悉禅宗历史和北宋世俗禅悦之内情。其《青原七祖塔》诗说："一派青原出少林，信衣到此只传心。寻常示众无人会，尽向庐陵米价寻。"②

六祖慧能临终时曾郑重地向学人交代自己的法门宗旨，据《坛经》记载：

门人问："大师今去，留付何法？令后代人如何见佛？"六祖言："汝听！后代迷人，但识众生，即能见佛；若不识众生，觅佛万劫不得见也。"③

---

① （宋）朱熹：《论语集注》颜渊第十二，氏著《四书章句集注》，中华书局1983年标点本，第134—135页。
② 萧东海等编注：《历代诗人咏庐陵》，江西高校出版社2006年版，第46页。
③ （唐）慧能：《坛经校释》，郭朋校释，中华书局1983年标点本，第108页。张汝林说："从庐陵问米价，似欲借一口以吸西江。"（张汝霖："题重修七祖塔殿并待月桥"，《青原志略》卷七《疏引》）"一口吸尽西江水"是马祖道一的著名禅宗公案，比喻不可能的事情，意在告诫学人不要对佛门宗旨作胡思乱想，上述三个禅宗公案的目的也在此。但把行思的意思理解为"佛法无处不在，米价的贵贱也有佛法"，这恐怕过低地估计了行思大师的境界。

六祖念兹在兹的是众生的幸福。王阳明任庐陵知县时诣青原礼拜七祖，力倡"知行合一"和"学以致用"。另传，20世纪70年代末，万里主政安徽时试行家庭联产承包责任制，有人责问不合《人民日报》宣传，万里反问《人民日报》管饭吗？可见古今圣贤心是相通的。"庐陵米价"这一看似入世而悖佛家宗旨的千古谜语，实乃深契"曹溪一滴，普润天下"，是印度佛教中国化的显著表现。

"庐陵米价"公案的经典对白，如果用当前话语来表达，或许可以写作：

学生问："什么是共产主义？"井冈山大学校长说："吉安的房子是什么价格？"

在工业革命进行数百年，工人阶级执政百余年（案：自俄国"十月革命"算起）之后，僧人如果继续坚持垦山拓荒、栽禾种稻、售米鬻粥，则不免给人"不知有汉，无论魏晋"之感。僧伽倘若与时俱进，佛教能够从农禅阶段过渡到工禅社会，则此诚为禅宗之德、佛门之光、华夏之幸和世界之福。

第三节 "杼轴绝岳"冠群侪[①]

禅宗早期发展史不甚明了，多有疑点。《宋高僧传》有石头希迁的传记，《永乐北藏》、《乾隆大藏经》[②]、《大正新修大藏经》[③]、《禅宗全书》[④]、上海古籍版《高僧传合集》[⑤]、中华书局版《宋高僧传》[⑥]

[①] 本节内容曾以《石头希迁"杼载绝岳"考辨》为题首刊于《法音》2020年第1期，现整合迻录于此，内容有增改。
[②] （宋）赞宁：《宋高僧传》，《乾隆大藏经》第114册，第310页。
[③] （宋）赞宁：《宋高僧传》，《大正藏》第50册，第764页上。
[④] （宋）赞宁：《宋高僧传》，《禅宗全书》第29册，第278页。
[⑤] （南朝梁）慧皎等：《高僧传合集》，上海古籍出版社2011年版，第438页。
[⑥] （宋）赞宁：《宋高僧传》，范祥雍点校，中华书局1987年标点本，第209页。

等当前所见各书，内容基本相同，仅少数几处表述略有出入。《希迁传》有一处文字，各版本之表述皆相同，然甚为可疑，历来解释稍显牵强。

在上述各版本中，《永乐北藏》为当今所见最古之书，现据其记载来展开论述。《永乐北藏》第 150 册《宋高僧传》卷九《习禅编第三之二·唐南岳石头山希迁传》说：

> 天宝初，始造衡山南寺。寺之东有石，状如台，乃结庵其上。杼载绝岳，众仰之，号曰石头和尚焉。初岳中有固、瓒、让三禅师，皆曹溪门下，佥谓其徒曰："彼石头真师子吼，必能使汝眼清凉。"由是门人归慕焉。①

这段文字的疑点在"杼载绝岳"。

一 "杼载绝岳"旧释

蔡日新《石头希迁行状系年考略》对此的解释是：

> "杼载绝岳"（约 743—745 年间）。《宋高僧传》卷九云，石头结庵于寺东之石上后，曾"杼载绝岳，众仰之"。对"杼载绝岳"如何理解？这倒是一个关涉希迁生平的问题。"绝岳"盖"绝于岳"之义，谓希迁之行止不出现于岳中，亦即禅门中所谓的"闭关"。"杼载"二字，辞书均不诠解，今查《经籍纂诂》《说文通训定声》，参合二家之义，取"杼，长也"之义。"杼载"者，乃"长年"之意。由此推论石头结庵后曾有过一段较长时间的闭关修持，这段时间既是他在青原那里契得曹溪心印后的禅悦受用，也是他为了将青原禅学思想理论建设得更为圆成，将青原禅门施设构想得更为成熟的阶段。②

---

① （宋）赞宁：《宋高僧传》，《永乐北藏》第 150 册，第 247 页。
② 蔡日新：《石头希迁行状系年考略》，载《船山学刊》总第 24 辑 1994 年增刊，第 95 页。

第四章　青原行思公案的考析

蔡日新晚出的网文《希迁行状系年考略》《天皇道悟禅师述略》①《"梁端"小考》②《重温〈参同契〉》③等文章袭用旧说，只是在几处文字表述方面稍作完善，兹不抄录。除了蔡日新之外，曾琦云在《石头希迁大师〈参同契〉心要论》中也说：

> 可见石头和尚正是大师苦修之称，"杼载绝岳"则是指大师长年隐居南岳，不出现于俗人之中，一人结草庵于石头上观心。《传灯录》记二祖慧可于达摩大师处得法后，"即于邺都随宜说法，一音演畅，四众归依，如是积三十四载。遂韬光混迹，变易仪相，或入酒肆，或过于屠门，或习街谈，或随厮役。"④

综上所述，将"杼载绝岳"释为长年隐居南岳，这在当前学术界具有一定的代表性。笔者认为，这种解释看似有理，实则与上下文意不大吻合。

"杼"的确有长之意，《小尔雅》释之甚详。⑤但将"杼载"解释为"长年"，好像并无其他权威例子可资征引，以作证明。此外，原文言"岳中有固、瓒、让三禅师"，皆为佛门一时宗匠，都以禅隐而闻名于世，卓锡衡山后基本未再离南岳，且懒残禅师（即瓒禅师）在这方面尤其著名⑥；后文又说"彼石头真师子吼，必能使汝眼清凉，由是门人归慕焉"。师通狮，师子吼即狮子吼，乃佛教讲法之譬喻，多形容佛（或菩萨）讲法如狮子威服众兽一般，能调伏一切众生（包括外道）。例如，《祖堂集》卷一《释迦牟尼佛》引《普曜经》说："佛初生时，放大光明，照十方界，地涌金莲，自然捧足，东南

---

① 蔡日新：《天皇道悟禅师述略》，载通灵佛教网—显密文库—禅宗（399）。
② 蔡日新：《"梁端"小考》，载佛教导航网—五明研究—佛学杂论，2009年4月11日。
③ 蔡日新：《重温〈参同契〉》，载博客人境遗民—《随感三则》，2015年11月5日。
④ 曾琦云：《石头希迁大师〈参同契〉心要论》，载弘善佛教网—佛教人物—佛家居士人物，2014年5月12日。
⑤ 参见杨琳《〈小尔雅〉今注》，汉语大词典出版社2002年版，第96—97页。
⑥ 懒残禅师的事迹，可参见宋代陈田夫《南岳总胜集》的相关记载。

西北各行七步，观察四方，一手指天，一手指地，作师子吼：'天上天下，唯我独尊。'"①《景德传灯录》卷第一《释迦牟尼佛》说："佛初生刹利王家，放大智光明，照十方世界，地涌金莲华，自然捧双足。东西及南北，各行于七步，分手指天地，作师子吼声：'上下及四维，无能尊我者。'"②用"师子吼"来形容石头希迁，这是一个极高的评价。

故此，从"长年隐居南岳"这个角度来看，和其他禅师相比，石头希迁并不具有优势，难以让已经是佛门宗匠的"固、瓒、让三禅师"敬服，以至于"由是门人归慕焉"。希迁固然是"端坐南岳石头多年"，但要做到"众仰之"，必然另有原因。

二 "杼轴绝岳"新解

笔者以为，"载"应是"轴"之讹误。《康熙字典》酉集下《车字部》说："轴，《广韵》《正韵》直六切，《集韵》《韵会》仲六切，并音逐。"又说："载，《广韵》《集韵》《韵会》《正韵》并作代切，音再。"③且二字都以"车"为偏旁部首，可见它们在古代音近形似，在活字板印年代里容易混淆。至于何时出的错，则颇难考究。蔡日新在《"梁端"小考》一文中认为，"端"疑为"台"之舛误，"梁端"或为"梁台"之讹误，亦是同样的道理。

杼轴，亦作"杼柚"，它是织布机上的两个部件，即用来持纬（横线）的梭子和用来承经（竖线）的筘，亦代指织机和纺织。后来又用来比喻诗文、绘画的构思和组织，如宋王炎《懒翁诗序》："其学贯穿经史，其文自出杼轴，不肯蹈袭，而终以不耦今老矣。"④明邹元标《明诏征承德郎礼部主客司主事泸潇刘公墓志铭》："公自幼雄

---

① （南唐）静、筠二禅师：《祖堂集》，孙昌武等点校，中华书局2007年标点本，第11页。
② （宋）道原：《景德传灯录》，《永乐北藏》第153册，第170页。
③ （清）张玉书等编撰，（清）王引之等校订：《康熙字典》，上海古籍出版社1996年版，第1302、1303页。
④ （宋）王炎：《双溪类稿》卷25，文渊阁四库全书本。

奇颖敏入,塾诸师馘而逊谢去。既负笈……遂自出杼轴,成一家言,诸人皆惊诧,以为异事。"①

杼轴又称机杼,如《魏书》卷八十二《祖莹传》:"文章须自出机杼,成一家风骨,何能共人同生活也。"宋代沈作喆《寓简》卷九:"文章固当以古为师,学成矣,则当别立机杼,自成一家,犹禅家所谓向上转身一路也。"②《祖堂集》卷三记有懒瓒和尚《乐道歌》,说:"吾有一言,绝虑忘缘。巧说不得,只用心传。更有一语,无过直与。细如毫末,大无方所。本自圆成,不劳机杼"。③

以上所引例子,杼轴都是形容文章的构思和组织高超巧妙。

绝,从糸、从刀、从卩(人),表示人用刀断丝,意为断、尽,后引申为极端的、独特的、少有的、无人能赶上的,成语"冠绝一时"即此意。

《景德传灯录》卷十四《南岳石头希迁大师》:"师著《参同契》一篇,辞旨幽濬,颇有注解大行于世。南岳鬼神多显迹听法,师皆与授戒……广阐玄化"④;该书卷三十又言"石头和尚《草庵歌》"⑤。

《南岳总胜集》卷中《南台禅寺》:"至唐天宝初,有六祖之徒希迁禅师游南寺,见有石状如台,乃庵居其地,故寺号南台……石头和尚著《参同契》《草庵歌》,善圆师刻于石。寺西有甘泉,透入僧厨,名之洗钵池。我朝太宗、真宗、仁宗三圣御书百余卷,石曼卿书'释迦文佛'四字在寺前石崖上。"⑥

惠洪觉范《石门文字禅》对石头希迁多有涉及,试举三列如下。《石头庵主居南岳仅三十年忽思还江南龙安作此寄三首》之三:"闹中抛掷亦奇哉,句里藏身活路开。生铁心肝含笑面,不虚参见作家

---

① (明)邹元标:《愿学集》卷5下,文渊阁四库全书本。
② (宋)沈作喆:《寓简》,文渊阁四库全书本。
③ (南唐)静、筠二禅师:《祖堂集》,孙昌武等点校,中华书局2007年标点本,第150—151页。
④ (宋)道原:《景德传灯录》,《永乐北藏》第153册,第602—603页。
⑤ (宋)道原:《景德传灯录》,《永乐北藏》第154册,第397页。
⑥ (宋)陈田夫:《南岳总胜集》卷中,光绪观古堂影宋本。

来。"又《次韵游南台寺》言:"青原生下一角麟,单丁住山须底物。试垂一语传不朽,阿师鈯斧成乾没。凭栏小立与僧语,浮云卷尽千峰出。永怀倔强韩退之,南迁正坐讥诃佛。山云开遮良偶然,自诧精神费诗律。阎侯爱山得云饶,胜处迟留多记述。慕韩每每手加额,见诗未读壁先拂。此公文不数班杨,微词天姿含宋屈。"还在《次韵偶题》中说:"钝拙无人着眼看,一庵睡快如梁端。那知高轩肯过我,终日笑语成盘桓。畏公笔力不可敌,坐令三峡回奔湍。威棱王(案:王当为玉之误)节照湘楚,夸声众口锋刃攒。此篇意气更倾写,句法超绝风格完。"①

传统观点认为,石头希迁著有《参同契》和《草庵歌》,这两篇诗歌是禅宗历史上的重要文献,不仅论义广博,哲理深刻,而且文笔优美,唐代便"注解大行于世",他本人在宋代还以"作家"名世,与大文豪韩愈、班固、扬雄、宋玉和屈原相提并论,甚至被誉为"释迦文佛",其文章被叹为"畏公笔力不可敌,坐令三峡回奔湍。威棱玉节照湘楚,夸声众口锋刃攒。此篇意气更倾写,句法超绝风格完",可见其斐然文采,为人钦敬膜拜久矣。

清代李元度纂《南岳志》卷十五《仙释二·石头希迁》说:"遂注《参同契》一卷。贞元六年示寂,德宗赐谥无际大师。国朝雍正十二年,加封智海无际禅师,遣有司致祭。"②唐德宗赐石头希迁"无际大师"谥号,清雍正帝更明确加封希迁为"智海无际禅师","无际"当是从庄子"吾生也有涯,而知也无涯"中引申出来,因为涯、际意义相通,这亦可侧证石头希迁是位知识渊博、禅见无际的大师。

《宋高僧传·希迁传》中的"杼载绝岳"当为"杼轴绝岳"之讹误,原文意思是石头希迁"文采冠绝南岳诸和尚"。如此解释,前后文意就比较顺畅,也与历史实情相符合。

---

① (宋)释惠洪:《注石门文字禅》,[日]释廓门贯彻注,张伯伟等点校,中华书局2012年标点本,第970、447、457—458页。
② (清)李元度修纂,(民国)王香余、欧阳谦增补,(民国)王香余续增:《南岳志》,刘建平点校,岳麓书社2013年标点本,第494页。

三 "韩颠交往"献疑

石头希迁恐怕不仅仅是"文采冠绝南岳诸和尚"。禅宗在青原行思时期开始即讨论"三教合一"的问题，且一直薪火相传。前引《景德传灯录》说石头希迁"南岳鬼神多显迹听法，师皆与授戒"，此言甚难理解。南宋陈田夫《叙唐宋得道异人高僧》记唐代高僧异士多人，兹取数例如下：

> 高僧懒残者，唐天宝初，衡岳寺执役僧也。食退即收所余而食，性懒而食残，故号懒残也。画专一寺之工，夜止群牛之下，曾无倦色已二十年。时邺侯李泌寺中读书，察懒残所为非凡物。听其中宵梵唱响彻于上，李泌情颇知音，能辩休戚，谓懒残经音凄惋而后喜悦，必谪堕之人。通名而谒，懒残大诟，亲面而唾曰："是将贼我。"李公愈敬之，雅拜。懒残正拨牛粪，出芋啖之。良久而曰："可以席地。"取所啖芋之半以授焉，李公尽食之。后谓曰："慎无多语，领取十年宰相。"公谢之而退。

> 衡山隐者，不知姓名。数因卖药往来衡岳寺寄宿，或时四五日无所食，僧徒怪之。后复卖药至僧所，众见不食，知是异人，敬接甚厚……方知是神仙之窟。

> 李泌者，肃宗朝隐于衡山。诏给三品禄，赐隐士服，为治宫室。泌尝采松脂以隐背，名曰养和。后得如龙形者，以献帝。幼曾作诗云："天生吾地载吾，天地生吾有意无。不然绝粒升天衢，不然鸣珂游帝都。焉能不贵复不去，空自昂藏一丈夫。一丈夫兮一丈夫，平生志气多良图。请君看取百年事，业就扁舟泛五湖。"庵基见在烟霞峰。得玄和先生秘语，懒残开发，道业两全。

> 俞灵瓌者，河间人，居衡山九真观。后学道十余年，南岳赤君悯之，传回风混合之道。及守明梁之法二十年，能坐见天下事如视诸掌。然自晦不为异以惊人，而人亦莫知有道者也……方知其异人。常诵《大洞经》。或绝粒，或饮酒。有潘老仙游岳，与

191

灵瑰甚款。常养一龟,广四五尺,力可敌十人,见者畏惮,灵瑰乘之入九疑山。①

结合《祖堂集》多处言及青原行思时代儒道释三教的记载,笔者颇疑《景德传灯录》所说"南岳鬼神多显迹听法",指的是懒残、衡山隐者、李泌、俞灵瑰之类奇人怪才、神仙隐士听石头希迁宣讲青原禅法;希迁"师皆与授戒",或许是希迁在衡山向懒残、衡山隐者、李泌、俞灵瑰等"鬼神"宣扬儒道释三教调和之事。若从这个角度去看,则我国历史上聚讼千年的文化公案,亦即韩愈与希迁之法嗣潮州大颠交往引起的争论,或仍有未发之覆在。

韩愈《与孟尚书书》,写于元和十五年(820)冬移任袁州刺史之时。在这封信中,韩愈讲了他与潮州大颠之交往,以及他对佛教的看法:

> 有人传愈近少信奉释氏,此传之者妄也。潮州时,有一老僧号大颠,颇聪明,识道理,远地无可与语者,故自山召至州郭,留十数日。实能外形骸,以理自胜,不为事物侵乱。与之语,虽不尽解,要自胸中无滞碍,以为难得,因与来往。及祭神至海上,遂造其庐。及来袁州,留衣服为别。乃人之情,非崇信其法、求福田利益也……汉氏以来,群儒区区修补,百孔千疮,随乱随失,其危如一发引千钧,绵绵延延,浸以微灭。于是时也,而倡释老于其间,鼓天下之众而从之。呜呼,其亦不仁甚矣!释老之害过于杨墨,韩愈之贤不及孟子,孟子不能救之于未亡之前,而韩愈乃欲全之于已坏之后。呜呼!其亦不量其力,且见其身之危,莫之救以死也。虽然,使其道由愈而粗传,虽灭死万万无恨!天地鬼神,临之在上,质之在旁,又安得因一摧折,自毁其道,以从于邪也!②

---

① (宋)陈田夫:《南岳总胜集》卷下,光绪观古堂影印本。
② (唐)韩愈:《与孟尚书书》,氏著《韩昌黎集》,世界书局1935年版,第266—268页。

第四章　青原行思公案的考析

关于韩愈，陈寅恪认为他辟佛"排斥佛老，匡救政俗之弊害"；"呵抵释迦，申明夷夏之大防"①。张君劢认为："这位新儒家开拓者的意思，是反对佛家否定现实世界的观点。"② 陈寅恪又说："退之从其兄会谪居韶州，虽年颇幼小，又历时不甚久，然其所居之处为新禅宗之发祥地，复值此新学说宣传极盛之时，以退之之幼年颖悟，断不能于此新禅宗学说浓厚之环境气氛中无所接受感发，然则退之道统之说，表面上虽由孟子卒章之言所启发，实际上乃因禅宗教外别传之说所造成，禅学于退之之影响亦大矣哉！宋儒仅执退之后来与大颠之关系，以为破获脏据，欲夺取其道统者，似于退之一生经历与其学说之原委犹未达一间也。"③ 陈梅岑《赠朱竹君》诗说："游山灵运常携客，辟佛昌黎亦爱僧。"④《与孟尚书书》如果属韩愈本人作品的话，则其中有多少是真心实话，又有多少是迫于舆论的违心讳言，恐怕是一宗需要仔细考证的历史公案，其间或许还有不小的研究空间。

印光大师在《福州佛学图书馆缘起》说："世人未读佛经，不知佛济世度生之深谋远虑，见韩、欧、程、朱等辟佛，便以崇正辟邪为己任，而人云亦云，肆口诬蔑，不知韩、欧绝未看过佛经。韩之《原道》，只寂灭二字是佛法中话，其余皆《老子》《庄子》中话。后由大颠禅师启迪，遂不谤佛。"⑤ 韩愈的弟子李翱对佛学的理解可能要更到位一些。

梁启超说："两宋儒表佛里之理学，实以唐李翱《复性书》为先河，此治中国中古哲学史者所常言也。"⑥《宋高僧传》卷十七《惟

---

① 陈寅恪：《论韩愈》，氏著《金明馆丛稿初编》，生活·读书·新知三联书店2001年版，第323、328页。
② 张君劢：《新儒家思想史》，河北教育出版社1996年版，第74页。
③ 陈寅恪：《论韩愈》，氏著《金明馆丛稿初编》，生活·读书·新知三联书店2001年版，第320—321页。
④ （清）袁枚：《随园诗话》，顾学颉校点，人民文学出版社1982年标点本，第490页。
⑤ 印光：《福州佛学图书馆缘起》，载黄夏年主编《印光集》，中国社会科学出版社1996年版，第216页。
⑥ 转引自罗香林《唐释大颠考》，氏著《唐代文化研究》，上海文艺出版社1992年版，第53页。

俨传》：

> 初翱与韩愈、柳宗元、刘禹锡为文会之交，自相与述古言、法六藉，为文黜浮华、尚理致，言为文者韩柳刘焉。吏部常论："仲尼既没，诸子异端，故荀、孟复之，杨、墨之流洗然遗落。殆周、隋之世，王道弗兴，故文中子有作，应在乎诸子左右。唐兴，房、魏既亡，失道尚华，至有武后之弊，安史之残。吾约二三子同致君复尧舜之道，不可放清言而废儒，纵梵书而猾夏。敢有邪心归释氏者，有渝此盟，无享人爵，无永天年。先圣明神，是纠是殛！"
>
> 无何，翱邂逅于俨，顿了本心。末由户部尚书、襄州刺史充山南东道节度使，复遇紫玉禅翁，且增明道趣，著《复性书》上下二篇。大抵谓本性明白，为六情玷污，迷而不返，今牵复之，犹地雷之复见天地心矣，即内教之返本还源也。其书露而且隐，盖而又彰，其文则《象》《系》《中庸》，隐而不援释教；其理则从真舍妄，彰而乃显自心。弗事言陈，唯萌意许也。韩、柳览之，叹曰："吾道萎迟，翱且逃矣！"俨陶炼难化，护法功多。回是子之心，拔山扛鼎，犹或云易。[1]

由赞宁之言可知，李翱受药山惟俨影响很大是无疑的。且前文"'青原'山名蠡测"节已经证明，潮州大颠的弟子三平义中和药山惟俨精通《周易》，潮州大颠与药山惟俨又是同学关系；这里，赞宁又明确说李翱受药山惟俨易学影响而著《复性书》。由此反推，潮州大颠应该也精通《周易》。这些考论，或为探究韩愈和大颠之关系提供新路径。

---

[1] （宋）赞宁：《宋高僧传》，范祥雍点校，中华书局1987年标点本，第424—425页。

结论：唐代禅宗的双重革命[*]

习近平总书记在中国共产党十九大报告中说："意识形态决定文化前进方向和发展道路。必须推进马克思主义中国化时代化大众化，建设具有强大凝聚力和引领力的社会主义意识形态，使全体人民在理想信念、价值理念、道德观念上紧紧团结在一起。"[①] 在我们"推进马克思主义中国化时代化大众化"的过程，青原行思及其法子法孙们最终将以佛教为代表的西域文化对中华文化冲击的危机消弭于无形之中，其经验之得失，对我国当前有效地应对外来文化冲击和建设社会主义文化强国有借鉴作用。

禅宗青原系眼界胸襟十分开阔，对禅宗内部其他派别、佛教内部其他宗派，甚至与外典其他各种文化都颇有研究，自然涵养出别一种思辨气质，这在当时禅界是别开生面地勾连、呼应传统佛教的内在理论线索，实际上在后期禅宗如火如荼、洪水泛滥般的文化氛围之中，始终起着一种内在约束、整合和自我规范的可贵作用。[②] 由此往下一路，行思子孙们与唐代特别是宋代儒学复兴运动的某种亲切的理论互补，这种超越佛教之外而与中国传统文化勾连、呼应，是更宏观更宽阔的高层次上禅宗与中国传统文化整体所进行的内在自觉整合。总的思路上都是不但自信，而且注重多方面的思想义理之间调和融会，始终涵养着一种善于兼收并蓄、长于理认整合，而稍拙于实践以及自我

---

[*] 本结论主要内容曾以《简论唐代禅宗的双重革命》为题首刊于《地方文化研究》2020 年第 1 期，现整合于此，内容略有增改。

[①] 习近平：《中国共产党第十九次全国代表大会报告》，中国共产党新闻网，http://cpc.people.com.cn/n1/2017/1028/c64094-29613660.html。

[②] 吴立民主编：《禅宗宗派源流》，中国社会科学出版社 1998 年版，第 160 页。

宣传的整体气质。①

　　禅宗早期发展史可能远比传统观点认为的要复杂。通过考察青原行思的身世、公案和作品可知，他出身于"公侯将相府，忠臣学士家"的贵族豪门，其家族"自西晋肇基以来，仙佛将相，班班迭出吉州，共振家声远；由泉陵衍派而后，孝义节忠，承承降美安邑，咸雅世泽长"，他从小受过良好的儒家教育，蒙受浓郁的宗教熏陶，这使他具有深厚的文化素养和敏锐的宗教悟性。

　　从青原行思"不落阶级"和"庐陵米价"等公案可以推知，青原行思发扬了六祖慧能顿悟禅法的精髓；从"圣谛不为""不落阶级"、"一麟足矣""金针与人""床下大斧"等措辞，尤其是从其作品《参同契》和《坐禅铭》的内涵来分析，可知青原行思不仅对语言的锤炼达到了出神入化的程度，对南禅的把握臻至炉火纯青的地步，而且对不同文化的熔铸具有雄浑圆融的技巧；唐代颜真卿为青原行思道场题名"祖关"，五代人称赞他为"泽中孤烛，火里片冰"，宋代著名学问僧赞宁叙述青原行思门下"禅客繁拥"；五代人安排其唯一嗣法弟子石头希迁"鄙夷怀让"，宋代人评价他"杼轴绝岳"，并将他比作"释迦文佛"；以及现代人议论青原行思"粃糠神会""灭泯西东""千古绳规"，可以证明青原行思学识渊博，是当时的禅宗巨匠。本书研究成果表明，青原行思很可能代表早期禅宗的另一种发展模式，即学问僧的文化整合模式。

　　可以推论，禅宗在唐代刚兴起时经历了双重革命。其一，是六祖慧能头陀禅的《金刚经》革命。慧能以《金刚经》为基础，坚持菩提达摩以来，将佛教的阶级基础，从以往依赖社会中上阶层转而依赖社会低下阶层，与他们融为一体，并成为他们的代言人——这应该是慧能与神秀的根本区别所在。② 在这一前提下，六祖慧能改变单一嗣

---

①　吴立民主编：《禅宗宗派源流》，中国社会科学出版社1998年版，第428页。
②　陈金华说："现代学者已经基本上将禅宗从唐中国的大都市向边远地区的传播大体上看做是以神会（684—760）为首的草根禅修者（所谓的'南宗禅'）向以普寂（651—739）为首的体制内的禅宗主流（以后被蔑称为'北宗禅'）发起挑战的结果。"（陈金华：《东亚佛教中的"边地情节"：论圣地及祖谱的建构》，《佛学研究》2012年00期）这个论断是正确的。

结论：唐代禅宗的双重革命

法的模式，转向同时多人嗣法，从而使禅宗迅速遍地开花结果，很快适应我国社会重心下移和经济中心南移的历史发展机遇，使禅宗在佛教诸多派别中一枝独秀并最终一支独大。这一趋势的发展高峰是洪州宗"马祖建丛林，百丈立清规"，标志着佛教在组织上和制度上完成中国化。其二，是七祖行思文化禅的《易经》革命。六祖慧能的文化素养很低，诸位门徒在坚持六祖顿悟禅法的前提下，在植根下层百姓的基础上，各有所发扬。其中青原系以《周易》为基础，出于佛教立场，从文化层面融汇不同宗派、不同宗教和不同文明的矛盾，试图建立将文化和修行融为一体的"士民合一"的真正禅宗：从理论的角度讲是纵横千古，熔铸百家，会通三教，合二为一；从实践的角度讲是智慧双运，禅教并弘，僧国兼济，理事圆融，知行合一。这一趋势的发展顶峰是青原禅系《参同契》和《五位诀》的创立，标志着佛教在文化上和理论上彻底中国化。这就是禅宗为什么只有六祖和七祖，而没有八祖和九祖的原因。

胡适《楞伽宗考》说："神会很大胆的把《金刚经》来替代了《楞伽经》。楞伽宗的法统是推翻了，楞伽宗的'心要'也掉换了。所以慧能神会的革命，不是南宗革了北宗的命，其实是一个般若宗革了楞伽宗的命。"[①] 胡适将达摩到神秀的禅系概括为"楞伽宗"，认为慧能的"禅学革命"在经典上的表现就是用《金刚》取代《楞伽》，这就是禅宗学界著名的"《金刚经》革命说"。

印顺法师说："也有以古疑今的：如重视达摩的《楞伽经》，二入四行，听说慧能劝人持《金刚经》，就以为有了革命，或以为慧能顿禅是别有来源的。禅宗史的研究，必须弄清楚超时空的自心体验，现实时空（历史）中的方便演化，才能恰当处理禅宗的历史事实。"[②] 可见印顺法师并不认可胡适的禅宗"《金刚经》革命说"，认为应该回到当时的时空语境去处理禅宗史实。禅学名家龚隽也认为，禅宗

---

① 胡适：《楞伽宗考》，载柳田圣山主编《胡适禅学案》，海风书店/海东书店1975年版，第193页。

② 释印顺：《中国禅宗史》，广陵书社2008年版，自序第5页。

"《金刚经》革命说"其实是基于胡适历史还原主义方法论缺陷而做出的过于简单的叙述。①

胡适的六祖慧能禅宗《金刚经》革命说具有合理性,但唐代禅宗革命的研究范式(Research Paradigm)恐怕值得进一步完善。根据本课题的研究成果,六祖《金刚经》革命不久,禅宗随后发生一场更深入持久的革命,亦即青原禅系主导的禅宗《易经》革命。

南宋良渚宗鉴编《释门正统》卷三说:"所谓禅宗者,始菩提达磨远越葱岭,来乎此土。初无'不立文字'之说,(南泉普愿始唱'(教外)别传,不立文字,见性成佛'。)惟面壁习禅而已。又以《楞伽》四卷授之慧可,谓可曰:'籍教悟宗。'又曰:'我观汉地惟有此经,仁者依行,自可度世。'可持之以为心要,随行不爽。遗委洎黄梅五祖弘忍,易以《金刚》,传授曹溪慧能,是谓六祖。"②

《五灯会元》卷七《德山宣鉴禅师》说:

> 鼎州德山宣鉴禅师,简州周氏子,丱岁出家,依年受具。精究律藏,于性相诸经,贯通旨趣。常讲《金刚般若》,时谓之"周金刚",尝谓同学曰:"一毛吞海,海性无亏;纤芥投锋,锋利不动。学与无学,唯我知焉。"后闻南方禅席颇盛,师气不平,乃曰:"出家儿千劫学佛威仪,万劫学佛细行,不得成佛。南方魔子敢言'直指人心,见性成佛',我当捣其窟穴,灭其种类,以报佛恩。"遂担《青龙疏钞》出蜀,至澧阳路上,见一婆子卖饼,因息肩买饼点心。婆指担曰:"这个是甚么文字?"师曰:"《青龙疏钞》。"婆曰:"讲何经?"师曰:"《金刚经》。"婆曰:"我有一问,你若答得,施与点心。若答不得,且别处去。《金刚经》道:'过去心不可得,现在心不可得,未来心不可得。'未审

---

① 《〈金刚〉革了〈楞伽〉的命?反思胡适对禅史的探研》,搜狐文化网2018—05—11,http://www.sohu.com/a/231222692_219795。

② (宋)良渚宗鉴:《释门正统》卷3,《卍新纂续藏经》第75册,第54页。

结论：唐代禅宗的双重革命

上座点那个心？"师无语，遂往龙潭。①

德山宣鉴的这个公案表明，南禅早期的确有一股尊奉《金刚经》的风气，或许可谓之《金刚经》革命，但这场革命的影响浅表而短暂。德山宣鉴是云岩昙晟的弟子，云岩昙晟是药山惟俨的弟子，药山惟俨是石头希迁的弟子，石头希迁是青原行思弟子，故德山宣鉴是青原行思的四世法孙。而传统观点认为，云岩昙晟是融禅学和易学为一体的《宝镜三昧》的作者，故摧折德山宣鉴俯首称徒的极可能是他的易学禅法。

佛教中国化和马克思主义中国化是我国历史上的两大文化运动。禅宗发展史与共产主义运动史具有某些对比性。以上述考证观之，若以共产主义运动发展史来比喻，禅宗历史上的《金刚经》革命可能类似于巴黎公社运动；神会革命或许类似于俄国十月革命；而青原行思的《易经》革命，则相当于中国的共产主义运动，根底深厚而源远流长。俄国和中国虽然先后走上社会主义道路，但两国的历史背景和文化底蕴相差颇大，这是两国社会主义成长道路大异其趣的重要原因。

在禅宗历史上，生平际遇和学术造诣与青原行思非常相似有曹山本寂和药地大智二人。曹山本寂因为年代久远、材料不多而难以细查其面貌，人们不妨通过药地大智来反观青原行思。药地大智中年以后在给张自烈信中曾叙述自己少年时的学习与志愿：

---

① （宋）普济：《五灯会元》，苏渊雷点校，中华书局1984年标点本，第371—372页；《禅宗全书》第7册，第371—372页。案：鼎州疑为朗州之误。据新旧《唐书》记载，唐代历史上有3个鼎州：其一，唐初李渊起义建立的鼎州，存在时间是从义宁元年（617年）至贞观八年（634年），共存在17年，范围包含芮城、弘农、永乐；其二，武则天时代建立的鼎州，含云阳、泾阳、醴泉、三原四县，天授二年（691年）至大足元年（701年），共存在10年；其三，晚唐李茂贞设立的鼎州，仅仅包含美原县，存在时间是唐哀帝天祐三年（907年）至梁末帝乾化五年（915年），共存在8年。（参见覃业程《唐朝历史上曾经有三个鼎州》，360个人图书馆网，http://www.360doc.com/content/17/0416/10/8527076_645983696.shtml）历史文献未见有德山宣鉴在唐代3个鼎州活动的记载。朗州乃现湖南常德古称，恰是德山宣鉴的活动范围。

199

余不才，好读书……总角时，祖父之训诵经阅史，不呫哔制举义。年十五《十三经》略能背讽，班史之书略能粗举。长益博览百家，然性好为诗歌，悼挽钟、谭，追燮《骚》《雅》，殊自任也。弱冠慕子长出游，游见天下人如是而已，遂益狂放。自行至性而不逾大闲。以为从此以往，以五年毕辞赋之坛坫，以十年建事功于朝廷，再以十五年穷经论史考究古今，年五十则专心学《易》。少所受虚舟先生《河》、《洛》象数，当推明之，以终天年，人生足矣。①

方以智研究名家庞朴认为，方以智与顾炎武、黄宗羲、王夫之并列为明末清初四大家。在思想上，他们都是反对明心见性喜高好玄之空谈，提倡修己安人经世致用之实学的先锋；是时代所呼唤历史所培育出来的巨人。据今人侯外庐统计，方以智的各类著作，"约达四百万字以上"，遍及文字、音韵、天文、地理、博物、医药、经学、哲学诸方面。可惜的是，方以智一生"跳南跱北，数履砲砲之刃"，最后更以戴罪之身了结；以致殃及他的著作难以问世，学说不能流传，终于连名字也鲜为人知了。翻阅明清载记，从《明儒学案》一直到《清儒学案》，中经《汉学师承记》《宋学渊源记》，到处都找不到方以智的名字；最后在《清史稿》的《遗逸传》里，勉强可以读到一则小传。② 晚明的药地大智尚且如此遭遇，则中唐的青原行思更加可

---

① 侯外庐：《方以智的生平与学术贡献》，载（明）方以智《通雅》，上海古籍出版社1988年标点本，《〈方以智全书〉前言》第9页。
② 庞朴：《东西均注释》，北京，中华书局2001年版，序言第1—2页。案：百年来方以智被认为是一位豪放跅弛的贵公子，才华卓立的文学家，晚年则是循迹山林的隐逸，食蔬饮淡的苦行僧。正如当时人朱彝尊所论"早推许、郭之人伦，晚结宗、雷之净社"。而实际上方以智的历史地位不仅如此，更重要的是，作为一个朴素唯物主义者和启蒙思想家，他在哲学上尤其是在辩证法上的贡献以及学术文化上的成就，在一定角度反映出当时时代的特色，与顾、黄、王等杰出人物并峙而毫无逊色。在这方面，三百年来他被湮没而没有充分和如实地被肯定。［侯外庐：《方以智的生平与学术贡献》，载（明）方以智《通雅》，上海古籍出版社1988年标点本，《〈方以智全书〉前言》第3—4页］晚明学者文章难读，这是有名的。方以智比起同时代的倪元璐、黄道周、王船山来，似乎还要难读些，（转下页）

知矣。

北宗以及南禅菏泽宗、牛头宗,甚至于青原禅系的云门宗和法眼宗,以及南岳禅系的沩仰宗和黄龙宗的终绝,就在于它们在苦修实干和民胞物与方面不如临济宗做得好,在文化整合和理论建构方面不如曹洞宗做得好,最终在完成各自使命之后而被历史淘汰出局,禅宗最后留下曹洞宗和临济宗两大派并行天下。

青原禅系早期宗师注重博采众长、自成一家,力图将中外不同文明和中国各家文化进行调和,融会贯通,在不同时代理论建设颇多,对宋明时期"三教合一"和"三教归易"的形成具有重要影响,对我国的文化建设具有突出贡献。

《佛祖道影》"青原行思赞"条说:"圣谛不为,落何阶级?火里莲花,雪中红日。显发大机,掀翻古辙。千古绳规,三宗祖鼻。"①"掀翻古辙"说明青原行思对六祖慧能的禅法有革新,"千古绳规"说明行思禅法为后世僧人的标准。当代高僧宣化老和尚1984年1月9日曾作《或说偈》赞扬青原行思说:"大机大用大神通,圣谛不为有何宗。言语道断忘阶级,心行处灭泯西东。分化一方说法主,教导群萌悟本空。千古绳规传后世,如是我闻无相功。"② 宣化老和尚对行思禅师之评价,较为中肯。

新儒学是中国传统文化发展之顶峰,我国古代文化发展至此日臻

(接上页)至少他几本重要的著作如《东西均》《药地炮庄》《易余》,都不容易读。方以智的朋友钱澄之说方氏之书"学者骤读之,多不可解"。方以智著作不好读,最重要的原因当然是他的思想深奥,进路奇特。另一个重要的原因是他用典繁富,而且许多典故极为冷僻。方以智多才多艺学问光谱汗漫无涯。很不幸的,他的这些学问往往反映到他的著作里,五方杂陈,熔为一炉。即使对传统重要文献不算太陌生的人读他的著作,都难免有步步障碍之。方以智在中国思想史或中国哲学史上的地位,现代学者的评价已不算低,比起二三十年代前的情况是好多了。但我觉得他的地位应该还要更高,他也许有机会被诠释成北宋周敦颐、张载、邵雍、程明道这一系思想的总结者,至少可以被解释成最重要的继承者。(杨儒宾:《读〈东西均注释〉札记》,载邢益海编《冬炼三时传旧火——港台学人论方以智》,华夏出版社2012年版,第169—170、171页)

① 虚云大师重辑:《佛祖道影》,中华书局2016年版,第171页。
② 虚云老和尚重辑,宣化老和尚再增订:《佛祖道影》(卷三),香港佛经流通处2000年版,第305页。

成熟。陈寅恪说:"佛教经典言:'佛为一大事因缘出现于世。'中国自秦以后,迄于今日,其思想之演变历程,至繁至久。要之,只为一大事因缘,即新儒学之产生,及其传衍而已……新儒家产生之问题,犹有未发之覆在也。"① 佛教极盛时期(700—850)的革命运动,在中国思想史上、文化史上是很重要的。这不偶然的。经过革命后,把佛教中国化、简单化后,才有中国的理学。② 其实,也不要把禅宗革命的意义过于抬高。从历史的长时段来分析,六朝道教站在道家的立场上圆融儒道释三教;唐代的禅宗革命是在此基础上进行的,从佛教的立场圆融三教;禅宗又催生宋明新儒学的产生,从儒教的立场圆融三教,这其实都是我国不同时期社会经济状况在文化层面的反映。

陈寅恪认为,中国古人,素擅长政治及实践伦理学,与罗马人最相似。其言道德,惟重实用,不究虚理,其长处短处均在此。长处,即修齐治平之旨。短处,即实事之利害得失,观察过明,而乏精深远大之思。故昔则士子群习八股,以得功名富贵;而学德之士,终属极少数。今则凡留学生,皆学工程、实业,其希慕富贵、不肯用力学问之意则一。而不知实业以科学为根本。不揣其本,而治其末,充其极,只成下等之工匠。境遇学理,略有变迁,则其技不复能用,所谓最实用者,乃适成为最不实用。至若天理人事之学,精深博奥者,亘万古,横九垓,而不变。凡时凡地,均可用之。而救国经世,尤必以精神之学问(谓形而上之学)为根基。而吾国留学生不知研究,且鄙弃之,不自伤其愚陋,皆由偏重实用积习未改之故。此后若中国之实业发达,生计优裕,财源浚辟,则中国人经商营业之长技,可得其用;而中国人,当可为世界之富商。然若冀中国人以学问、美术等之造诣胜人,则决难必也。夫国家如个人然,苟其性专重实事,则处世一切必周备,而研究人群中关系之学必发达。故中国孔孟之教,悉人事之学。而佛教则未能大行于中国。尤有说者,专趋实用者,则乏远

---

① 冯友兰:《中国哲学史》(下册),华东师范大学出版社2000年版,第440页。
② 胡适:《禅宗史的一个新看法》,氏著《禅学指归》,金城出版社2013年版,第192页。

虑，利己营私，而难以团结，谋长久之公益。即人事一方，亦有不足。今人误谓中国过重虚理，专谋以功利机械之事输入，而不图精神之救药，势必至人欲横流、道义沦丧，即求其输诚爱国，且不能得。[1]

苏轼在为他的老师欧阳修的文集作序时也说：

> 夫言有大而非夸，达者信之，众人疑焉。孔子曰："天之将丧斯文也。后死者不得与于斯文也。"孟子曰："禹抑洪水，孔子作《春秋》，而予距杨、墨，盖以是配禹也。"文章之得丧，何与于天？而禹之功与天地并，孔子、孟子以空言配之，不已夸乎？自《春秋》作，而乱臣贼子惧；孟子之言行，而杨、墨之道废；天下以为是（一作是为）固然，而不知其功。孟子既殁，有申、商、韩非之学，违道而趣利，残民以厚生，其说至陋也；而士以是罔其上，上之人侥幸一切之功，靡然从之，而世无大人先生如孔子、孟子者，推其本末，权其祸福之轻重，以救其惑，故其学遂行。秦以是丧，天下陵夷，至于胜、广、刘、项之祸，死者十八九，天下萧然，洪水之患，盖不至此也！方秦之未得志也，使复有一孟子，则申、韩为空言，作于其心，害于其事；作于其事，害于其政者，必不至若是烈也！使杨、墨得志于天下，其祸岂减于申、韩哉！由此言之，虽以孟子配禹，可也……学者以愈配孟子，盖庶几焉！愈之后，三百有余年而后得欧阳子，其学推韩愈、孟子，以达于孔子，著礼乐仁义之实，以合于大道。其言简而明，信而通，引物连类，折之于至理，以服人心，故天下翕然师尊之。自欧阳子之存，世之不说者哗而攻之，能折困其身，而不能屈其言。士无贤不肖，不谋而同曰："欧阳子，今之韩愈也。"
>
> 宋兴七十余年，民不知兵，富而教之，至天圣、景祐极矣！而斯文终有愧于古，士亦因陋守旧，论卑而气弱。自欧阳子出，

---

[1] 吴宓：《吴宓日记》第2册，生活·读书·新知三联书店1998年版，第101—102页。

天下争自濯磨,以通经学古为高,以救时行道为贤,以犯颜纳说为忠,长育成就。至嘉祐末,号称多士,欧阳子之功为多。①

陈寅恪还说:"欧阳永叔少学韩昌黎之文,晚撰《五代史记》,作《义儿》《冯道》诸传,贬斥势利,尊崇气节,遂一匡五代之浇漓,返之纯正。故天水一朝之文化,竟为我民族遗留之瑰宝。孰谓空文于治道学术无裨益耶?"②

在封建社会,由于社会生产力低下,致使群众相对贫困和普遍文盲,导致青原禅系势单力薄。在当前我国社会主要矛盾已经转化为人民日益增长的美好生活需要和不平衡不充分的发展之间的矛盾,人民物质生活基本无虞,群众识字率大幅度提升,青原禅在当今社会更值得提倡和发扬,更能适合国家战略发展需要。

2011年1月24日,青原山净居寺方丈妙安大和尚与笔者联系,说因为纪念七祖行思的需要,请我作一首《青原行思颂》,以便谱曲歌唱。我于当日草就,次日寄给妙安大和尚。现将此歌辞略微修改,迻录于此,以作本书稿之结尾:

圣域圣谛何所谓?
青山青原曹溪味,
祖关祖师宝林髓。
王舍耳孙美誉广,
西江鼻祖绵泽长。
桥池流水泛涌着未有的祥光,

---

① (宋)苏轼:《欧阳永叔居士集序》,载(宋)欧阳修著,朱荍阳重编《欧阳永叔全集》上册,大东书局1936年标点本。案:苏轼在该文中所论述的人祸甚于天灾的观点,诺贝尔经济学奖获得者印裔美国经济学家阿玛蒂亚·森名著《贫困与饥荒》的研究成果,可予以佐证。(参见[印]阿玛蒂亚·森《贫困与饥荒》,王宇、王文玉译,商务印书馆2001年版)

② 陈寅恪:《赠蒋秉南序》,氏著《寒柳堂集》,生活·读书·新知三联书店2009年版,第182页。

结论：唐代禅宗的双重革命

殿角铃铎播扬着无尽的纶响。
啊，伟大的七祖！
见性成佛，你是禅门的宗匠，
见性成佛，你是禅门的宗匠，
禅门的宗匠。

泽中孤烛非过奖，
火里片冰不夸张。
熔铸诸家，五叶敷荣法裔旺；
谐同梵华，千灯散耀心印芳。
啊，伟大的七祖！
调和鼎鼐，你是民族的脊梁，
调和鼎鼐，你是民族的脊梁，
民族的脊梁。

行思金针藏锋芒，
庐陵米粥发馨香。
荆亭的慧炬照亮着万幢兆房，
吉州的德雨滋润着四面八方。
啊，伟大的七祖！
情系众生，你是世人的榜样，
情系众生，你是世人的榜样，
世人的榜样。

参考文献

一 丛书类

《大正新修大藏经》。

《乾隆大藏经》。

《全唐文》。

《四库全书》。

《卍续藏经》。

蓝吉富主编：《禅宗全书》，文殊文化有限公司1989年版。

苏渊雷、高振农选编：《佛藏要籍选刊》，上海古籍出版社1994年版。

二 辞书类

（汉）许慎撰，（清）段玉裁注：《说文解字注》，上海古籍出版社1988年版。

（晋）郭璞注，（北宋）邢昺疏：《尔雅注疏》，上海古籍出版社2010年版。

（清）张玉书等编纂，（清）王引之等校订：《康熙字典》，上海古籍出版社1996年版。

（清）朱骏声撰：《说文通训定声》，中华书局1984年版。

丁福保编纂：《佛学大辞典》，文物出版社1984年版。

高亨纂，董治安整理：《古字通假会典》，齐鲁书社1989年版。

林瑞生编：《异体字手册》，江西人民出版社1987年版。

商务印书馆编辑部：《辞源（修订本）》，商务印书馆1998年版。

徐时仪校注：《一切经音义三种校本合刊》，上海古籍出版社 1992 年版。

三　方志类

2003 年版《安福龙云刘氏下村六修族谱》。

光绪版《吉安府志》。

光绪版《江西通志》。

康熙版《安福县志》。

民国版《庐陵县志》。

乾隆版《安福县志》。

同治版《庐陵县志》。

雍正版《江西通志》。

（清）白潢等修，查慎行等纂：《西江志》，成文出版社有限公司影印康熙五十九年版。

（宋）陈田夫：《南岳总胜集》，光绪观古堂影宋本。

（明）方以智：《青原志略》，张永义点校，华夏出版社 2012 年标点本。

湖南省地方志编辑委员会：《南岳志》，湖南出版社 1996 年版。

（清）李元度修纂，（民国）王香余、欧阳谦增补，（民国）王香余续增：《南岳志》，刘建平点校，岳麓书社 2013 年标点本。

（元）刘大彬：《茅山志》，《道藏》第 5 册。

（清）笑峰大然：《青原志略》，段晓华、宋三平校注，江西人民出版社 1998 年标点本。

四　古籍类

（汉）班固：《汉书》，中华书局 1964 年标点本。

（汉）董仲舒：《春秋繁露》，文渊阁四库全书本。

（汉）刘安：《淮南子》，中华书局 2012 年标点本。

（汉）司马迁：《史记》，中华书局 1963 年标点本。

（汉）应劭：《风俗通义校注》，王利器校注，中华书局 2010 年标点本。

（后晋）刘昫等：《旧唐书》，中华书局 1975 年标点本。

（后秦）僧肇：《涅槃无名论》，《大正藏》第 45 册。

（晋）陈寿：《三国志》，中华书局 1959 年标点本。

（晋）郭璞：《尔雅注疏》，文渊阁四库全书本。

（梁）宝亮等：《大般涅槃经集解》，《大正藏》第 37 册。

（梁）僧佑：《出三藏记集》，《大正藏》第 55 册。

（梁）僧祐：《弘明集》，《大正藏》第 52 册。

（梁）陶弘景：《真诰校注》，（日）吉川忠夫、麦谷邦夫编，朱越利译，中国社会科学出版社 2006 年标点本。

（刘宋）求那跋陀罗译，《楞伽阿跋多罗宝经》，《大正藏》第 16 册。

（民国）释印光重修：《清凉山志》，1933 年版。

（南朝梁）慧皎等纂：《高僧传合集》，上海古籍出版社 2011 年版。

（南宋）法应集，（元）普会续集：《禅宗颂古联珠通集》，《禅宗全书》第 85 册。

（南唐）静、筠二禅师：《祖堂集》，上海古籍出版社 2011 年影印高丽覆刻本。

（南唐）静、筠二禅师：《祖堂集》，孙昌武等点校，中华书局 2007 年标点本。

（五代）法眼文益：《宗门十规论》，《禅宗全书》第 32 册。

（五代）招庆省登：《泉州千佛新著诸祖师颂》，载中国社会科学院历史所等合编《英藏敦煌文献》第 3 卷第 1 册，四川人民出版社 1990 年版。

《楞严经》（《大佛顶如来密因修证了义诸菩萨万行首楞严经》），《大正藏》第 19 册。

（唐）白居易：《白居易集》，顾学颉校点，中华书局 1999 年标点本。

（唐）白居易编，（宋）孔传续编：《白孔六帖》，文渊阁四库全书本。

（唐）般剌蜜帝：《大佛顶如来密因修证了义诸菩萨万行首楞严经》，

《大正藏》第 19 册。

（唐）陈诩：《唐洪州百丈山故怀海禅师塔铭并序》，《大正藏》第 48 册。

（唐）道宣：《广弘明集》，《大正藏》第 52 册。

（唐）道宣：《续高僧传》，中华书局 2014 年标点本。

（唐）段成式：《酉阳杂俎》，文渊阁四库全书本。

（唐）房玄龄等：《晋书》，中华书局 1974 年标点本。

（唐）冯翊子：《桂苑丛谈》，文渊阁四库全书本。

（唐）韩愈：《韩昌黎集》，世界书局 1935 年版。

（唐）慧能：《六祖大师法宝坛经》，《大正藏》第 48 册。

（唐）慧能：《坛经校释》，郭朋校释，中华书局 2012 年标点本。

（唐）慧然：《镇州临济慧照禅师语录》，上海古籍出版社编《禅宗语录辑要》2011 年版。

（唐）慧祥：《古清凉传》，《大正藏》第 51 册。

（唐）李冲昭：《南岳小录》，文渊阁四库全书本。

（唐）李延寿：《南史》，中华书局 1976 年标点本。

（唐）梁丘子：《黄庭内景玉经注》，《道藏》第 4 册。

（唐）柳宗元：《柳宗元全集》，中央书店 1936 年版。

（唐）裴休集：《筠州黄檗山断际禅师传心法要》，《大正藏》第 48 册。

（唐）神会：《神会和尚禅话录》，杨增文编校，中华书局 1996 年标点本。

（唐）神会著，独孤沛整理：《菩提达摩南宗定是非论》，载杨曾文编校《神会和尚禅话录》，中华书局 1996 年版。

（唐）实叉难陀译：《大方广佛华严经》，《大正藏》第 10 册。

（唐）释道世：《法苑珠林》，周淑迦、苏晋仁校注，中华书局 2003 年标点本。

（唐）唐伸：《澧州药山惟俨禅师塔铭并序》，《全唐文》第 536 卷，上海古籍出版社 1990 年版。

（唐）玄奘：《般若波罗蜜多心经》，《大正藏》第 8 册。

（唐）玄奘：《大般若波罗蜜多经》，《大正藏》第 5 册。

（唐）玄奘：《大唐西域记》，《大正藏》第 51 册。

（唐）颜真卿：《颜鲁公集》，文渊阁四库全书本。

（唐）郑谷：《云台编》，文渊阁四库全书本。

（唐）宗密：《禅源诸诠集都序》，《禅宗全书》第 31 册。

（唐）宗密：《禅源诸诠集都序》，邱高兴校释，中州古籍出版社 2008 年标点本。

（唐）宗密：《中华传心地禅门师资承袭图》，《禅宗全书》第 1 册。

（宋）大慧宗杲：《大慧普觉禅师语录》，《禅宗全书》第 42 册。

（宋）丹霞子淳纂，（宋）庆预校勘：《丹霞子淳禅师语录》，《禅宗全书》第 41 册。

（宋）道原：《景德传灯录》，《永乐北藏》本。

（宋）法称：《金刚针论》，《大正藏》第 32 册。

（宋）法云：《翻译名义集》，《大正藏》第 54 册。

（宋）佛日契嵩：《传法正宗记》，《大正藏》第 51 册。

（宋）黄庭坚：《山谷集》，文渊阁四库全书本。

（宋）晦翁悟明：《宗门联灯会要》，《禅宗全书》第 6 册。

（宋）惠洪：《林间录》，《佛藏要籍选刊》第 11 册，上海古籍出版社 1994 年版。

（宋）慧洪：《禅林僧宝传》，吕有祥点校，中州古籍出版社 2014 年标点本。

（宋）慧洪觉范等纂，（日）京都藏经书院编：《智证传·重编曹洞五位显决等》，书林书局 2015 年版。

（宋）慧南：《黄龙慧南禅师语录》，（宋）九顶惠泉编集，《禅宗全书》第 41 册。

（宋）江少虞：《皇朝类苑》，清宣统三年（1909）武进董康诵芬室刻本。

（宋）蒋之奇：《楞伽阿跋多罗宝经序》，《大正藏》第 16 册。

（宋）雷庵正受：《嘉泰普灯录》，《禅宗全书》第 6 册。

（宋）李壁：《王荆公诗注》，文渊阁四库全书本。

（宋）李昉等编：《太平广记》，中华书局 1961 年标点本。

（宋）李遵勖：《天圣广灯录》，《禅宗全书》第 5 册。

（宋）刘辰翁：《须溪集》，文渊阁四库全书本。

（宋）刘弇：《龙云集》，刘宗彬点校，江西教育出版社 2004 年标点本。

（宋）刘弇：《龙云集》，文渊阁四库全书本。

（宋）陆九渊：《陆九渊集》，钟哲点校，中华书局 1980 年标点本。

（宋）马端临：《文献通考》，文渊阁四库全书本。

（宋）睦庵善卿：《祖庭事苑》，《续藏经》64 册。

（宋）欧阳修：《欧阳修集》，文渊阁四库全书本。

（宋）欧阳修：《欧阳永叔全集》，朱荄阳重编，大东书局 1936 年标点本。

（宋）欧阳修、宋祁：《新唐书》，中华书局 1975 年标点本。

（宋）普寂：《五灯会元》，苏渊雷点校，中华书局 1984 年标点本。

（宋）沈作喆：《寓简》，文渊阁四库全书本。

（宋）释惠洪：《注石门文字禅》，［日］释廓门贯彻注，张伯伟等点校，中华书局 2012 年标点本。

（宋）释元敬、释元复：《武林西湖高僧事略》，魏得良标点，杭州出版社 2006 年标点本。

（宋）司马光：《资治通鉴》，中华书局 1956 年标点本。

（宋）苏轼：《苏东坡集》，商务印书馆 1934 年版。

（宋）投子义青：《林泉老人评唱投子青和尚颂古空谷集》，（元）林泉从伦评唱，《禅宗全书》第 86 册。

（宋）王安石：《临川文集》，文渊阁四库全书本。

（宋）王象之：《舆地碑记目》，文渊阁四库全书本。

（宋）王象之：《舆地纪胜》，文渊阁四库全书本。

（宋）王炎：《双溪类稿》，文渊阁四库全书本。

（宋）希叟绍昙：《五家正宗赞》，《禅宗全书》第9册。

（宋）颐藏：《古尊宿语录》，《禅宗全书》第43册。

（宋）圆悟克勤：《碧岩录》，尚之煜校注，中州古籍出版社2011年标点本。

（宋）赞宁：《宋高僧传》，范祥雍点校，中华书局1987年标点本。

（宋）张君房：《云笈七签》，中华书局2003年标点本。

（宋）张尚英：《续清凉传》，《大正藏》第51册。

（宋）志磐：《佛祖统纪》，《大正藏》第49册。

（宋）周必大：《文忠集》，文渊阁四库全书本。

（宋）朱熹：《四书章句集注》，中华书局1983年标点本。

（宋）朱熹：《周易参同契考异》，台湾商务印书馆1983年版。

（宋）朱彧：《萍洲可谈》，文渊阁四库全书本。

（元）陈泰：《所安遗集》，文渊阁四库全书本。

（元）德煇：《敕修百丈清规》卷第六，《禅宗全书》第81册。

（元）念常：《佛祖历代通载》，《大正藏》第49册。

（元）脱脱等：《宋史》，中华书局1977年标点本。

（元）谢应芳：《龟巢稿》，文渊阁四库全书本。

（元）中峰明本：《缁门警训》，《禅宗全书》第33册。

（明）八大山人：《八大山人诗钞》，汪子豆辑，江西人民出版社2011年版。

（明）幻轮：《释鉴稽古略续集》，《大正藏》第49册。

（明）瞿汝稷：《指月录》，《卍新纂续藏经》卷83。

（明）觉浪盛禅师：《天界觉浪盛禅师全录》，大成等编，《禅宗全书》第59册。

（明）觉浪盛禅师：《天界觉浪盛禅师语录》，《禅宗全书》第59册。

（明）释宗泐：《全室外集》，文渊阁四库全书本。

（明）王守仁：《王阳明全集》，吴光等编校，上海古籍出版社1992年标点本。

（明）杨士奇：《东里集·续集》，文渊阁四库全书本。

（明）尹台：《洞麓堂集》，文渊阁四库全书本。

（明）语风圆信：《瑞州洞山良价禅师语录》，《大正藏》第 47 册。

（明）袾宏：《竹窗随笔》，心举点校，华东师范大学出版社 2013 年标点本。

（明）邹守益：《邹守益集》，董平编校整理，凤凰出版社 2007 年标点本。

（明）邹元标：《愿学集》，文渊阁四库全书本。

（清）卞永誉：《式古堂书画汇考》，文渊阁四库全书本。

（清）灯来撰，性统编：《五家宗旨纂要》，《禅宗全书》第 35 册。

（清）顾祖禹：《读史方舆纪要》，中华书局 2005 年标点本。

（清）黄宗羲：《明儒学案》，中华书局 1985 年标点本。

（清）集云堂编：《宗鉴法林》，《禅宗全书》第 93 册。

（清）纪昀等：《钦定四库全书总目（整理本）》，中华书局 1997 年标点本。

（清）迦陵性音编：《宗鉴法林》，《禅宗全书》第 92、93 册。

（清）净符：《法门锄宄》，《禅宗全书》第 34 册。

（清）李鸿章：《李鸿章全集》，顾廷龙、戴逸主编，安徽教育出版集社 2007 年版。

（清）刘明一：《参同直指》，文渊阁四库全书本。

（清）刘一民：《参同直指·悟真直指》，山西人民出版社 1989 年标点本。

（清）陆耀遹：《金石续编》，同治戊辰年（1868）本。

（清）倪涛：《六艺之一录》，文渊阁四库全书本。

（清）三山灯来：《五家宗旨纂要》，《续藏经》第 65 册。

（清）山铎真在：《径石滴乳集》，《禅宗全书》第 23 册。

（清）邵长蘅：《青门旅稿》，青海省图书馆藏清康熙刻《邵子湘全集》本。

（清）沈佳：《明儒言行录》，文渊阁四库全书本。

（清）圣祖仁皇帝：《皇清文颖》，文渊阁四库全书本。

（清）施闰章：《学余堂文集》，文渊阁四库全书本。

（清）孙希旦：《礼记集解》，沈啸寰、王星贤点校，中华书局 1989 年标点本。

（清）王琦：《李太白集注》，文渊阁四库全书本。

（清）张廷玉等：《明史》，中华书局 1974 年标点本。

（清）张豫章：《御选宋金元明四朝诗》，文渊阁四库全书本。

五　著作类

巴宙：《敦煌韵文集》，高雄：佛教文化服务出版社 1965 年版。

陈柏泉：《江西出土墓志选编》，江西教育出版社 1991 年版。

陈翰笙：《四个时代的我——陈翰笙回忆录》，全国政协文史和学习委员会编，中国文史出版社 2012 年版。

陈寅恪：《金明馆丛稿二编》，生活·读书·新知三联书店 2009 年版。

陈垣：《清初僧诤记》，中华书局 1962 年版。

曹炳章：《中国医学大成》第 25 册，上海科学技术出版社 1990 年版。

蔡日新：《南宋元明清初曹洞禅》，贵州民族出版社 2009 年版。

段小华、刘松来：《红土·禅床：江西禅宗文化研究》，中国社会科学出版社 2000 年版。

杜继文、魏道儒：《中国禅宗通史》，江苏古籍出版社 1995 年版。

冯学成：《〈宝镜三昧〉讲记》，南方日报出版社 2013 年版。

冯友兰：《中国哲学简史》，北京大学出版社 1996 年版。

龚隽：《禅史钩沉》，生活·读书·新知三联书店 2006 年版。

韩溥：《江西佛教史》，光明日报出版社 1995 年版。

何宁：《淮南子集释》，中华书局 1998 年标点本。

洪修平：《禅宗思想的形成与发展》，江苏古籍出版社 2000 年版。

胡适：《禅学指归》，金城出版社 2013 年版。

胡适：柳田圣山主编《胡适禅学案》，海风书店/海东书店 1975 年版。

胡柏龄等编：《江西省交通志》，人民交通出版社 1994 年版。

贾晋华：《古典禅研究：中唐至五代禅宗发展新探》，上海人民出版社

2013年版。

翦伯赞：《史料与史学》，北京大学出版社1985年版。

江西内河航运史编审委员会：《江西内河航运史（古近代部分）》，人民交通出版社1991年版。

净慧主编：《虚云和尚全集》，中州古籍出版社2009年版。

觉醒主编：《佛教与现代化》（下），宗教文化出版社2008年版。

任法融：《周易参同契释义》，东方出版社2012年版。

李大用：《周易新探》，北京大学出版社1992年版。

李镜池：《周易探源》，中华书局1978年版。

李镜池：《周易通义》，中华书局1981年版。

李梦星、刘宗彬：《青原山史话》，江西人民出版社2013年版。

李学勤：《周易经传溯源——从考古学、文献学看周易》，长春出版社1992年版。

礼山等编：《禅宗灯录译解》，山东人民出版社1994年版。

梁漱溟：《梁漱溟全集》，山东人民出版社2005年版。

梁廷枏等：《粤海关志》，文海出版社有限公司影印1975年版。

龙显昭：《巴蜀佛教碑文集成》，巴蜀书社2004年版。

罗荣渠：《现代化新论（增订本）》，商务印书馆2004年版。

罗香林：《唐代文化史研究》，上海文艺出版社1992年版。

鲁迅：《鲁迅全集》第九卷，人民文学出版社2005年版。

吕澂：《吕澂佛学论著选集》（精装5卷），齐鲁书社1991年版。

毛忠贤：《中国曹洞宗通史》，江西人民出版社2006年版。

牟钟鉴等：《道教通论——兼论道家学说》，齐鲁书社1991年版。

南怀瑾：《禅宗与道家（第二版）》，复旦大学出版社2007年版。

南怀瑾：《南怀瑾选集》，复旦大学出版社2011年版。

聂清：《菏泽宗研究》，巴蜀书社2003年版。

欧阳竟无：《欧阳竟无集》，中国社会科学出版社1995年版。

彭战果：《无执与圆融——方以智三教会通观研究》，民族出版社2012年版。

庞朴：《东西均注释》，中华书局2001年版。
钱穆：《中国近三百年学术史》，商务印书馆1997年版。
漆侠：《宋学的发展和演变》，河北人民出版社2002年版。
圣严法师：《明末佛教研究》，宗教文化出版社2006年版。
圣严法师：《宝镜无境：〈参同契〉〈宝镜三昧歌〉新诠》，释果醒译，法鼓文化事业有限公司2008年版。
释绍云：《虚云和尚在云居山》，燕南飞出版有限公司2004年版。
石峻、楼宇烈等：《中国佛教思想资料选编》，中华书局1983年版。
汤用彤：《隋唐佛教史稿》，江苏教育出版社2007年版。
田森：《三个世纪的陈翰笙》，浙江人民出版社2012年版。
王兴国、徐荪铭主编：《石头希迁与曹洞禅》，岳麓书社1997年版。
王宗石：《诗经分类诠释》，湖南教育出版社2001年版。
闻一多著，孙党伯、袁謇正主编：《闻一多全集》，湖北人民出版社1993年版。
吴经熊著：《禅学的黄金时代》，吴怡译，海南出版社2009年版。
吴立民主编：《禅宗宗派源流》，中国社会科学出版社1998年版。
吴宓：《吴宓日记》第2册，生活·读书·新知三联书店1998年版。
吴宣德：《江右王学与明中后期江西教育发展》，江西教育出版社1996年版。
肖钢：《道论：帛书〈老子〉破译报告》，生活·读书·新知三联书店2014年版。
萧东海等编注：《历代诗人咏庐陵》，江西高校出版社2006年版。
萧汉明：《〈周易本义〉导读》，齐鲁书社2003年版。
谢维扬：《至高的哲理：千古奇书〈周易〉》，生活·读书·新知三联书店1997年版。
刑益海编：《冬炼三时传旧火——港台学人论方以智》，华夏出版社2012年版。
虚云大师重辑：《佛祖道影》，中华书局2016年版。
虚云老和尚重辑，宣化老和尚再增订：《佛祖道影》，香港佛经流通处

2000年版。

徐俊纂辑：《敦煌诗集残卷编考》，中华书局2000年版。

徐文明：《唐五代曹洞宗研究》，中国社会科学出版社2012年版。

徐文明：《中土前期禅学史》，北京师范大学出版社2013年版。

杨琳：《〈小尔雅〉今注》，汉语大词典出版社2002年版。

杨柳桥：《庄子译诂》，上海古籍出版社1991年版。

杨树达：《论语疏证》，上海古籍出版社1986年版。

杨曾文：《唐五代禅宗史》，中国社会科学出版社2006年版。

印光：《印光集》，中国社会科学出版社1996年版。

印顺：《中国禅宗史》，上海书店出版社1992年版。

印顺：《中国禅宗史》，广陵出版社2008年版。

余英时：《方以智晚节考（增订版）》，生活·读书·新知三联书店2004年版。

余英时：《士与中国文化》，上海人民出版社2003年版。

俞晓群：《数术探秘：数在中国古代文化的神秘意义》，生活·读书·新知三联书店1994年版。

袁滨：《中国禅宗语录大观》，百花洲文艺出版社1991年版。

张国刚主编：《隋唐五代史研究》，天津教育出版社1996年版。

张君劢：《新儒家思想史》，河北教育出版社1996年版。

张美兰：《祖堂集校注》，商务印书馆2009年版。

郑阿财：《敦煌佛教文学》，甘肃教育出版社2013年版。

郑炳林等：《敦煌佛教与禅宗学术讨论会文集》，三秦出版社2007年版。

六 译著类

［奥］凯尔森：《法与国家的一般理论》，沈宗灵译，中国大百科全书出版社1996年版。

［德］奥斯瓦尔德·斯宾格勒：《西方的没落》，吴琼译，生活·读书·新知三联书店2006年版。

［德］贡德·弗兰克：《白银资本：重视经济全球化中的东方》，刘北成译，中央编译出版社2008年版。

［德］马克思、恩格斯：《马克思恩格斯选集》，中共中央马克思恩格斯列宁斯大林著作编译局译，人民出版社2012年版。

［德］马克斯·韦伯：《经济与社会》，林荣远译，商务印书馆1997年版。

［美］斯坦利·威斯坦因：《唐代佛教》，张煜译，上海古籍出版社2010年版。

［美］托马斯·库恩，《科学革命的结构》，金吾伦、胡新和译，北京大学出版社2012年版。

［美］伊曼纽尔·沃勒斯坦：《现代世界体系》，罗荣渠等译，高等教育出版社1998年版。

［日］池田大作、［英］汤因比：《展望21世纪——汤因比与池田大作对话录》，荀春生、朱继征、陈国梁译，国际文化出版公司1997年版。

［日］福岛庆道：《禅是无的宗教》，高立译，河北教育出版社1996年版。

［日］高岛吞象：《高岛断易——易经活解活断800例》，（清）王治本译，孙正治点校，北京图书馆1997年版。

［日］忽滑谷快天：《中国禅学思想史》，朱谦之译，上海古籍出版社2002年版。

［日］辻显高：《参同契·宝镜三昧纂解》，东京：鸿萌社，明治十八年（1886）版。

［日］玄契：《抚州曹山本寂禅师语录》，载《大正藏》第47册。

［意］贝奈戴托·克罗齐：《历史学的理论和实际》，（英）道格拉斯·安斯利英译，傅任敢汉译，商务印书馆1982年版。

［意］玛利亚·蒙台梭利：《童年的秘密》，马荣根译，单中惠校，人民教育出版社2005年版。

［英］彼得·伯克：《历史学与社会理论》，姚朋等译，上海人民出版

社 2001 年版。

［英］卡尔·波普尔：《猜想与反驳：科学知识的增长》，傅季重译，上海译文出版社 2005 年版。

［英］柯林武德：《历史的观念》，何兆武、张文杰译，商务印书馆 1997 年版。

［英］汤因比：《展望 21 世纪—汤因比与池田大作对话录》，曹未风等译，上海人民出版社 2010 年版。

七　论文类

蔡日新：《石头希迁行状系年考略》，载《船山学刊》总第 24 辑 1994 年增刊。

陈辉：《农耕世界与游牧世界的交往及其历史作用》，《文教资料》2010 年 6 月上旬刊。

陈金华：《东亚佛教中的"边地情节"：论圣地及祖谱的建构》，《佛学研究》2012 年 00 期。

陈寅恪：《禅宗六祖传法偈之分析》，《清华学报》1932 年第 2 期。

陈寅恪：《冯友兰〈中国哲学史下册审查报告〉》，载冯友兰《中国哲学史》（下册），华东师范大学出版社 2000 年版。

陈寅恪：《论韩愈》，氏著《金明馆丛稿初编》，生活·读书·新知三联书店 2009 年版。

崔玉卿：《禅宗的发展及在中国佛教史上的作用》，《五台山研究》2007 年第 4 期。

段观宋：《〈敦煌诗集残卷辑考〉校订补正》，《敦煌研究》2011 年第 1 期。

樊昕：《〈南岳魏夫人传〉考略》，《古代文学研究》2007 年 3 月号上旬刊。

何宛昱：《陈翰笙的马克思主义史学观》，《史学理论研究》2016 年第 2 期。

侯外庐：《方以智〈东西均〉一书的哲学思想》，《人民日报》1962

年 8 月 6 日。

侯外庐：《方以智的生平与学术贡献》，载（明）方以智《通雅》，上海古籍出版社 1988 年版。

黄夏年：《僧肇著述研究综述》，《广东佛教》1996 年第 3 期。

黄夏年：《石头希迁与〈肇论〉》，《禅》1998 年第 2 期。

蒋宗福：《敦煌佛教文献部分写卷的著录及定名问题》，《宗教学研究》2006 年第 1 期。

冉云华：《禅宗第七祖之争的文献研究》，《中国文化研究所学报》第 6 期。

冷佛文：《弘扬人间净土的禅行妙药——读无际大师心药方》，《船山学刊》1994 年增刊《湖湘佛文化论丛》第 2、3 辑。

李小荣：《敦煌佛教歌辞作者考辨二题》，《新国学》第 7 辑，巴蜀书社 2008 年版。

理净："青原山在中国禅宗史上的地位及其影响"，《东方禅文化》第 1 辑。

刘浩洋：《从明清之际的青原学风论方以智晚年思想中的遗民心志》，博士学位论文，台湾政治大学，2004 年。

罗宁、武丽霞：《〈南岳夫人内转〉〈南岳魏夫人传〉考》，《新国学》2005 年 00 期。

明洁：《祖庭烟雨：江西禅宗祖庭走访记之一·天上云居》，《禅》2013 年第 1 期。

潘维：《忆先师陈翰笙》，载于沛主编《革命前辈·学术宗师——陈翰笙纪念文集》，中国社会科学出版社 2008 年版。

齐贤口述，明尧整理：《回忆虚云老和尚点滴》，载净慧主编《虚云和尚全集》（第七册），中州古籍出版社 2009 年版。

四川乐至报国寺、离欲念佛苑编：《离欲上人遗方·无际大师心药方》，四川乐至报国寺、离欲念佛苑 2003 年印赠。

舒实波：《传开法师对江西佛教的贡献》，《东方禅文化》第 8 辑。

万毅：《云门宗法脉归属问题试探：文偃与南岳怀让系禅师的渊源》，

《中山大学学报》（社会科学版）2006 年第 5 期。

汪泛舟：《敦煌诗词补正与考源》，《敦煌研究》1997 年第 3 期。

汪慧：《论〈黄庭经〉的养生及修炼思想》，硕士论文，中央民族大学哲学与宗教学，2007 年。

王锟：《工具理性和价值理性——理解韦伯的社会学思想》，《甘肃社会科学》2005 年第 1 期。

王书庆：《敦煌本〈思大和尚坐禅铭〉及其禅法思想》，载南岳佛教协会编《慧思大师研究》，岳麓书社 2012 年版。

王晓平：《日藏汉籍与敦煌文献互读的实践——〈镜中释灵实集研究〉琐论》，《艺术百家》2010 年第 3 期。

隗芾：《韩愈攘斥佛教的动机和效果》，《汕头大学学报》1988 年第 1、2 期。

吴宗海：《"金针度人"原意与出处》，《文史杂志》2006 年第 5 期。

心妙：《读无际大师〈心药方〉有感》，《佛教文化》2000 年第 2 期。

邢东风：《大同善化寺与朱弁碑》，《世界宗教研究》2009 年第 1 期。

徐文明：《曹洞宗归青原一系的原因初析》，《普门学报》2001 年第 2 期。

严寒：《无际大师的"心药方"》，《医学文选》1998 年第 6 期。

虞云国：《在调和与融通之间：唐宋变迁视野下的三教互动》，《河北大学学报》（哲学社会科学版）2016 年第 3 期。

郑阿财：《敦煌净土歌赞〈归去来〉探析》，《敦煌学辑刊》2007 年第 4 期。

詹石窗：《〈黄庭经〉的由来及其与易学的关系》，《古籍整理研究》2000 年第 4 期。

周锋利：《青原学风与方以智晚年思想》，《安徽师范大学学报》（人文社会科学版）2007 年第 5 期。

八 网络文章

蔡日新：《天皇道悟禅师述略》，载通灵佛教网—显密文库—禅宗——

《"梁端"小考》，载佛教导航网—五明研究—佛学杂论，2009年4月11日。

胡寿南：《禅宗七祖故里在莲花》，胡可南博客，http：//blog. sina. com. cn/hushounan，2017-02-19。

李豫川：《青原行思生卒年、家世和籍贯小考》，中国佛教网—般若文海—宗教研究（383）。

曾琦云：《石头希迁大师〈参同契〉心要论》，载弘善佛教网2014年5月12日。

致　　谢

2012年我打算申报国家社科基金项目，起初拟定的题目是《青原行思研究》。当我向陈江老师报告时，陈老师说："你要给青原行思戴一顶帽子"。我心领神会，知道陈老师的意思是说，课题名称要让评申专家碰见即眼睛为之一亮，因此将题目改为《禅宗七祖青原行思研究》。江西师范大学方志远老师熟悉江西历史文化，亲切地对我这个小老乡说："罡华，青原行思的资料很少，一个国家社科基金项目的课题要有充足的史料做支撑。"我明白方老师的良苦用心，他是担心专家认为青原行思的研究空间很小，评审通不过，于是将课题名称改为《禅宗七祖青原行思和青原禅风研究》。中国人民大学王子今老师是位博学仁爱的长者，也热情地为我的申报书把脉问诊，积极地提供修改意见。三位老师都是我国著名的历史学家，不遗余力地提携我这个初出茅庐的晚生后学，让我不胜钦敬感激。古人说："云山苍苍，江水泱泱，先生之风，山高水长。"我于三位先生，亦作如是之言。

在申报书修改过程中，江西科技师范大学历史文化学院原院长陈立立老师数次组织院内老师相互批评，陈立立院长、张澜副院长、舒醒副院长、张志军博士、苏永明博士、邹付水博士等人提出过良好的改进意见。2013年开春我即遭遇大劫，躺在病床上万念俱灰，什么事都不想做，也不打算申报国家社科基金项目。学校科研处时任副处长李昱老师给我打电话，说我的申报书有相当基础，动员我还是当年申报。我叫妻子把申报书稿发给李老师，就把这事给忘了。到6月时，李老师打电话告诉我课题成功立项了。我2013年流年不利，李老师的消息让我有绝处逢生之喜。

课题成功立项之后，江西省佛教协会副会长兼吉安青原山净居寺方丈妙安法师，为我多次在青原山和省内外禅宗祖庭实地考察提供帮助，并提供青原山禅宗资料，对我研究青原行思帮助非常大。安福县赵赟居士、安福县博物馆刁山景馆长、安福县延田乡龙云下村刘发培老师和刘辉村支书、潭州刘正民村支书，为我去行思老家考查提供帮助，走访行思遗迹、讲述民间传说、提供族谱复印，对我研究青原行思帮助巨大。湖南省衡阳市衡山南岳佛教协会会长兼南台寺方丈怀辉法师、南台寺知客传亮法师，热情接待并带我考察衡山慧思大和尚、怀让大和尚和希迁大和尚的遗迹，提供有关文献资料给我，对我研究青原行思很有帮助。

江西社会科学院赖功老师、江西师范大学陈金凤老师、南昌大学杨柱才老师、宜春学院杨永俊老师，《江西社会科学》杂志社俞晖师兄、西南民族大学朱悦梅同学、敦煌研究院杨富学老师、中国社会科学院宗教研究所周广荣老师、江西人民出版社吴艺文编辑、《地方文化研究》杂志社吴启琳博士，为我课题书稿的撰写提供过帮助。在书稿撰写过程中，我的本科生刘贞、刘亚兰、黄衍云、龙依依、李洋，以及研究生王亚云、张志强、邓惠兰、刘云鹤，通过让我指导撰写学士论文或硕士论文的方式，曾经帮我搜集整理资料，其中刘亚兰在《归元直指集》中发现《无际大师心药方》，促进了我的相关研究。

2013年大劫以后的数年里，我的妻子王晓云女士放弃自己的事业，操劳大人小孩的生活，家里家外，任劳任怨，克勤克俭，无怨无悔，为我提供了良好的科研环境。

中国社会科学出版社宋燕鹏编审精心细致地校对书稿，保证了本书的编辑质量。

本书稿的撰写和完成过程中，我荣幸地得到诸多师长、领导、同事、朋友、学生和家人的襄助。我衷心地感谢在课题申报和书稿撰写过程中每一位帮助过我的人！我尤其要感谢我的妻子王晓云女士，没有她就没有我的今天！祝各位身体健康、事业成功！！！

主题词索引

《安般经》 63，67

粃糠神会 4，8，70，109，111，117—118，125

鄙夷怀让 8，125

剥阳 30

不落阶级 7，47，57，63—70，73，75，105，125，

《参同契》 7—8，21—21，28—29，31，35，56，59，70，74，89，93，94—95，113，121—122，125—126

禅宗七祖 2，5，9，62，74，104，109

洞曹宗 52，54—55

床下大斧 7，125

法脉 4，30，52—53，60，109

会通华梵 8

佛教中国化 7，28，47，51—52，111，118，127，129

皇极化 27—28，30

活人剑 55—56

江右王学 2

《金刚经》革命 8，126—127

金针 7，39，59，100，105—109，125，131

靖国安民 42—43，47—48，50，52

庐陵米价 7，56，99，106，110—112，114—117，124

青原会馆 2，47

青原禅法 2，3，5—8，23，28—29，35，36，43，57，68—69，73，100，113，123

青原禅系 3，8，19，27—28，34，36，42，56—57，75，83，89，99，126，128，130

杀人刀 54—55

三教合一 2，22，122，128

三教归易 2，36，128

三教圆融 7

圣谛不为 3，7，57，125，129

圣域 19，130

释迦文佛 8，121—122，125

唐代禅宗双重革命 7

头陀禅 8，126

文化禅 8，126

五家七宗 5，110

《五位诀》 8，59，126

西江鼻祖 2，131

225

《心药方》 90—99
一花五叶 5，10，
《易经》革命 8，36，59，126—127
《易经》象数学 36
宗门道统 61

众生平等 65
祖关 8，19，125，130
杼轴绝岳 8，118，120，122，125
《坐禅铭》 7，75，79—80，87，125